勿使前辈之遗珍失于我手
勿使国术之精神止于我身

必須由内功起手，納卦次之，神運又次之，地龍收功，久而久之，罕敵於天下矣。

此書貯藏於瀋陽工部庫中，燕都劉曉堂先生得之，傳於宋約齋老先生。

内功經卷終

魯北寧津 車潤田校閱抄於晉中太谷 一九七四年十一月

本书据初得者意，请始之初，总惹王公得之於水底

百家功夫

宋氏
形意拳及内功四经精解

车润田 著
车铭君 车强 编著

北京科学技术出版社

图书在版编目（CIP）数据

宋氏形意拳及内功四经精解 / 车润田著；车铭君，车强编著 . —北京：北京科学技术出版社，2020.5（2024.7 重印）

（百家功夫丛书）

ISBN 978-7-5714-0575-5

Ⅰ . ①宋… Ⅱ . ①车… ②车… ③车… Ⅲ . ①形意拳－基本知识 Ⅳ . ① G852.14

中国版本图书馆 CIP 数据核字（2019）第 264050 号

策划编辑： 胡志华
责任编辑： 胡志华
责任校对： 贾　荣
责任印制： 张　良
封面设计： 志　远
版式设计： 胡志华
出 版 人： 曾庆宇
出版发行： 北京科学技术出版社
社　　址： 北京西直门南大街 16 号
邮政编码： 100035
电　　话： 0086-10-66135495（总编室）
　　　　　　0086-10-66113227（发行部）
网　　址： www.bkydw.cn
印　　刷： 保定市中画美凯印刷有限公司
开　　本： 710 mm × 1000 mm　1/16
字　　数： 469 千字
印　　张： 35
插　　页： 4
版　　次： 2020 年 5 月第 1 版
印　　次： 2024 年 7 月第 5 次印刷
ISBN 978-7-5714-0575-5

定　价：139.00 元

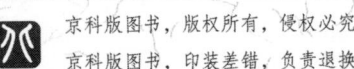

京科版图书，版权所有，侵权必究。
京科版图书，印装差错，负责退换。

车润田先生小传

宋氏形意拳第二代传人
车润田

车润田,字雨亭,号笑然。山东省宁津县(原属河北省吴桥县)张敖乡高官庄人,生于 1907 年 10 月 22 日(清光绪三十三年农历九月十六日),卒于 1993 年 10 月 18 日。

1923 年,车润田从原籍赴山西太原学习牙科技术。1928 年,他在山西太谷县城开设镶牙馆和照相馆,从事牙科医疗及照相业务。在此期间,他与宋虎臣大师相识并成为挚友。因倾心于宋氏形意拳,后经友人引荐,他拜在宋虎臣大师门下为徒,苦习宋氏形意拳术。承蒙宋虎臣大师传授家传内功,先从懂脉络开始,继以行气规则,再则纳卦(盘根)行步功法,循序渐进,练至下肢稳固,上体轻灵。经过潜心苦练,车润田终得宋氏形意拳要旨,成为宋氏形意拳出类拔萃的第二代传人。

车润田为人正直,乐善好施,尊师重道。在师兄弟受日寇迫害、生命受到威胁时,他多方游走,慷慨解囊,救其于水火;在恩师生意遇到困难时,毅然将师父接到家中,腾出房舍,给师父作为经营之所。宋虎臣先生患病卧床期间,车润田四处寻医问药,侍奉师父于床前三年之久。他正直的品行,深受宋门子弟之敬佩。1947 年,宋虎臣在弥留之际,将爱徒车润田

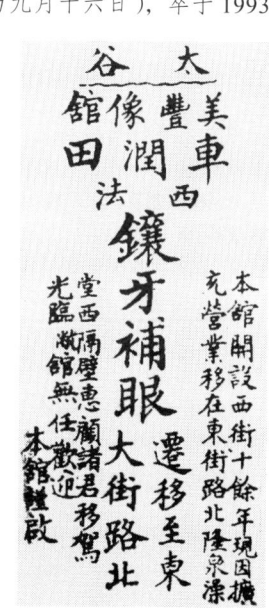

1995年车润田入选《当代武林名人志》

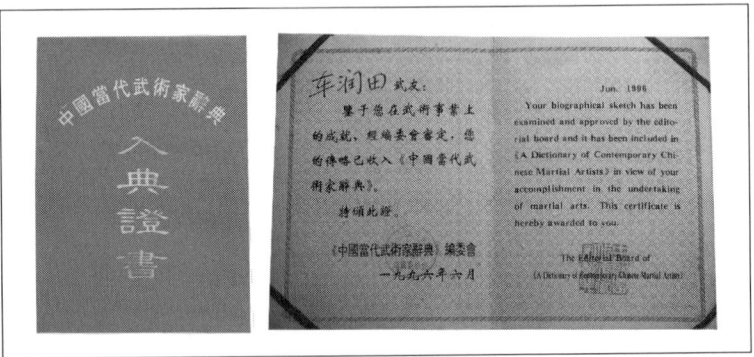

1996年，车润田传略被《中国当代武术家辞典》收录

的学艺之事托付给其胞弟宋铁麟。宋铁麟深受感动，欣然应诺。从此，车润田又在宋铁麟门下得教多年，受益匪浅。

1974年，车润田定居天津塘沽新港，与次子一家共同生活。为弘扬中华武术文化遗产，从1982年开始，车润田致力于整理宋虎臣、宋铁麟二位大师所授形意拳法，且向深微处探索，同时收徒传艺。

车润田先生总结自己几十年潜练内功经法的心得体会，对古传《内功四经》做了增释，著有《增释内功经》《战斗剑》《十六把对练套路》《四把捶》等宋氏形意拳著作，并发表于《武林》《武魂》等武术杂志。1988年，车润田完成《宋氏形意拳》一书全部文稿，近20万字，为后人留下了一笔宝贵的武学文化遗产。1995年和1996年，车润田传略先后被收入《当代武林名人志》和《中国当代武术家辞典》。

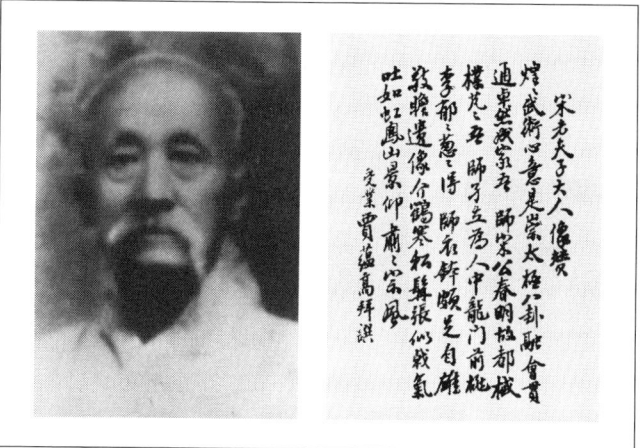

宋世荣先生

宋门四大金刚

宋铁麟拳照

青年时期的车润田（左）与宋虎臣（中）、宋青山（右）合影

1940年，宋虎臣六十寿辰合影留念

（从左至右）
  前排：白维寰、史一峰、吴立孝、宋铁麟、宋虎臣、李宗山、陈锡荣、丁亥则
  后排：胡德敬、姚立文、胡增衡、冯祖祥、王道兴、苗秀荣、赵基颖、杨致本、车润田、赵祥富
  前排站立者：宋光洁、宋光耀、宋光华

车润田（右）与宋光华演示拳法对练

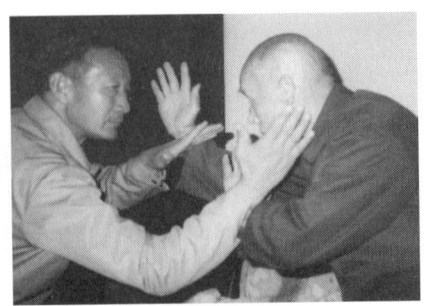
车润田（右）与宋光华演示散手对练

车润田（左）与田进忠演示大枪对战麟角刀

车润田（右）与弟子周金柱演示拳法对练

宋氏形意拳第三代传人、车润田大弟子、特约顾问周金柱拳照

整理者车铭君拳照

整理者车强拳照

青年时期的车强（中）与祖父车润田（右）、宋光华（左）合影

1983年，车润田演练形意剑法、枪棍对练法（拍摄于天津塘沽）

车润田在山西太谷县家中习武情景

1986年，车润田在天津港码头留影

车润田演练宋氏形意拳功法

车润田演练宋氏形意拳械

1988年，车润田（前排中）与弟子合影

车润田（右）指导徒弟练功

1990年，车润田（前中）83岁诞辰与众弟子合影

车润田（前右）与宋光华及弟子们合影

宋氏形意拳后继有人

序

形意拳是中国四大名拳之一。宋氏形意拳是由山西太谷宋世荣、宋世德兄弟二人所创。宋氏兄弟二人自幼习练家传少林拳及家藏《易筋经》《洗髓经》，后拜在近代形意拳祖师李洛能先生门下，积十年之功，得形意真传，艺业大成。其后，二人又融会贯通太极、八卦等拳术，并将得到的《内功四经》及家藏《易筋经》《洗髓经》与形意拳有机结合，使之锦上添花、如虎添翼。他们亲身试行，苦心研练，遂将中华传统文化中的大道充分表现在拳术之中。他们所练形意拳古朴雄劲、内功精深，阴阳互换、动静结合，刚柔相济、发劲独特，内外兼修、体用兼备，别具风格，被世人誉为"宋氏形意拳"。

车润田先生青年时期拜宋氏形意拳第一代传人宋虎臣先生为师，潜心习练二十余载，修得宋氏形意拳真谛。宋虎臣大师去世前，将爱徒车润田学艺之事托付给胞弟宋铁麟大师。先生得益于两位老师的悉心传授，成为宋氏形意拳出类拔萃的第二代传人。先生几十年如一日，练功不辍，并留下了大量的功法心得。1974年，本人有幸在先生定居塘沽安度晚年之后，得拜于其门下，成为宋氏形意拳的第三代传人，并亲身经历了先生在津门传艺授教的整个过程。

2007年，在先生百年诞辰之际，其次子及其孙，曾编辑整理了先师所留部分武学资料，内部成书，以利门人学习。十余年来，先生嫡孙车强一直致力于宋氏形意拳的推广和传播，利用网络平台，积极宣传宋氏形意拳，取得了很好的成果。车强以自身练功体会逐一印证，加之与众师兄弟及其他宋氏门人广泛交流，对宋门功法有了更深刻的领悟，并将前辈留下的资料进行较为系统的编辑，重新整理成书。作为车强的师父，我首先替他的爷爷欣喜，终有后继者得扬宗学。其次也为我津沽宋门传人高兴，宋氏形意拳习练有了更加全面的学术理论支撑。

如今，传统武术越来越受重视，形意拳邦字辈宋氏形意拳嫡系传人宋光华先生被评为"国家级非物质文化遗产"代表性项目形意拳的代表性传承人。传统文化复兴已成国策，习练传统武术之人日益增多，传统武术进校园、进社区活动，层出不穷，我们没有理由再不投身其中。希望本书能为弘扬宋氏形意拳，传承中华武术文化起到一定的促进作用。最后，感谢各位武术同仁对沽上精微宋氏形意拳传武堂的关注和支持，对我们成书过程中给予的帮助。

谨以此为序，祝贺此书出版印行。不妥之处，敬请批评指正。

周金柱

2019 年 10 月

前　言

形意拳是中国传统武术中具有重要地位的拳种，延续传承至今已有数百年之久。宋氏形意拳发源于山西省太谷县，基于传统形意拳发展而来，是北方形意拳中的一个重要流派。经过150余年的发展和完善，宋氏形意拳已经形成一套完整、系统、科学的武学体系，在形意拳各流派中，有着十分重要的影响和地位。

宋氏形意拳以《内功四经》为准绳，与形意拳完美融合，并结合五行生克规律、阴阳平衡学说，参照《易筋经》《洗髓经》的易骨、易筋、洗髓及十二大力法等练功之法，以运动力学为科学依据，按照人的生理功能进行锻炼。五行、十二形套路短小精炼，拳法全面，易学易练。经常操练，是掌握形意拳要领，提高手眼身法步灵活敏捷、动作协调、增强身体素质的有效手段。

宋氏形意拳劲力独特，其绝妙的抖绝之力，在阴阳互换之间，可发出惊弹抖炸、瞬间鼓荡的爆炸力。其拳术套路古朴自然、短小精悍，实战性强。麟角刀、纳卦（盘根）、阴阳把、大枪抖绝功法、战斗枪、战斗剑、内功盘根双刀等拳械套路，均为宋门所独有。

宋氏形意功法内容十分丰富，在攻防转换之间，能显示出极具杀伤力的技击特性。然而，在过去特定的年代里，人们被旧思想所束缚，许多好的功法拳术已经被湮没在历史的长河里。今天，随着时代的进步和发展，我们越来越深刻地认识到继承和发扬传统武术的重要性。因此，我们要大力挖掘和掌握拳理功法，并将其运用到拳术套路和散打搏击之中，使三者有机地相结合。

车润田先生自青年时期拜宋氏形意拳第一代传人宋虎臣大师为师，潜心探习宋氏形意拳的真谛，终得宋氏形意拳要旨，成为宋氏形意拳出类拔萃的第二代传人。宋虎臣大师去世后，车润田先生又得宋铁麟大师教诲，继续深入习练宋氏形意拳拳法。

为宏扬中华武术文化遗产，车润田先生晚年精心整理宋虎臣、宋铁麟二位大师所授形意拳法，并向深微处探索。他所编写的文稿，在介绍宋氏形意拳的功理要论、基本拳法、单练和对练套路以及枪剑器械、散手集诀的同时，还从一定角度介绍了宋氏门派的内功要义。

在编写本书稿时，车润田先生严尊师训，展现在大家面前的都是承师所授的传统套路和招式。车润田先生善用内功，其内功要领都融于动作的解义之中，读者可细心体会。我们希望本书能为发扬宋氏形意拳贡献一份力量，对中华传统武术文化的发展，发挥一定的促进作用。

1988年，车润田先生已经完成了《宋氏形意拳》一书的主体写作，并得到了宋光华、吴立孝、张剑青、赵永昌、张子信、孙业民等师兄弟的大力支持。其间还得到忘年之友福建翁文彬先生鼎力帮助，将其中部分文章刊登于《武林》及《武魂》杂志，受到武林人士的好评。由于当时车润田先生年事已高，整理校对工作尤显力不从心，且受当年条件所限，他直至1993年去世，最终也未能看到该书的出版，实为遗憾。

为纪念2007年车润田先生百年之诞，其次子车铭君、其孙车强自2005年开始对

书稿进行整理，将车润田先生所编写的部分文稿组编成《精选宋氏形意拳术》一书，由其长孙车颂在美国出资印刷、出版，仅作为内部资料免费提供给习学者参考。

为完成车润田先生遗愿，同时应北京科学技术出版社邀约，车润田先生之孙车强，于2017年底开始再次对《精选宋氏形意拳术》文稿进行整理校对，除纠正一些文字错误之外，还根据车润田先生遗留之手稿、练功笔记及抄录的前辈经典，增加了一些拳理拳法及内功心法，同时还增加了包括其子车铭君、其孙车强在内的部分文章，使该书内容更加丰富、全面，最后书名定为《宋氏形意拳及内功四经精解》，正式出版发行，以供形意拳爱好者参考练习。

特别强调的是，《内功四经》对武术修炼具有非常重要的指导意义，世人鲜见。为方便广大武友研究，也为打破保守之见，我们首次将车润田晚年抄写的《内功四经》以影印的形式收录书中。为了表示对车润田先生的缅怀之情，书中的习练图片采用了其生前的拳照。由于当年的拍摄水平不高，又有一些缺片，故采取了一些补救技术。因此，在整理过程中，难免出现差错，诚请武林同道赐予指正。

本书在编写期间，得到了宋光华先生、宋宝贵先生及众多武林人士的支持，在此一并表示感谢。

编者
2019年9月

目 录

第一章　宋氏形意拳拳术简介　001
　第一节　宋氏形意拳的内容和特点　002
　第二节　宋氏形意拳对身体的要求　005
　第三节　宋氏形意拳适应范围　011
　第四节　宋氏形意拳功法全程　012
　第五节　宋世荣形意拳要论　015
　第六节　宋世荣论脉、气、劲　018
　第七节　宋氏形意拳歌诀　019

第二章　宋氏形意拳基本拳械套路　031
　第一节　三体式（站桩）　032
　第二节　五行拳　035
　第三节　十二形拳　058
　第四节　宋氏形意拳单练套路　098
　第五节　宋氏形意拳对练套路　130
　第六节　六合大枪　176

第七节　战斗剑　　　　　　　**214**
第八节　宋氏形意拳纳卦（盘根）
　　　　功法　　　　　　　　**238**

第三章　宋氏形意拳散手集诀　　**249**
第一节　散手技击要则　　　　**250**
第二节　交手实战应对策略　　**254**
第三节　形意拳徒手搏击忌端　**258**
第四节　形意功力习练方术　　**260**
第五节　九宫河洛图的练法　　**265**

第四章　形意拳解精粹　　　　**267**
第一节　基本拳术解　　　　　**269**
第二节　基本功法解　　　　　**277**
第三节　大枪解　　　　　　　**291**
第四节　疑难术语释义　　　　**298**

第五章　宋氏形意拳内功要论　**305**
第一节　宋氏形意拳三法诠真　**307**
第二节　车润田谈内功要义　　**317**
第三节　车润田谈形意拳要诀　**329**

第四节　车润田谈内功修炼法　336
第五节　形意拳要法探微　344
第六节　《易筋经》《洗髓经》要意　365
第七节　易筋经（上卷）　368
第八节　易筋经（下卷）　387
第九节　洗髓经　396

第六章　《内功四经》论集　403
第一节　内功四经原文　409
第二节　前序　413
第三节　后序　414
第四节　总论　417
第五节　内功合战八门　419
第六节　散门总局　433
第七节　散门正局　435
第八节　散门变局　446
第九节　内功散门杂评　448
第十节　南溪子战法八诀　451
第十一节　增释内功四经　455
第十二节　内功四经简说　476
第十三节　内功散门简说　489

第十四节　南溪子战法八诀简述　491

附录一　师承名录　495
附录二　纪念先贤　497
　　怀念先师宋虎臣　498
　　深切缅怀恩师车润田先生　500
　　忆津门宋氏形意拳之传播者车润田先生　502
　　车润田先生百诞际赞　506
　　满江红·宋门形意大师车润田百诞颂　508
附录三　《内功四经》手抄本　509

第一章 宋氏形意拳拳术简介

第一节　宋氏形意拳的内容和特点

宋氏形意拳属内家象形拳种，既有理论，又有技艺。既有基本功、单习、套路、散手、气功、特技及拳法歌诀、理论等，亦有长拳和器械练法。

基本功主要有：桩功、臂功、掌指功、腰腿功等。其中桩功，即站桩（三体式），步法一站，两腿屈膝扣足，十趾抓地，头上顶，项竖直，左手屈臂前伸，右手置于左肘下面，两肩松沉，宽胸实腹，气沉丹田，气虽聚于丹田，意想达于涌泉穴，完全与《丹书》中所述"道自虚无生一气，便从一气产阴阳，阴阳再合成三体，三体重生万物张"相一致。

其行桩，即纳卦（盘根）。马步一站，两脚、膝里扣，两手屈臂前伸，身体外拧。凡一用步，两胯里裹，两脚、膝里扣，身具卦象，脚踏阴阳，两足筑根基，步步为桩，身如磐石，稳如泰山。歌曰："盘根三步岂无因，配合分明天地人，若把此身高位置，还从本实炼精神"。

主要拳术有：单习有五行拳、阴阳把、十二形等。套路有四把、进退连环、杂式捶等。对练套路有五花炮、五行炮、九拳、十六把、安身炮等。气功有调息法。长拳套路主要有弹腿、五方鸳鸯掌、防身拳、六合长拳等。器械套路主要有六排刀、雪片刀、麟角刀（双刀）、盘根刀（双刀）、春秋大刀、八卦虎头钩（双钩）、六合大枪、翼德大枪、三十六大枪、对六枪、战斗大枪（对练）、左门枪（花枪）、盘龙剑、纯阳剑、战斗剑、六十四氏太极剑、行者棍、迎手棍（对练）、对鞭杆等。

功法特点：宋氏拳法以三体式和盘根桩功为基础，主要是练意、炼气、练神，以《内功》《纳卦》二经为总纲，以大脑为统率，以"五气朝元"劲路为依据。在练法上，神率气，气率形，形神统一，内外一体，一枝动，百枝随，使周身上下内外均能得到锻炼。每一动作，皆以意识当先，以意贯气，使气布于周身。在全部动作中，强调做到六合，即心与意合、意与气合、气与力合，此为内三合；手与足合、肘与膝合、肩与胯合，此为外三合。只有做好六合，才能发出各种不同的整劲。

手形：主要有立掌、横掌、仰掌、俯掌、侧掌、八字掌、螺旋掌、虎掌、鹰爪、猴爪、虎抱头、突指等。手法有云手、领手、挑手、截手、擒拿手、刁手、砍手、拦手、格手等。手法要求"缠、粘、贴、进"，表现为擒、拿、封、闭、刁、卡、推、捋、带、劈等。在实际运用时，可以掌拳更换，不拘成规，随机而行。

步形：以含机步为主，酌合两手，即含机待势伺机反扑的步形。两腿弯曲，两足尖微扣，十趾抓地，无论前推、后拉、左摇、右摆均稳如泰山。此外，还有半马步、虚步、弓步、歇步、仆步、插步等。步法有进、退、闪、转、纵、横、跟、翻、垫、扣、盖等。功防变化，全在于步。要求进步肩手随，势到力猛催，手到步到；退步时，全身放松，灵活应变，使对方无隙可乘。

身形：要求身正步稳，宽胸实腹，背势平正。此外，还应具有四象，即鸡腿（取其有独立之功），龙身（取其有束骨之法，三曲之才），熊膀（取其有膀力内蓄，竖项之力），虎抱头（取其有出洞欲扑之形）。在身法上，身为主，眼为先，要求身法轻松，便于旋转，身正腰活，能四面转换，八面支撑，变换灵敏。在运动时，行步似蠖虫，身起如挑担，拳似炮，龙折身，遇敌好似火烧身，身似弩弓，拳似药箭，若遇人多三摇两旋。

宋氏拳法虽慎用腿，但却非常重视腿的运用，故亦有专门的练腿方法，以增加腿部的力量、硬度、速度、发劲和应变能力。我们主张高练低用，抬腿不过腰。在实际应用中，有踢、蹬、踹、踩、勾、扫、封、插等技巧，所以脚打亦为一拳。

宋氏拳法的主要特点可以概括为：形神兼备、桩沉步稳、力法充实、动作简明、紧凑连贯。在全部动作中，要求手、眼、身、法、步紧密配合。在手法上，擒拿封闭、刁卡劈翻、拦截斩杀、连贯紧密；在眼法上，要眼神集中、凝聚不散；在身法上，含胸裹背、吞吐沉浮、转变灵活；在力法上，刚柔相济、惊弹抖擎；在步法上，进退闪转、落地生根。演练中既有敢打敢拼，勇往直前的风格，又有步走四面，拳打八方的闪战灵活的特点。技击中拳打上中下三盘，兼及左中右三门，能攻擅守，有章有法。在战术上，手来手破，脚来脚封，遇刚化解，遇柔巧取，不丢不顶，以静制动，灵活应变，方寸不乱。

宋氏拳法的技击性很强，有专门的练习手段。其特点可概括为以静制动，眼疾手毒，以快取胜，出手勇猛，见缝插针。特别强调心雄胆大，勇敢果断，迅疾敏快，交手不留情。但是在以武会友时，最讲武德，点到为止，从不出手伤人。

宋氏形意拳的特技功法有：沙包功（吊袋）、沙袋功（平袋）、铁砂掌、阳光手、揉球功、打麻辫、捋杆子等。这些练法都是以物体为假设的敌人，练习者按照一定的方法操练，不但能锻炼身体，而且能提高攻防技能。

宋氏拳法理论有：《六合拳论》《九要论》《十法摘要》《形意拳结论》《调息法》等。它们系统地阐述了宋氏形意拳的练功方法，以及如何将内功、气功和硬功贯注到套路和招法之中，这对我们今后进行武术的研究、发展和推广具有一定的指导作用。

第二节　宋氏形意拳对身体的要求

头

对头的要求：顶头悬（上顶）。

具体做法：下颏向内含收，颈项向上竖直，做到头正项起，将喉头收回，意念从喉头上达百会穴，这样顶自然呈虚凌之状。

作用：头是人体至高清虚之地，脑在其中，脑为元神之府，故头正、顶虚悬，可引导气机上升，以养脑营神，使神主宰全身活动之功能增强，而呈精神充实不致出现身形前俯后仰、左倾右斜之弊。

目

对目的要求：目光尖锐、兼顾四周、前后左右、目不转睛、目不旁视。

具体做法：目与手合，随上中下之形而运用目光，向上则眼球上翻，神光升于印堂，中则平视直前，向下则神光照于气海，是益精填髓之妙术。

作用：目为心之先锋，五脏六腑之精皆注于目，目不旁视，心不二用，上中下随主要之手运行，使卫气散于外而强筋壮骨以迎敌。

舌

对舌的要求：舌顶上腭。

具体做法：练拳时应唇齿轻轻闭拢，似合非合，臼齿如咬物，舌尖自然抵上门齿内，中间与齿龈相交处（旧称搭桥），只稍用意念，切勿过于用力，否则舌即僵硬，日久而产生副作用。

作用：任脉起于会阴穴，沿腹中线上行，止于下唇之承浆穴。督脉起于会阴穴，沿脊桩上行至百会穴，下印堂止于人中上唇内之龈交。舌顶上腭有接通任督二脉之功，督脉之气化为津液当随即咽下，此时舌即稍微一弛（旧称拆桥），再做下次顶舌，一张一弛循环不息。

项

对项的要求：一般称为竖项。已在本节述及头部时详述，此不赘述。

胸背

对胸背的要求：胸背刚柔相济。

具体做法：含胸裹背，胸是颈前正中凹陷下之骨与两乳之间地带，稍事内含，胸部自然放松；裹背是在含胸之时，两肩带动全背部极力向内贴住。含胸是内开（吸气），裹背时外合（呼气），两个动作是相辅相成的，绝不可分开。

作用：心肺并居于胸中，心主神明，又主一身血脉之运行，肺主一身之气，有朝百脉之功能，含胸裹背胸部放松，能加增加活量，可使血脉流通舒畅，利于任督二脉循行。练功时含胸为柔，运用时为化为防。练功时裹背，随着动作向前发劲，胸部微前突为开，劲路达于落点。周身合一为合、为刚、为功，这样在运用时才能达到刚柔相济的效果。

肩

对肩的要求：松肩、沉肩、活肩、催肩。

具体做法：松肩是将肩井穴处与肩胛骨的关节着意松开；沉肩是将锁骨与肩胛骨正直落下；活肩是做松沉的动作时，锁骨与肩胛骨随着拳式上下左右前后内外旋转；催肩是在练拳时，肩胛骨带动背部向前送劲。

作用：肩一松开可使力自脐下发出，经膻中穴转于臂手，然必须和沉肩相融合。催背能使肩活而顺，力贯臂手或拳，运用自如。二者形、名虽不同，实际是自然统一的。

注：肩与膀是不同部位，我们所强调的肩也包括膀，实际上是肩胛骨、肩峰、锁骨，以及相关肌肉群的总和。

肘

对肘的要求：肘坠。

具体做法：坠肘是练拳时小臂向里裹劲，肘尖自然呈下垂之式，但必须放松曲池穴，不可扒劲。

作用：统而言之，身似一张弓；分而言之，四肢各为一张弓（五弓），臂属五弓之一。在练拳时将沉肩形成的蓄力，经曲池穴达于掌或拳的停式时，有如弓弩射箭快速直前的威力。

腰

对腰的要求：松腰、活腰。

具体做法：

1. 俯身拱腰

身直，两脚并立，眼平视前方；两手上举高过头顶；两手十指交叉；腰部下俯呈拱形，交叉之手由前向下缓缓按于脚前地面，掌心向下，头正眼向前平看。

如此先正中，后左侧、右侧循环练习，趟数多少不限，量力而行。

2. 牵缘手

身直，两脚并立，正视前方；左脚向左开立呈半马步，与肩同宽，两膝微屈；两手屈肘由上向下、左、右、里、外做环形回绕。

动作要领：含胸，髋与臀部随之转动，眼随手看，足趾抓地，趟数多少不限，量力而行。注意双膝与双足不要拧动幅度过大，以免发生双足抓地不牢，或者损伤膝盖的现象。足膝的运动方向与腰胯的运动方向相反。

作用：腰为肾之外府，肾中藏有元阴。元阳化生元气，注于气海，以滋养全身。腰是人身上下肢体之枢纽和支柱，是人体运动之关键所在。腰贵活，松腰能使腰部灵活转动，传导劲力。加大运动的幅度，加速运动中身法变化，协调四肢，可发挥周身合一的劲力。古人云："力发于足，主宰于腰，形于四肢。"俗话说"练拳不活腰，终究艺不高"就是这个道理。

胯

对胯的要求：松胯、裹胯、坚胯。

具体做法：练拳时，胯放松，微向上提，两胯刻意向里裹劲，脚落地时，上下肢体肋骨与髋骨相挤融合。

作用：松胯、裹胯、坚胯是相辅相成的自然统一。松胯有利于肢体的灵活转动，裹胯能加速身体绕转、促进步法的敏捷，坚胯就是胯催膝、膝催足，使脚落地生根，发劲稳坚。

腹

对腹的要求：小腹内收，胸腹呈直线。

具体做法：练拳时胸微上提，小腹自然向内收回，与命门部贴着，使胸腹呈一直线。

作用：练拳收腹，可使元气经丹田下降至涌泉穴，加强内在压力，使气复上升，经百会降至人中，接通任督二脉，周流无障碍。本功夫是以形导气，可防练习者练成大腹便便之弊。

裆

对裆的要求：裆圆。

具体做法：两膝里扣，将肛门（也称谷道）收缩上提，会阴穴部两侧的大腿骨根极力向左右撑开，裆即自圆。

作用：此动作与坚胯是相辅相成的，只有裆圆才能坚胯，这是练拳术的炼精化气的关键。

膝

对膝的要求：扣膝、坚膝。

具体做法：两胯根着力向里裹劲，两脚尖向里扣，两脚后跟向外扭劲，足趾抓地。

作用：扣膝能使下肢的内劲达于足底，同时又辅助裆圆，只有扣膝才能坚膝，以保持下肢的稳固。

臀

对臀的要求：逼臀。

具体做法：肛门（谷道）收紧，两臀向内极力贴住。在练拳时，臀向前催促，拳停式时，臀微下垂，与脊背呈一直线。要随着拳式的正隅角度，身体保持中正，不偏不倚。

作用：逼臀能使膝坚步稳，加强内在的蓄力，周身气力合一，发出刚柔相济的内劲，巩固下盘根基，使上体轻虚灵活，利于变化，是练拳的重要环节。

足

对足的要求：足坚而稳。

具体做法：古人云"力发于足"，又说"真人呼吸以踵"，练拳术更是以足为重要。每当前进落式时，脚跟先着地，小腿肚向下松力，然后脚的外缘徐徐落下，小趾、四趾、中趾、二趾、大脚趾依次落平着力，抓地踏实。涌泉穴在脚趾抓地的同时上提。这样，脚跟和脚趾抓地为实，脚心上提为虚，叫作实中有虚。每逢向后退步时，大脚趾先着地，然后二至四趾与脚掌、脚跟再着地，如此达到步足稳坚。

作用：练习者只有做好足步坚稳，才能达到上肢轻灵，足步稳如山岳，身法灵活似蛟龙之妙境。

以上对身体十四部分的要求，只是简单地叙述了各部形态的动作要领，对其动作也做了粗浅的介绍。至于其内部细微的变化，如经穴等，以及各部动作相辅相成之密切关联，只有练习者在锻炼中细细体会。况且每个人的自身感受也不尽相同，故从略。宋氏形意拳对身形的要求，具有密切连带关系，不可能在短期内就能做得合度，需经过长期锻炼，细心品味。

第三节　宋氏形意拳适应范围

　　青少壮年男女皆可练习。青少壮年时期，是人体发育的重要阶段。这一时期，生命力旺盛，精力充沛。若在这个时期练习形意拳术，能使全身肌肉发达，提高自身的德、智、育、美全面发展；同时可以促进学习和工作，从而在文化和事业上有所建树，为未来奠定雄厚的基础。在年富力强时练习宋氏形意拳，既能培养真气，降低人体真气消耗，又能延迟衰老。

　　老人也可练习。人到了老年，身体各部功能逐渐衰退，这是不可抗力的自然规律。更有一些人，由于种种原因，呈现出未老先衰的情况。中医理论认为是阳精亏损，真元不足的缘故。如何才能推迟人的衰老过程呢？每天坚持练习宋氏形意拳，时间多少可量力而行，这是有效的方法之一。实践证明，长久以来，许多古稀老人尚能表演和教授武术，其耳聪目明，身体轻健，老而复壮，这就是锻炼的结果。

　　体弱多病之人可练。宋氏形意拳的锻炼内容，既讲劲，又讲养气，能调整阴阳，和畅气血，畅通经络，培养真气，促进新陈代谢，能使病者转而为康，弱者转而为强。据了解，许多患病者通过练习形意拳，身体逐渐恢复正常。

　　身体健康无病之人可练宋氏形意拳。武术功夫对健康人来说，似乎没有锻炼的必要，其实不然，我们每个人都不应满足现有的健康状况，应千方百计地提高身体素质，提高工作能力。练武术虽然会占去一部分时间，但由于它能起到增强体质、开发智能、陶冶性情的特殊作用，无形中会提高我们的身体素质以及工作效率。另外，健康人练武术可以增强防病免疫的能力，即使偶然得病，也能用一定的功法自我调理，迅速恢复健康。

第四节　宋氏形意拳功法全程

习练宋氏形意拳，大体上要经过三个阶段。

第一阶段是炼精化气。

天有三宝，日月星；人有三宝，精气神。"精"是肾精。人出生以前，靠吸收母体血气成长，那是先天之精。降生后，后天之精，全赖脾胃的精微。精贮藏于肾，充实先天，是资始于肾，起到营养全身的作用。精充则体强，精亏则体弱。所以宋氏形意拳初步功夫，就是炼精化气。它是以伸筋拔骨、刚坚凝结之义，对人体肌肉和劲力进行锻炼，使人体全身肌肉发达，体质增强，脆弱形骸坚实起来，为以后练习拳术打下良好基础。初练时，要以三体式的规格为准绳，全身肌肉关节放松，肢体上中下相随，内外合一，姿势中正，不可前俯后仰。开步行功，胯要催膝，膝要催足。前脚落地时，脚跟先着地，然后再满脚掌着地；后脚跟步时，要向下踩稳，都不可有声。进退起落要整齐一致，不可散乱。呼吸方面，舌顶上腭，先吸后呼，吸入呼出皆从鼻孔，勿使有声，任其自然，不要故意憋气或鼓气，更不要着意于呼吸，要将人体中散乱之气，收纳于丹田之内，不偏不倚，适于中和。两手动作，一招一式，顺从规格，缓缓行之，切勿妄用僵蛮的拙劲，以免阻碍气血畅通，影响动作协调。当练到身式和顺，动作自如后，再遵循以肩催肘、肘催手的要领逐渐发放内在的合力。练至六阳纯全，精藏气蓄，刚坚之极，达于骨坚如铁石的境界，则拳中之明劲得、易骨之刚劲全、炼精化气之功法成矣。

第二阶段是炼气化神。

"气"是动力，也就是人的机体、内脏、器官、肌表、筋骨等的活动能力，它是建立在"精"的基础上，无精也就谈不到气。也可以说精是物质，气是动力。精为阴，气为阳，阴阳结合，二者相辅相成，绝对不是单纯存在的。在拳中言之，是伸筋拔力以柔软，是易筋得暗劲的功夫。练习时，一切动作姿式规格，与初步功夫相同。但是练初步功夫，两脚着地有明显蹬踩之力，两手臂伸缩发劲有形于外，而偏于刚。而练此功，则两脚进退起落，皆借助于两胯松裹内在灵活运转之力。两手出入，前出为伸，后拉为缩，伸缩如抽丝难开之意，内含蓄力。呼吸方面，并不刻意从鼻孔出入，而是用意于丹田，不鼓不荡，自然平衡的呼吸。练到筋长膜腾，力贯指尖，则体中内劲会自然透出，纵横脉络，生生不息，刚柔悉化，柔顺之极，气壮神旺。练功至此，则拳中之暗劲得、易筋之柔劲获、炼气化神之功法全。

第三阶段是炼神还虚。

炼神还虚，是拳中洗髓化劲功法。中医经典《奇经八脉》中记载：脑为髓之海，髓海有余，则轻劲多力，自过其度，髓海不足，则脑转耳鸣，胫疫眩冒，目无所视，懈怠安卧。由此可见，髓在人体中是极为重要的，所以要练好炼神还虚的化劲功法，必须练至髓海充盈，内心清虚，脑充神旺，才能达到妙旨。"神"是在阴阳二精结合中形成的。它是人活动力的总体现，也是人体生命强弱的标志。神在人身居首要地位，神充则体强，神衰则体弱，神存则生，神去则亡。只有"神"存在，才能有人的生命活动。它是建立在精与气的基础上而产生、成长的，无精就无气，无气就无神，神少是气衰，气衰是精败。所以，宋氏形意拳的第三步功法，就是炼神还虚的柔化功夫。练习时与前两阶段的形势基本相同，只是手足在做动作时要放松，以神率气，气率形，形气神合一，连绵进行。所用之力，有若无，实若虚，不挂丝毫拙力。呼吸方面，绵绵若存若冥，似有似无，蓄于丹田，主要以真意贯通。《拳经》云："拳无拳，意无意，无意之中是真意，三回九转是一式，此之谓也。"练至髓海充盈，头脑灵敏，内则清虚而无障，外则动作灵活而无碍。练功至此，炼神还虚的功法就得圆满了。

以上讲到的三个阶段，即三回——炼精化气、炼气化神、炼神还虚。而九转，即九转纯阳，化至虚无，归于一体。

炼精化气：精不漏，气自盛，精实则气畅，气畅则血融，血融则骨强，骨强则髓满，还于童体。

炼气化神：气盛神自旺，神旺体自壮。

炼神还虚：这里的"虚"，不是僧道两家所说的"空、了、虚、无"，而是指内里高度入静，外部不易捉摸的虚灵、轻敏之妙诣。

在练习宋氏形意拳功法全程的基础上，还可练习更高层级的功法——炼虚合道。其道理与炼神还虚基本相同，并非玄秘而高不可攀。习者只要能坚持不懈，刻苦努力，修身养性，陶冶德行，终必能得，但不要刻意追求。

以上介绍的三种功法，在锻炼方法上是各自独立的，但彼此又有关联，在作用上又相辅相成。通过锻炼，能使人神志清醒、脑力充沛、耳聪目明、内心清虚、体外轻松、步履矫健。在运用上，则能达到不见而章、不动而变、无为而成、感而遂通的上乘虚化妙境。至于保健强身、延年益寿、头脑灵活、道德修养、气质非凡等，都非一般人所能及。

第五节　宋世荣形意拳要论

（一）

形意拳之道，是先将拳术已成之着法，玩而求之，而有得之于心焉。或吾胸中有千万法可也，或吾胸中混混沌沌，无一着法亦可也，无一着法者，是一气开合也，以至于应用之时，当刚则刚，当柔则柔，起落进退变化，皆可因敌而用之也。比如千万法者，是一形一招法也，一着法中，亦皆能生生不已也。比如练蛇形，蛇有拨草之精，至于蛇之盘旋曲曲，刚柔灵妙等式，皆伊之性能也。《兵法》云：比如常山蛇的阵式，击首则尾应，击尾则首应，击其中部则首尾皆应。所练一形之中，将伊之性能格物到至善处，用之于敌，可以循环无端，变化无穷，故能时措之宜也。内中之道里，物之伸者，是吾拳之长劲也；物之曲者，是吾拳之短劲也；亦吾拳之划劲也；物之曲曲弯弯者，是吾拳之柔劲也；物之前往直去猛快者，是吾拳之刚劲也。虽然一物之性能，能曲能直，纵横变化，灵活巧妙，人有所不及也。所以练形意拳术者，是格物十二形①之性能，而得之于心，是能尽物之性也，亦尽己之性也。因此，练形意拳者，是效法天地，化育万物之道也。此理存之于内而为德，用之于外而为道也。又内劲者，内为天德，外法者，外为王道，所以此拳之用，能无可无不可也。

---

① 编者附注：十二形之式，重点在于取十二物之意，使其形象融汇于拳法是体，拳即是用。习者，切勿片面追求于各物形象的逼真，而使本末颠倒，失去拳法之义。

（二）

形意拳术，有道艺和武艺之分，有三体式、单重、双重之别。练武艺者，是双重之姿式，重心在两腿之间，全身用力，清浊不分，先后天不辨，用后天之意，引呼吸之气，积蓄于丹田之内，其坚如铁石，周身沉重，站立如泰山一般，若与他人相较，不怕脚踢手击。《拳经》云："足打七分手打三，五行四梢要合全，气连心意随时用，硬打硬进无遮拦。"此谓之浊源，所以为敌将之武艺。若练到至善处，亦可无敌于天下也。练道艺者，是三体式、单重之姿式，前虚后实，重心在后足，前足亦可虚，亦可实，心中不用力，先要虚其心，意与丹道相合。《丹书》云：静坐要最初还虚，不还虚，不能见本性，不见本性，用功皆是浊源，并非先天之真性也。拳术之理亦然，所以要最初还虚，不用后天之心意，亦并非全然不用，要全不用，则成为玩空矣。所用之力，并非用后天之拙力，皆是规矩中之用力耳。

还虚者，《丹书》云：中者，虚空之性体也，执中者，还虚之功用也。是故形意拳术起点，有无极、太极、三体之式，其理是最初还虚之功用也。《丹书》云：道自虚无生一气，便从一气产阴阳，阴阳再合成三体，三体重生万物张，是此意也。

三体者，在身体，外为头手足，内为上中下三田也。在拳中为形意、八卦、太极三派之一体也。虽分三体之名，实则统一阴阳也。阴阳总一太极也，即一气也，亦即形意拳中起点无形之横拳也。

此横拳者，是人本来之真心也，空空洞洞，不挂一毫之拙力，至虚至无，即太极也，所谓无名天地之始。但此虚无太极，不是死的，乃是活的，其中有一点生机藏焉。此机名曰"先天真一之气"，为人性命之根，造化之源，生死之本也。此虚无中含此一气，不有不无，非有非无，非色非空，活活泼泼的，又曰真空。真空者，空而不空，不空而空，所谓有名万物之母，虚无中即有一点生机在内，是太极含一气，一自虚无兆质矣。

此太极含一气，是《丹书》所说的静极而动，是虚无极静笃时，海底中，有一点生机发动也。邵子云：一阳初发动，万物未生时也。在拳术中，虚极时，横拳圆满无亏，内中有一点灵机生焉。《丹书》云：一气即兆质，不能无动静，动为阳，静为阴，是动静即生于一气，两仪因此而开根也。动极而静，静极而动，劈崩钻炮、起钻落翻，精气神即于此而寓之矣。故此三体式内之一点生机发动，而能至无穷，所以谓之道艺也。

（三）

调息论，静坐功夫，以呼吸为调息。

练武术以手足动作为调息。起落进退，皆合规矩，手足动作，亦具和顺，内外精神相合，谓之调息。以身体动作旋转，纵横往来，无有停滞，一气流行，循环无端，谓之停息，亦谓脱胎神化也。虽然一是动中求静，一是静中求动，二者似乎不同，其实内中之道理则一也。

第六节　宋世荣论脉、气、劲

脉，即脉络。内功的功夫，首先要知脉络，不知脉络，勉强用功，不但无益，而且有损。脉络者何？即任督二脉也。任脉起于承浆穴，向下至阴前高骨。①督脉起于尻尾（尾骨尽处），直上，由夹脊，过泥丸（百会穴），下印堂至人中②而止。

气，即气窍。前任后督，气行滚滚，循环不息，气下于海，光聚天心。（注：小腹正中为气海，即下丹田，额上正中为天心。）用功久之，达到气充于内，形光于外也。气路，升有升路，胁骨齐举，降有降所，俞口（肺俞穴）气路。气升于两胁，向上举之，自然得窍，降气时必自俞口以透于前心，方是真路。气虽聚于丹田，但意想沉于涌泉穴为妙。

劲，即劲诀。劲有五：横、竖、斜、缠、直是也。横以济竖，竖以横用，斜缠相随，斜中寓缠，缠亦含斜，落实为直，冲亦为直。用功时要求气调而匀，劲松而紧，出气莫令耳闻，劲必先松而后紧，用功之久，自知其妙也。

---

① 依中医学说，任脉起于会阴穴，止于下唇承浆穴。拳术中的气血线路与中医学有异。
② "人中"当为"龈交穴"。

第七节　宋氏形意拳歌诀

拳路的打法和要点以歌诀的形式加以表述，有利于初学者在习练中掌握要义，这是武林各派的传统做法。

五行拳和十二形拳是形意拳的基本徒手套路，其歌诀如下。

一、五行拳歌诀

劈拳回带急上钻，直指对方头喉间，后手措去展身力，或撞或劈胸心前。

崩拳前进似箭穿，拳拳紧跟如珠联，进退身法伸缩力，迅猛快速莫迟缓。

钻拳下压劲在肩，拧身后手打鼻间，翻掌八字锁喉取，切勿轻用性太惨。

炮拳上架后手进，稳准对方胸心间，后脚跟步爆发力，侧式拧身抖雄撼。

横拳起横不见横，斜缠竖直在其中，里拦外格盖世力，左右旋转须分明。

二、五行拳起落式歌诀

（一）

劈拳起式：两拳一抱口中出，前手上顶如眉平。后手随跟紧相连，两肘抱肋平心间。气随身法落丹田。

劈拳落式：手足齐落后脚随，四指分开虎口圆。前手高低如眉齐，后手只在肋下间。手足鼻尖三对尖。

（二）

崩拳起式：崩拳起式三尖对，虎口朝上与心平。后手阳拳肋下藏，前脚要顺后脚丁，后脚要沉人字形。

崩拳翻身式：崩拳翻身自眉出，站立真脚提起足。手足起落剪子股，前脚要横后顺通。气随身落丹田中。

（三）

钻拳起式：钻拳上击口前出，后手只在肋下住。两肘抱心脚提起，眼往拳看四梢盯。上步足落连环步。

钻拳落式：钻拳落势与眉平，手足齐落气要通。前手虎口要朝上，后手肘下肋边藏。手足鼻尖相对应。

（四）

炮拳起式：两肘贴肋脚提起，两拳为阳是真谛。前手要横后手丁，两手高低抱肚脐。气随身动勿滞息。

炮拳落式：手脚齐落三尖对，斜身拗步是正方。虎眼朝上与心齐，手上钻于眉上堂。虎口朝下是真像。

（五）

横拳起式：前手阳拳后手阴，后手只在肘下出。换式出手脚提起，身法一拧气能通。脚进拳动气随行。

横拳落式：横拳换式十字式，斜身拗步是真形。后手翻阳三尖对，鼻尖脚尖紧相冲。内外相合式精通。

三、十二形拳歌诀

（一）

蛟龙伏地身坐盘，飞腾而起似隼鹰，翻身前推后足踹，后手环弓一力精，后足前落虎扑用，各种手法变无穷。

（二）

猛虎坐洞身下曲，伸如腾龙抖威风，左右明拨搜山式，抱头护面扑食能。

（三）

猿猴转背四隅现，两手如措刺眉间，要讲武德不刺面，亦可改用戳胸前，猿猴挂印须放劲，前进后退如纵山。

（四）

骏马义兽急蹄跑，冲锋陷阵逞英豪，两拳两式中下用，双手单手妙崇高。

（五）

鼍浮水西身敏灵，左右纵横任意行，进可分手虎扑式，退为护面乘势功。

（六）

鸡形独立膝击腹，奇斗之力向前冲，抖翎之势挑豁义，变式踩打不容情。

（七）

鹞子入林取颈肩，翻身两掌刺喉面，起落全凭束身式，不丢不顶妙无边。

（八）

燕形领手向回带，抄水进掌胸心边，后手上挑前掌进，推窗望月击腹间。

（九）

蛇形功用妙无穷，掠手下插裆胯中，挺身一挑奇功力，白蛇缠腰紧相攻。

（十）

鹰爪两掌紧相连，擒捉攫拿奏奇功，瞻前顾后纵横用，高低上下任飞腾。

（十一）

鲐形功用臀尾力，肩膝相逼胯冲锋，双拳斜进小腹取，足膝前进踏中宫。

（十二）

顶头竖项熊形剂，两膀左右展奇能，若与鹰形配合练，步步英雄向前冲。

四、十二形拳起落式歌诀

（一）

龙形起式：斜身拗步随脚起，阳拳只在胸中藏。一身即去快如箭，追风赶月疾不放。手起如风响，身起云中翔。似百草翻浪，如风贯通畅。

龙形落式：龙形齐落是斜身，前脚横使后脚顺。前手一出与肘平，进步随打手如风。龙形翻身急，如雷霆击地。身似云磨响，如风飓山急。

龙形赞谒：一波未定一波生，好似神龙水西行。忽尔冲空高处跃，声光雄勇令人惊。

（二）

虎形起式：虎形提起要摩胫，两手阳拳肋下存，两拳并起口中出，起如举鼎平眉心，内要抱气外要随。

虎形落式：两拳紧抱四梢停，手脚齐落是真经，两手指尖齐心间，手心要深虎口圆，成其正方是真形。

虎形赞谒：撼山何易写何难，只为提防我者先，猛虎施威头早抱，其心合意仔细观。

（三）

猴形起式：猴形摇身步法精，耳前两手上钻行，闪转躲身不定式，看似仙猴急而轻，摇头随眼是精灵。

猴形落式：猴形落势脚提起，两手只在出口中，转身小式随时用，钻翻高低与眼平，左右摇身式不停。

猴形赞谒：不是飞仙身自轻，居然电影似天兵，试看一豸无定式，尽是纵山一片灵。

（四）

马形拧身式：马形横身迹蹄催，前踢要重后脚随，周身抱气肫尾动，两手紧抱出口中，换式阴拳紧寸肘。

马形跑式：英雄威烈双蹄急，两掌上钻与眉齐，马跑行步手脚落，两手只在肋下觅，前脚迹跑后脚随。

马形赞谒：人学烈马疾蹄跑，争功需要胆气豪，英雄四海格烈式，定知此式得名高。

（五）

鼍形起式：鼍形出势脚提起，两手出在口中央，前掌钻上与眉齐，后掌只在肘下藏，前掌要阴后掌阳。

鼍形落式：手脚起落后脚随，两手阳掌肘腕催，鼍形浮水尽自然，急走龙快似灵仙，转身回顾葫芦弯。

鼍形赞谒：鼍形须知身尽灵，拗步之中藏奇精，安不忘危危自解，与人何事便想争。

（六）

鸡形起式：右脚提起要摩胫，前手以出似太山，四指分开虎口圆，后手只在心下边，心主头顶意垂肩。

鸡形落式：前脚要横后脚顺，两腿剪子股经拿，鸡形落势似熊像，换势裁打莫容他，脚手齐去后脚随。

鸡形赞谒：将在谋而不在勇，败中取胜成英雄，试看鸡鸣成虚实，才知羽化有灵通。

（七）

鹰形起落式：鹰形出式束身翔，两手只在口下藏，捉拿全凭身翅起，脚手齐落是正方，三尖对且眼观掌。

鹰形赞谒：英雄处世不骄行，遇变何妨一学鹰，最是九秋鹰得意，擒完狡兔自起升。

（八）

熊形起落式：出洞入洞老熊形，熊往上看竖项顶，肫尾竖起能使立，不可前屈不后倾，一气贯入丹田中。

熊形赞谒：熊出熊入似猩猩，为要提放胜不伸，得失只争气一点，其情寄予有心人。

（九）

骀形起式：肫尾身直灵气扬，两手阳拳肋下藏，两手一出十字架，起如举鼎劲自强。

骀形落式：两拳分落齐下间，气随手走落丹田，转身拧脚随身落，后脚紧跟似相连。

骀形赞谒：一艺求精百倍通，骀凭收尾内微灵，饶此免走飞起远，起落二字一命倾。

（十）

蛇形起式：左手上钻如眉齐，右手随膀进相连，肩打左右脚随起，两手只在洞中间。

蛇形落式：肩打进身往上顶，后手垂腕紧相连，打人全凭精灵气，束展二字随脚变。

蛇形赞谒：从来顺理自成章，拨草能行逞刚强，蛇形寄语人学艺，水中翻浪细思量。

（十一）

燕形起式：燕形站高脚提起，后手只在脐下间，身落似水束身去，前脚进身往上钻。

燕形落式：燕形进身蹲小式，前手瞍裆手是阳，后手只在肘下住，前步撕裆四梢行。

燕形赞谒：精修一艺百倍功，英雄之路自然通，扶摇试看燕取水，才知男儿高世风。

（十二）

鹞形入林式：鹞子入林束身形，追风赶月不放松，摇头摆尾身即起，身落捉物四梢行。

鹞子翻身式：闪躲摇身钻翻字，两手只在脐下藏，左右转身随时用，回头望月把人伤。

鹞形赞谒：古来鹞飞有翱翔，两翅居然似凤凰，试看擒捉轻羽化，明将才知此式强。

五、九字打法歌诀

在形意拳术中，人体的头、臀、膊、肘、肩、胯、膝、足、腹都是辅佐拳击的有效部位，形成了独特的习练方法。宋氏形意门中，非常重视人体上述部位的技击训练。九字打法歌诀对此进行了形象的描述。

（一）

头打起落占中央，入手分明起落强，脚踏中门抢他位，就是神手也难防。

注：此为练法要领中的头顶、项竖之意，并非以头撞打。因为以头撞击对方之胸，正好被对方捶击我脊背。

（二）

臀尾打落不见形，猛虎坐卧藏洞中，背尾全凭精灵气，起落二字自分明。

注：此即练式时尾闾上翻，但必须先逼臀、提谷道、翻尾闾，然后以臀尾前逼得精气内劲，使对方自然倾跌，故此起落不见形迹。

（三）

膊打起落头手挡，降龙伏虎霹雷响，天地交会云遮月，武艺相较蔽日光。

注：此即手臂出入之快速，与人交手时不要面向太阳，以防两目视线不明。此即抢占天时之意。

（四）

肘打去意占胸膛，起手好似虎扑羊，或在里胯一旁走，后手只在肋下藏。

注：用时必要向对方胸部拱撞，或横肘或立肘，要随机应变灵活运用。

（五）

肩打一阴反一阳，两手只在肋下藏，左右全凭盖世力，束展二字一命亡。

注：此为阴阳熊形，阳熊用膀，阴熊用肩内锁骨之下侧胸之内劲。

（六）

胯打中节并相连，阴阳相合必自然，外胯好似鱼打挺，里胯抢步变势难。

注：即鲐形，里胯在胯上中间，外胯是外臀部，胯功练成才好应用。

（七）

膝打几处人不明，好似猛虎出木笼，浑身辗转不停式，左右明拨任意行。

注：此是鸡形之膝打，浑身活跃好似虎之出笼，左右各方任意而行。

（八）

足打踩意不容情，消息全凭后足蹬，与人交勇无须备，去意好似卷地风。

注：此为用足进攻时，必须用后脚及小腿蹬劲，前足向前踩去，才能发生极大的效果。

（九）

腹打击法不见形，好似还弓一力精，丹田久炼灵根本，五行合一见奇能。

注：形意拳身势就是一张弓，内五行气一动，身势如弓拉伸崩出之力，即颤抖之内劲。

六、用气诀法

眼上翻属阴，阴气落于首枕骨。
鼻一曲属阳，阳气落在上胯角。
脾气紧，心气沉，肝气顶，肺气一努落肾经。
心沉一气自然成。

七、歌诀解注

三圆：即虎口圆、胸背圆、裆圆。
三顶：即头顶竖、舌顶腭、手顶上（即掌根朝上）。
三扣：即脚扣、手扣、肩扣。
三尖对：即鼻尖、手尖、脚尖，三者之尖相对应，也可称为三对尖。

第二章

宋氏形意拳基本拳械套路

第一节　三体式（站桩）

三体式站桩是形意拳主要的基本功，集中体现了形意拳的基本要领和特点。通过站桩，给之后锻炼打下基础。究其原理，系由无极、有极、太极、两仪而生。《丹书》云：道自虚无生一气，便从一气产阴阳，阴阳再合成三体，三体重生万物张。所谓虚无一气者，乃天地之根，阴阳之宗，万物之祖，亦即形意拳之内劲也。形意拳的练习，万法皆出于三体式，这是形意拳中的总机关。

三体式站桩动作说明如下：

（1）身体直立，两臂自然下垂，两脚分立稍离，脚尖向前，眼平视前方（图2-1-1）。

要点：心中空空洞洞，混混沌沌，无思无意，浑然一气，一无所向，不露形迹。

（2）身体向左扭转，两脚随之向左拧转45°，眼看左前方（图2-1-2）。此时心中一如上式。

（3）两手屈肘慢慢向上抬至胸前，然后右手盖于左手背上面（右手中指置于左手食指根处），两手心都向下，左肘靠于左肋侧，右臂屈肘靠于右肋侧，两腿缓缓向下屈成半蹲式，眼仍看左前方（图2-1-3）。此即谓鸡腿、龙身、熊膀、虎抱头四象之式。

要点：身体中正，不可前俯后仰，头向上顶，项

图2-1-1　身体直立

要竖直，下颏内收，舌顶上腭，两肩向下自然松沉，心气稳静。

（4）身体转向正前方，右手由左手背上面向前伸出，手心向下，左手屈肘置于腹脐部，手心向下，同时左脚掌着地虚点，右腿向下屈蹲，身体重心偏于右腿，眼看右手背（图2-1-4）。

要点：头向上顶，下颏内收，舌顶上腭，含胸收腹。

（5）左脚向前迈进一步，脚尖稍向里扣，右腿随之向下屈蹲，脚尖里扣，与左脚尖斜线相冲，两脚相离约一尺左右。同时左手由右手下面向前伸出，肘部微屈，掌沿向前，拇指撑开，其余四指微微曲拢分开向上，手心向里，掌心内含，高与额平，右手撤回置于左肘下面，五指微微分开，手心向下，身体重心偏于右腿。眼看左手虎口（图2-1-5）。

注：通过身体左转而面向左，最终定式为正前方。

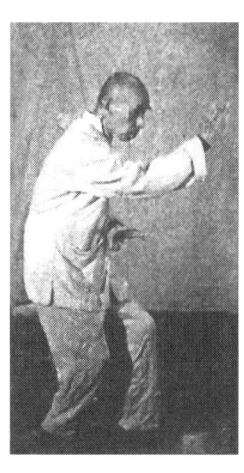

图 2-1-2 身体向左扭转

图 2-1-3 两手屈肘　　图 2-1-4 身体转向正前方　　图 2-1-5 合成三体式

要领：

头向上顶，颈项竖直，下颏微突，舌顶上腭，含胸收腹，两肩松沉，两肘下坠，掌沿向前，掌心回缩，龟尾上翻，两胯里裹，胯根回缩，腰向下塌，臀向前逼，裆部撑圆，谷道上提，左腿在前，似直非直，似曲非曲，满脚着地，若实若虚，右脚在后，膝向前弓，足趾抓地，气沉丹田，意至涌泉，心静身稳，不可前俯，不可后仰，呼吸和缓，任其自然，精神集中。

第二节 五行拳

五行拳是形意拳之纲，包括劈、崩、钻、炮、横五种拳法。古人以金、木、水、火、土代表这五种拳式，总称五行拳。其他各式拳法多由此演变而成，动作简单，规格严谨，发劲平衡，刚柔兼用，左右交替，反复练习。初学者必须通过五行拳练习打好基础。

一、劈拳

劈拳属金，是阴阳相合、上下内外、一气之起落也。其形似斧，上下运用有劈物之意，在腹内则属肺，在拳中则为劈。肺者生气之源，乃五脏之华盖。吸之则满，呼之则虚，一呼一吸，呼吸自然，其劲顺，则肺气和，其劲谬，则肺气乖。夫人以气为主，气和则体壮，气乖则体弱，体弱必病生，而拳亦不通矣。故形意拳练习以劈拳为首，亦即以养气为先务也。

1. 预备式

与三体式完全相同（图 2-2-1），做法参阅图 2-1-1~2-1-5。

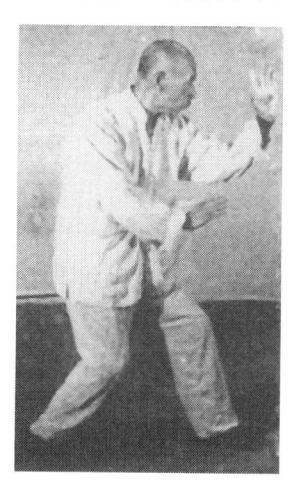

图 2-2-1 预备式

2. 右劈拳

（1）由三体式开始，左手下落变拳，由胸前向上内旋钻出（也可用掌），拳心向内，高与口平，左脚向右前方垫半步，脚尖向前，右手变拳收回停于右肋外侧，拳心向里，此时身体稍偏于右侧（图2-2-2）。

（2）右脚向前迈一大步，脚尖向前，左脚随即跟进半步，脚尖里扣，同时右拳变掌，由左拳心上面向前劈出，掌沿向前，拇指张开，虎口撑圆，其余四指微微曲拢分开，高与眼平，左拳随之向内翻变掌收回停于腹前，掌心向下，眼看右手虎口（图2-2-3）。

要点：左拳向前伸钻时，要与左脚垫步动作同时进行；右掌向前劈打，右小臂要屈，肘向里裹劲，促使小臂和掌发出向上措撞之颤力，并与右脚前进协调一致，头向上顶，项要竖直，舌顶上腭，下颏内收，沉肩坠肘，提胸收腹，气归丹田，臀部前突，足趾抓地，周身内外合一，精神贯注。

图 2-2-2　左钻式　　图 2-2-3　右劈拳

3. 左劈拳

（1）右掌下落变拳，由胸前向上内旋钻出，高与口平，右脚向左前方垫半步，脚尖向前（图2-2-4）。

（2）左脚向前迈一大步，右脚随即跟进半步，脚尖里扣，同时左掌由右拳心上面向前劈出，掌沿向前，拇指张开，其余四指微微曲拢分开，高与眼平，右拳随即变掌收回停于腹前，掌心向下，眼看左手虎口（图2-2-5）。这样左右式交替向前打出。

要点：与右劈拳完全相同，惟左右相反。

图 2-2-4　右钻式　　　图 2-2-5　左劈拳

4. 劈拳回身式

（1）向前打至适当位置，打出左劈拳后，以两脚为轴，身体由右转向后正方，同时右掌变拳向前钻出，拳心向内，同时左手臂由上向回划弧，落于腹脐左侧，掌心向下，眼看右拳（图2-2-6）。

要点：转身钻右拳与左掌收停的动作要协调一致，一气呵成，沉肩坠肘，周身合一。

（2）上式不停，右拳式不变，右脚向左前方垫半步，左掌由右拳心上面向前劈出（图2-2-7），然后向后右

图 2-2-6　劈拳回身式　　　图 2-2-7　左劈拳

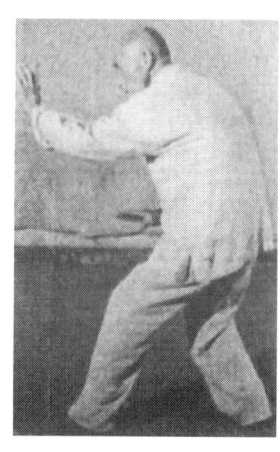

前方垫左脚、进右脚打出右掌，成右劈拳式。如此向来时路线打回去，动作与来时相同，惟左右方向相反。往返趟数多少，根据个人体力和场地条件灵活掌握。

5. 劈拳收式

往返打至起式的位置，打出左劈拳之后，按照回身式做法转身向后打出右拳（见图2-2-4）后，右脚向后撤一步，左脚前垫半步，左掌屈臂向前伸出，高与口平，五指微微曲拢分开，掌心向下，右拳变掌经左掌背上面，收回停于左肘下面，掌心向下，眼看左手背（挺腕俯掌三体式）（图2-2-8）。

要点：头上顶，项竖直，下颏内收，沉肩坠肘，两手向下按劲。其他要求与三体式相同。

图2-2-8 劈拳收式

6. 归气法收功

动作和要点与盘根收式完全相同。

注：宋氏形意拳各种拳法套路的操练，都以此挺腕俯掌三体式为收式，以盘根收式的归气法收功。

二、崩拳

崩拳属木，是一气之伸缩也。两手往来势如连珠箭快速之意，在腹内则属肝，在拳中则为崩，所谓崩拳似箭属木也。其拳顺则肝气舒，其拳谬则肝气伤，肝气伤则脾胃不和，其气不舒，则拳亦必失和矣。练此拳能平气舒肝，长精神，强筋骨，壮脑力。学者当深加研究。

1. 预备式

与三体式相同（图2-2-9）。

2. 右崩拳（拗步）

（1）由三体式开始，两手收回握拳停于腹前，左脚向前垫步，左拳随之向前伸引，拳眼向上，右拳不动（图2-2-10）。

（2）左脚向前迈进一步，右拳由左拳眼上面向前打出，拳眼向上，高与心平，左拳收回停于腹脐部，拳心向里，同时右脚跟进半步，落于左脚后面，脚尖里扣与左脚后跟横线相冲，距离约五寸，眼看右拳（图2-2-11）。

要点：垫左步与左拳前伸要同时进行；进左脚、打右拳与跟右步要连贯相随，完整一致；头向上顶，项要竖直，下颏内收，舌顶上腭，沉肩坠肘，提胸收腹，臀向前突，右脚跟步要向下踩劲，周身协调一致，精神贯注。

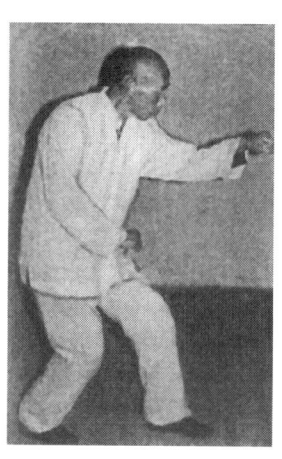

图2-2-9 预备式　　图2-2-10 左脚前垫步　　图2-2-11 拗步右崩拳

3. 左崩拳（顺步）

接上式，左脚向前迈一大步，左拳由右拳眼上面向前打出，拳眼向上，高与心平，右脚跟进半步，脚尖里扣，与左脚呈斜线相冲，距离约五寸余，右拳收回停于腹右侧，拳心向里，身势稍偏于左，眼看左拳眼（图2-2-12）。

要点：打左拳要在右拳眼上摩擦前伸，进左脚与跟右步要协调一致，含胸收腹。其他要点与拗步右崩拳相同。

图2-2-12 左崩拳（顺步）

以上两个分解动作要紧密跟随，并要求做到肩催肘，肘催手，腰催胯，胯催膝，膝催足，两拳伸缩如撕丝绵不开之意，身随式转，眼随手看，如此左右式交替向前打出。

4. 崩拳回身式

向前打至适当位置，打出拗步右崩拳后（图2-2-13）。

（1）左脚向右正方弧线扣一步，停于右脚踝，两脚尖相冲，身体转向后正方，两拳抱于腹两侧，拳心都向上，眼看前方（图2-2-14）。

（2）右脚屈膝提起，膝与胯平，脚尖上翘，同时右拳由胸口前向上内旋钻出，拳心向内，高与头平，左腿直立，成独立势，眼看右拳心（图2-2-15）。

（3）右脚向前落下，脚尖外撇（横脚），左腿屈膝顶于右膝窝中间，身体随之下坐（成坐盘式）。同时两拳变掌，左掌由右小臂上面向前下方打出，右拳变掌随之落下按于腹前，两掌

图2-2-13 拗步右崩拳（回身）

心向下，头上顶，下颏内收，含胸收腹，身稍前俯，眼看左手背（坐盘双劈掌）（图 2-2-16）。

要点：扣左脚、收两拳和转身动作要连贯相随；提右脚与右拳上钻动作要同时进行；落左脚要用力向前下方蹬踩，劈两掌与右脚前踩要协调一致。此式动作虽分三段，但在操练过程中，一定要紧密衔接，不可间断。

图 2-2-14　扣步双抱拳　　图 2-2-15　右屈膝右钻拳　　图 2-2-16　坐盘双劈掌

5. 左崩拳（拗步）

（1）两腿直立，身体中正，右脚向前垫半步，右掌变拳，随着右脚垫步动作，屈肘向前伸引，拳眼向上，左掌收回变拳停于腹左侧，拳心向里，眼看右拳（图 2-2-17）。

（2）右脚向前迈一步，左拳随即由右拳眼上面向前打出，拳眼向上，高与心平，右脚随之跟进半步，同时右拳收回停于腹部右侧，拳心向里，眼看左拳（图 2-2-18）。

要点：与 2 式相同，只是行进方向不同。

图 2-2-17　右脚前垫步　　图 2-2-18　左崩拳（拗步）

6. 右崩拳（顺步）

接上式，右脚向前迈一大步，右拳由左拳眼上面向前打出，拳眼向上，高与心平；左脚跟进半步，脚尖里扣，与右脚斜线相冲，距离约五寸余，左拳收回停于腹左侧，拳心向里，身势稍偏于右，眼看右拳眼（图 2-2-19）。

要点与要求：与 2、3 式相同，只是左右和行进方向相反。

如此左右式交替往回打去，往返操练，趟数多少，可根据个人体力酌情掌握。

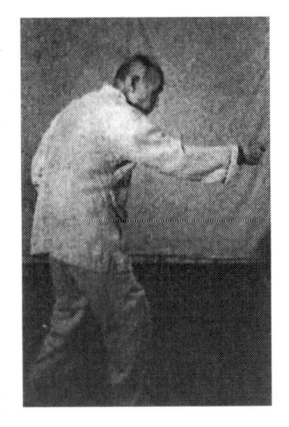

图 2-2-19　右崩拳（顺步）

7. 崩拳收式

打至开始的位置，打出顺步右崩拳后，向右转身，左脚随之向右扣步，提右腿，右拳上钻，继之为坐盘双劈掌（图 2-2-20~2-2-22）。要点与崩拳回身式完全相同，只是往返方向相反，此时右脚向后撤一步，右掌抽回前伸，左掌回带随即屈臂前伸，右掌收回置于左肘下面，两掌心都向下，同时左脚前迈半步，眼看左手背（图 2-2-23），归气收功。

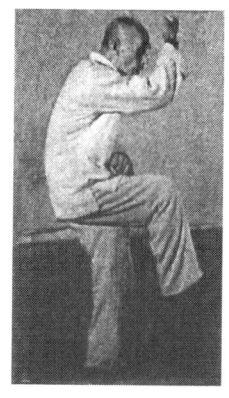

图 2-2-20　扣步双抱拳　图 2-2-21　提右膝　图 2-2-22　坐盘双劈掌　图 2-2-23　崩拳收式
　　　　　　　右拳上钻

此崩拳练法，是以左右顺步、拗步往返更换操练的。可使两臂发劲平衡，防止劲力偏于一臂之弊端，持久锻炼，可获得更全面的效果。

三、钻拳

钻拳属水，是一气之曲曲流形，无微不至也。钻上如水在地中突然而出，亦如泉水之上翻似闪，在腹内则属肾，在拳中即为钻，所谓钻拳似闪属水，无空不入是也。练习时，其气和则肾足，其气乖则肾虚，肾虚则清气不能上升，浊气不能下降，拳亦不顺，真劲不能长，拙劲亦不能化矣，学者当深知也。

1. 预备式

与三体式相同（图 2-2-24）。

图 2-2-24　预备式

2. 右钻拳

（1）由三体式开始，左脚向前稍微垫步，脚尖向里，左手握拳里扣下按，拳心向下，右手握掌靠于腹脐右侧，眼看左拳（图2-2-25）。

（2）两腿向下微屈，身体以腰为枢纽拧向前方，右脚向前迈一大步，左脚随之跟进半步，同时右拳经胸部口前向前上方钻出，拳心向内，高与额平，左拳收回停于腹前，拳心向下，眼看右拳心（图2-2-26）。

图 2-2-25　左扣拳　　图 2-2-26　右钻拳

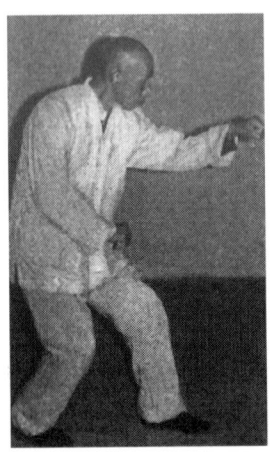

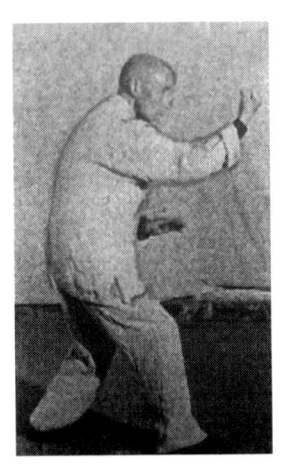

要点：左拳下按时，左肩要松活，以便肩膀向内拧劲，增强肘臂之力，要与右拳翻动同时进行，整齐一致。另外，钻打右拳，小臂要向里裹劲使力贯穿到拳端，右脚前进与左脚跟步要协调一致。头上顶，项竖直，下颏内收，舌顶上腭，沉肩坠肘，提胸收腹，臀部前突，两胯里裹，周身合一，精神贯注。

3. 左钻拳

（1）右拳里扣下按，拳心向下，右脚向前垫步，脚尖向里，左拳在腹前外翻，拳心向上，眼看右拳（图2-2-27）。

（2）两腿向下微屈，身体以腰为枢纽转向前方，左脚向前迈一大步，右脚随之跟进半步，同时左拳经胸部、口前向前上方钻出，拳心向内，高与额平，右拳收回停于腹前，拳心向下，眼看左拳心（图2-2-28）。

图 2-2-27　右扣拳　　图 2-2-28　左钻拳

要点：与前面右钻拳相同，只是左右式相反。在练习以上两个式子时，必须连贯相随，中间不要停滞，如此左右式交替向前打出。

4. 钻拳回身式

（1）向前打至适当位置，打出左钻拳后，以两脚为轴身体由右向后转180°，同时右拳随着转身动作由胸前向上钻出，拳心向内，高与口平。与此同时，左拳由上向回画弧停于腹脐中间，拳心向下，眼看右拳心（图2-2-29）。

（2）然后右脚向前垫步，脚尖向里，右拳里扣，拳心向下，左拳经胸部、口前向前钻出，左脚前进一步，右拳收回停于腹前，打成左钻拳（图2-2-30）。

要点：做转身动作时，左右两拳钻出与收停要迅速敏捷，头上顶，项竖直，提胸收腹。

图 2-2-29　钻拳回身式　　图 2-2-30　左钻拳

5. 钻拳收式

往返打至起式位置，打出左钻拳式子后，身体右转向后方，右拳向前钻出，左拳向回收于腹前，右脚向后撤一步，两拳变掌，打成挺腕俯掌的三体式，归气法收功。

四、炮拳

炮拳属火，是一气之开合，炸炮忽然炸裂，其弹突出，其性最烈，其形最猛，在腹内则属心，在拳中为炮，所谓炮拳似炮属火是也。练习合法，其气和顺身体舒畅，心中虚灵，反之则四体不顺而气乖，则心中蒙昧而呆滞矣，学者须当心研究。

1. 预备式

与三体式相同（图 2-2-31）。

图 2-2-31　预备式

2. 右炮拳

（1）由三体式开始，右脚向右后方撤一步，左脚随之撤半步，左脚掌着地，两腿向下微屈，成左虚步，重心坐于右腿，同时两手随着撤步动作捋回变拳，抱于腹脐前部，拳眼都向上，眼看左前方（图2-2-32）。

（2）左脚向左前方斜进一步，右脚随之跟进半步，两腿向下微屈，两脚尖向里，同时左拳屈肘上架停于左额角侧（太阳穴），拳心向前，右拳由腹前向左前方打出，拳眼向上，高与心平，眼看右拳（图2-2-33）。

要点：捋掌与撤步动作同时进行，一气呵成；打右拳与两脚前进要同时进行，连贯一致，腰随式拧，眼随手转；左膀要向右膀着力催劲，促助右臂力贯拳端，发出如炮弹爆炸猛烈之威力；头上顶，项竖直，两肩松沉，含胸收腹，两脚踏稳，精神贯注。

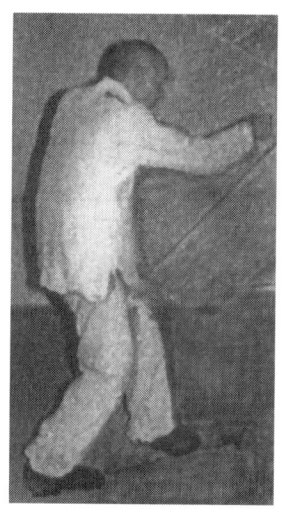

图2-2-32 屈膝抱拳　　图2-2-33 右炮拳

3. 左炮拳

（1）左脚向前垫进半步，脚尖向右，屈膝半蹲，右脚随之跟进悬空靠于左脚踝内侧，距离二寸余。同时两拳下落屈肘紧靠于腹脐前部，拳心向上（此时身体已经转向右前方），眼看右前方（图 2-2-34）。

（2）右脚向右前方斜线进一步，左脚随之跟进半步，两腿向下微屈，两脚尖向里。同时右拳屈肘上架，停于右额角侧（太阳穴），拳心向前，左拳由腹前向右前方打出，拳心向上，高与心平，眼看左拳（图 2-2-35）。

要点：左脚垫步与右脚跟步要同时完成，其他要点与 2 式相同，只是方向相反。如此左右式交替向前打出。

图 2-2-34　屈膝抱拳　　图 2-2-35　左炮拳

4. 炮拳回身式

（1）向前打至适当位置，左拳向前方打出左炮拳之后（见图 2-2-35），以左脚为轴，身体转向后左前方，右脚随着转身动作迈至左脚踝内侧，脚掌着地，同时两拳抱于腹脐中间，拳心都向上，眼看左前方（图 2-2-36）。

（2）此式定式后，左脚向后左前方斜线迈一步，左拳架于左额角侧，右拳经腹前向后左前方打出，成右炮拳式（图 2-2-37）。

（3）再向后右前方转身打出左炮拳，左右式交替继续往回打出。往返操练，趟数多少，量力而行。

动作和要点与 3 式相同，只是行进的方向相反。

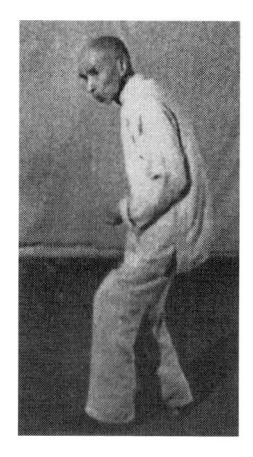

图 2-2-36　炮拳回身式　　图 2-2-37　右炮拳

5. 炮拳收式

往返打至起式位置，左手打出左炮拳后，按照回身式的方法，向左前方打成右炮拳（见图 2-2-33）后，右脚向后撤半步，同时两拳变掌，左掌向前伸引，右掌收回停于左肘下面，打出挺腕俯掌的三体式，归气法收功。

五、横拳

横拳属土，是一气之团聚也。在腹内则属脾，在拳中为横，其形圆，其性实，其气顺则脾胃和缓，其气乖则脾虚胃弱，而五脏必失和矣。其拳顺则内五行和而百物生，其拳谬则内气努，内气努则四体百骸无所措施，其他拳式亦失形矣。练此拳其气要圆，其劲要和，万物土中生，所谓横拳似弹属土者是也。在理则为信，在人则为脾，在拳则属横。人而无信，百事不成，人伤其脾，则五脏失调，横拳不和，百式无形，此言形名虽殊，然其理则一也。横拳乃形意拳之要也，学者不可不慎详之。

1. 预备式

与三体式相同（图 2-2-38）。

2. 右横拳

（1）由三体式开始，左脚向左前方进半步，脚尖里扣，左手收回屈肘停于胸前，手心向下，右脚迈至左脚踝内侧，距离五寸余。同时右手穿于左臂肘下方，手心向上，眼看前方（图 2-2-39）。

图 2-2-38 预备式

（2）右脚向右前方迈一步，左脚随之跟进半步。同时右手由左臂肘部下抽回变拳向右前方打出，拳心向上，高与肩平，左手变拳落下停于腹脐部，拳心向下，眼看右拳（图 2-2-40）。

要点：进左脚和跟右步、穿右手要同时进行，连贯一致；进右脚落地时，要着力踩劲。打右拳时，腰部要灵活拧动，发劲既有向前冲击的力量，又含向右横格之劲，左肩要向里扣拧以助右臂发劲。头上顶，项竖直，沉肩坠肘，含胸收腹，周身内外合一。

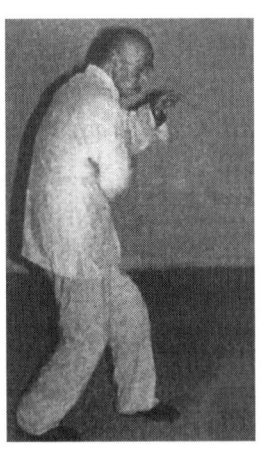

图 2-2-39 右起式　　图 2-2-40 右横拳

3. 左横拳

（1）右脚向前垫半步，左脚随之跟进靠于右脚踝内侧。同时两拳变掌，两小臂屈肘停于胸前，右臂在上，掌心向下，左臂在下，掌心向上，眼看前方（图 2-2-41）。

（2）左脚向左前方迈进一步，右脚随之跟进半步。同时左掌变拳由右小臂下方向左前方打出，拳心向上，右掌变拳落于腹脐前部，拳心向下，眼看左拳（图 2-2-42）。如此左右式交替向前打出。

要点：与右横拳相同，惟左右方向相反。

图 2-2-41　左起式　　图 2-2-42　左横拳

4. 横拳回身式

（1）向前打出左横拳之后，以左脚为轴，身体向右后方转，同时两拳屈臂，左上右下在胸前交叉（图 2-2-43）。

（2）右脚向后右前方迈一大步，右拳随之向右前方打出，拳心向上，左拳停于腹前，拳心向下，眼看右拳（图 2-2-44）。由此向前打出左横拳，左右式交替继续往回打出，往返操练，趟数多少，依个人体力自行掌握。

要点：向回转身与两拳交叉同时进行；两肩和腰部要灵活敏捷；打右拳与迈右脚动作要完整一致。

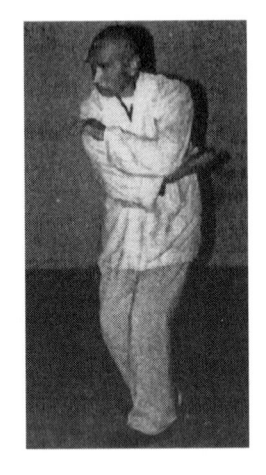

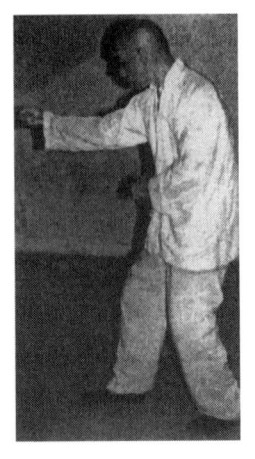

图 2-2-43 横拳回身式　图 2-2-44 右后转右横拳

5. 横拳收式

往返打至起式位置，左手打出左横拳，身体向右转180°，同时右脚随之迈进，右拳向右前方打出右横拳。右脚向后撤一步，两拳变掌打挺腕俯掌的三体式，归气法收功。

六、大阴阳把拳

阴阳把拳是宋门尊师宋世荣先生所创编的一种拳术套路，分为大阴阳把拳和小阴阳把拳。阴阳把拳，掌法多变，步法协调，身形灵活，朴实无华，实用性很强。

1. 预备式

与三体式相同（图2-2-45）。

图 2-2-45　预备式

2. 大阴阳把左式

（1）由三体式开始，以腰为枢纽，身体扭向左前方，左掌抽回，内旋屈肘置于右肩前，五指曲张，手心向前。右掌内旋停于腹前，五指曲张，掌心向里。两腿向下微屈，眼看前方（图2-2-46）。

（2）上式不停，右脚向左前方迈一大步，两手随之向左前方推出，掌心均向前，同时左脚跟进半步，眼看右掌（图2-2-47）。

要点：转身动作时，腰部要着意放松，灵活敏捷，两手臂要随身势快速绕翻，含胸松肩而柔；进右脚向前推打时，左脚要着力蹬劲，催动周身发出抖绝之爆发力。头上顶，项竖直，含胸收腹，精神贯注。

图2-2-46　左起式　　图2-2-47　左落式

3. 大阴阳把拳右式

（1）接上式，身体转向右前方，两手臂收回在胸前绕翻，右手屈肘置于左肩前，五指曲张，手心向前。左手停于腹前，五指曲分，手心向前，两腿随着身势向下微屈，眼看右前方（图2-2-48）。

（2）上式不停，左脚向右前方迈一大步，两手同时随之向右前方推出，手心都向前，同时右脚跟进半步（图2-2-49）。如此左右式交替向前打出，趟数多少，依场地条件而定。

图 2-2-48 右起式　　图 2-2-49 右落式

要点：与前面左式相同，只是左右相反。

4. 大阴阳把拳回身式

（1）向前打至适当位置，打出右式后，右脚向左正前方扣一步，落于左脚尖前，脚尖里扣，以两脚为轴，身体扭向身后左前方，同时两手臂在身前绕翻，左掌屈肘置于右肩前，手心向前，右掌停于右胯前，手心向里，眼看后左前方（图 2-2-50）。

（2）从此向后右前方扭身，左脚随即迈出，打成右式（图 2-2-51）。

图 2-2-50　回身式　　图 2-2-51　右落式

如此左右式交替向回打出，往返操练，趟数多少，量力而行。

5. 大阴阳把拳收式

往返操练，打至起式位置，按照回身式方法，两手打成挺腕俯掌三体式，归气法收功。

七、小阴阳把拳

1. 预备式

与三体式相同（图 2-2-52）。

2. 小阴阳把拳左式

（1）由三体式开始，两手收回绕翻，屈肘，左上右下贴于胸部，手心向前，同时左脚尖外撇，以腰为轴，身体扭向左前方，眼看左前方（图 2-2-53）。

（2）右脚向左前方迈进一步，两手随之推出，眼看左前方（图 2-2-54）。

图 2-2-52 预备式

要点：两手绕翻与两臂交叉，和扭身动作要快速连贯，协调一致；两手推打，要身手合一，向前发出猛烈的撞劲，进右脚要逼臀催胯，落脚时着力向下踩劲。

图 2-2-53　左起式　　图 2-2-54　左落式　　图 2-2-55　右落式

3. 小阴阳把拳右式

（1）接上式，两脚尖外撇，身体扭向右前方，同时两手臂屈肘，右上左下贴于胸部，手心向前，眼看右前方。

（2）左脚向右前方迈进一步，两手随即向前打出，眼看右前方（图 2-2-55）。

要点：与左式相同，惟左右相反，如此左右式交替向前打去，趟数多少视场地条件而定。

4. 小阴阳把拳回身式

（1）向前打至适当位置，打出右式后，右脚向左正前方扣一步，身体随即转向后左前方，同时两手臂互翻贴于胸腔，眼看左前方（图 2-2-56）。

（2）右脚向后左前迈出，打出左落式（图 2-2-57），然后左右式交替向回打出，往返趟数依个人体力而定。

5. 小阴阳把拳收式

往返操练，打至开始位置，打出右式后，按照回身式方法，向左前方打成左式（见图2-2-54），右脚向后撤一步，两手打成挺腕俯掌的三体式，归气法收功。

图 2-2-56 回身式　图 2-2-57 左落式

第三节　十二形拳

十二形拳是形意拳之目，亦为万物之纲。它是根据龙、虎、猴、马、鼍、鸡、鹰、熊、鲐、蛇、燕、鹞十二种兽禽形体身态的特点，在五行拳基础上，远取诸物，近取诸身，象形取意，逐步演变发展充实丰富起来的一套形意拳基本拳法。套路短小活泼，锻炼全面，易学易练，容易掌握。经常操练，果无谬悖，是掌握形意拳要领，提高手、眼、身、法、步的灵活敏捷，动作协调，增强身体素质的有效手段。十二形拳取各物之意，象形融合于拳法，是"体"，拳则是"用"。习者切勿片面追求形象的逼真，而使本末倒置，失去拳法之真意。

一、龙形拳

龙形

龙者，传说中之神物，有降龙下界之式，有伏龙登天之形，又有龙体缩骨之法。龙本阴物，但在拳术之中则为阳，在腹内而谓心火下降。《丹书》云：龙向火中出，又为云，云从龙，在拳中而谓龙形。此形之劲，起于承浆之穴（即唇下陷处，在拳中亦为任脉起处），与虎形之气轮回相接，两形一前一后，一升一降。其拳顺，则内心空虚，而心火下降，心窍开，而智慧生；其拳逆，则身被阴火焚烧，身体亦无活泼之理。《拳经》云：一波未定一波生，好似神龙水上行，忽而冲空高处跃，声光雄勇令人惊。这是对龙形的形象描述。故学者当深格致，久则活泼之理自然明矣。

1. 预备式

与三体式相同（图 2-3-1）。

2. 龙形右式

（1）由三体式开始，以两脚为轴，左脚尖外撇，身体向左正方扭转 90°，两腿向下屈蹲，左前右后，右膝盖顶于左膝窝中间，成坐盘式，同时两手收于面前向前后平衡分开，手心都向下，高与胯平，眼看左前方（图 2-3-2）。

图 2-3-1　预备式

（2）两手在胸前交叉（左手在上，右手在下），两手心向内（图 2-3-3）。

（3）以两脚为轴身体向右正方拧转 180°，手臂姿势不变，右腿在前，左腿在后，仍成坐盘式（图 2-3-4）。

（4）左腿直立，右脚屈膝上提，向前蹬出，脚尖上翘，脚心向前，高与胯平，同时两手前后分开，右手停于右额角侧，五指分开，手心向外，左手向前打出，手心向前，五指分开，高与脸平，身体重心全在左腿，眼看前方（图 2-3-5）。

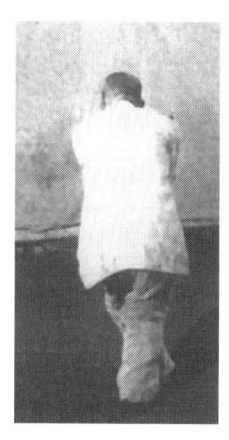

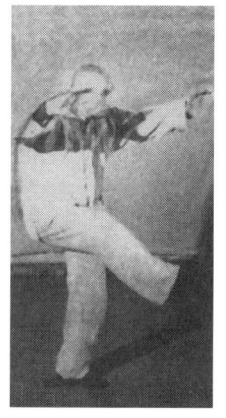

图 2-3-2　左坐盘式　图 2-3-3　左坐盘交叉掌　图 2-3-4　左坐盘转身式　图 2-3-5　右屈膝上提式

要点：拧身坐盘式，腰要灵活转动；两手交叉，要含胸收腹；身体要平稳，不可忽高忽低；左手前打与右手上架以及提膝动作，要同时进行；右脚前蹬，尽量要高，定式时胸部要极力向内缩，成圆形大空身，定式后左腿稍下屈，脚要站稳。此式虽分四段，但练习时要紧密连随，不可迟滞。

3. 龙形左式

（1）接上式，右脚向前落下脚尖外撇，两腿下屈成坐盘式，同时两手收回由面前分开，手心向下，身体向右拧转90°，含胸空身，眼看右手（图2-3-6）。

（2）两手在胸前交叉（右手在上，左手在下），两手心向内（图2-3-7）。

（3）以两脚为轴，身体向左正方拧转180°，手臂姿势不变，两腿改为左腿在前，右腿在后的坐盘式（图2-3-8）。

（4）右腿立直，左脚屈膝向上提起，向前蹬出，脚尖上翘，脚心向前，高与胯平，同时两手前后分开，左手停于左额角侧，五指分开，手心向外，右手向前打出，手心向前，五指分开，高与脸平，身体重心全在右腿，眼看前方（图2-3-9）。

图2-3-6 右坐盘式 　　图2-3-7 右坐盘交叉掌 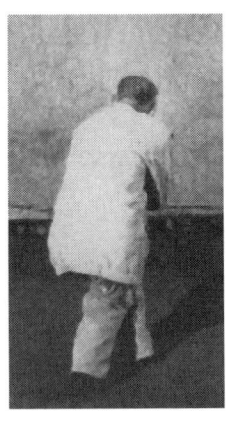　　图2-3-8 右坐盘转身式 　　图2-3-9 左屈膝上提式

要点：与右式相同，惟方向不同，左右交替向前打出。

4. 龙形回身式

（1）向前打至适当位置，打出左式后，左脚向前落下，成坐盘式，身体向左正方拧转90°，两小臂于胸前交叉（见图2-3-3）。

（2）以两脚为轴，身体向后右前方拧转360°，左腿立直，右脚屈膝提起，向前蹬出，左手向前打出，右手停于右额侧，打成右式，眼看前方（图2-3-10）。

要点：与2式的右式相同，惟前后方向相反，从此打成3式的左式，左右式交替往返操练，趟数多少按个人体力自行掌握。

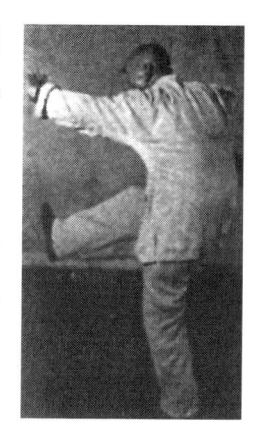

图2-3-10　回身右屈膝上提式

5. 龙形收式

往返打至起式位置，打出左式后，按照回身式的方法，打成右式（见图2-3-5），右脚向后落下，两手打成挺腕俯掌的三体式，归气法收功（图2-3-11）。

图2-3-11　龙形收式

二、虎形拳

虎形

虎者，为山中百兽之王。有伏虎离穴之式，有凶猛扑食之勇。在腹内为肾水，清气上升。《丹书》云：虎向水中升是也。又为风，风从虎，在拳中而谓虎扑。此形之劲起于臀尾（此处位于督脉，又名长强穴）。其拳顺，则清气上升，脑筋充足；其拳谬，则浊气不能下降，诸脉亦不贯通矣。《医书》云：督脉为百脉之源，督脉一通，百脉皆通。《拳经》云：臀尾打落不见形，猛虎坐卧藏洞中，背尾全凭精灵气，起落二字自分明。这是对练习虎形的形象写真。习学者务须格致虎形之至理，而得之于身心，以通诸窍。

1. 预备式

与三体式相同（图2-3-12）。

2. 虎形左式

（1）由三体式开始，右脚向右后方撤一步，左脚随之撤回半步，脚掌着地，两腿向下微屈，成左虚步，同时两手随着撤步动作向回捋抱于腹脐前部变拳，拳眼向前，身体重心落于右腿（图2-3-13）。

（2）左脚向左前方迈一大步，右脚随之跟进半步，两脚尖都向里扣，同时两拳变掌，屈臂由胸部向左前方打出，掌心向前，手指向上，高与眼平，五指分开，两拇指似挨非挨，眼看两拇指中间（图2-3-14）。

要点：撤步与捋掌动作要同时进行；两掌向前打时，要沉肩坠肘，含胸收腹，以两肋发劲经两臂直达全掌并含上挫之力。落式时，要提胸

图2-3-12 预备式　　图2-3-13 左双抱拳　　图2-3-14 左推掌

收腹，头上顶，项竖直，臀向前突，周身合一，精神贯注。

3. 虎形右式

（1）接上式，左脚向前垫进半步，脚尖向右前方，右脚随之跟于左脚踝内侧，不要靠紧，脚掌着地，两腿屈膝下蹲，同时两掌变拳收回停于腹前，拳眼向前，身体转向右前方，重心偏于左腿，眼看右前方（图2-3-15）。

（2）右脚向右前方斜线迈一大步，左脚随之跟进半步，脚尖都向里扣，同时两掌屈臂坠肘，由胸部向右前方打出，掌心向前，手指向上，高与眼平，五指分开，两拇指似挨非挨，眼看两拇指中间（图2-3-16）。如此左右式交替向前打出，趟数多少视场地条件安排。

要点：左脚垫步与右脚跟进要与身体下沉动作协调一致；两掌向右前方打出一切动作和要点与左式相同，惟左右方向相反。

图 2-3-15　右双抱拳　　图 2-3-16　右推掌

4. 虎形回身式

向前打至适当位置，打出右式后，右脚向左正方呈弧线扣一步，落于左脚踝内侧，脚掌着地，以两脚为轴，身体转向后左前方，两腿向下微屈，同时两掌变拳收回停于腹前，拳心向前，眼看左前方（图 2-3-17）。

要点：右脚扣步与身体转动动作要中正平稳，不可摇晃，与两拳收回协调一致。

5. 虎形左式

（1）上式停稳后，左脚向后左前方迈一步，打成左式（图 2-3-18）。要点与 2 式相同，惟行进方向相反。

（2）由此再向后右前方打出右式，左右式交替往回打去，反复操练。

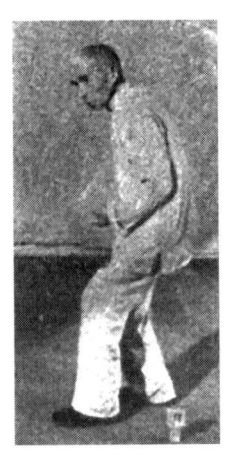

图 2-3-17　回身式　图 2-3-18　左推掌

6. 虎形收式

往返打至起式位置，打出右式后，按照回身式方法，回身向左前方打成左式（见图 2-3-14），右脚向后撤半步，两手打成挺腕俯掌的三体式，归气法收功。

三、猴形拳

猴形

猴者，最灵巧之兽也。有缩力之法，有纵山之灵，舒臂之力，有闪转腾挪神机变化莫测之妙。在腹内则为心源，在拳中谓之猴形。其拳顺，则心神定静，而形色亦能纯正，其拳谬，则心神摇乱，而形色不和，身体手足亦必失宜。《孟子》曰：根心生色现于面，盎于背，施与四体，亦此气之谓也。猴形之技，人固有所不能及，然格致此技之理，身体力行之，不仅能收其放心，且能轻便身躯。《拳经》云：不是飞仙身自轻，居然闪电令人惊，看他一身无定式，纵山跳涧一片灵。这是对猴形的形象说明。习学者对此猴形不可忽视。

猴形的练法，是以人字形为规格，动作反复，操练方向和角度也不相同。为学习方便，在以下说明中，假定面向正南起式，按固定方向分成四段叙述，以便初学者模仿练习。动作熟练以后，即可灵活运用，不必受此局限。动作分段说明如下。

第一段

1. 预备式

同三体式（图2-3-19）。

2. 左转身猿猴转背式

由三体式开始，以左脚为轴，身体由左转向后右前方，左手收回内旋，经胸部向前上方伸出，掌心向内，高与眼平，同时右脚呈弧线向右扣一步，与左脚斜线相冲，距离一尺左右，右掌仍停于腹脐右侧，掌心向下，眼看左掌心

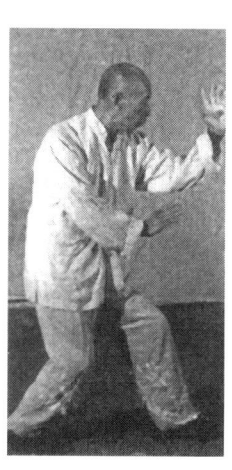

图2-3-19 预备式

（图 2-3-20）。

要点：转身伸左掌要与扣右步动作完整一致，迅速连贯，眼随手看。

3. 猿猴爬竿式

（1）接上式，左脚向后撤一步，右掌由腹右侧经左掌心向前伸出，掌心向下，五指分展，高与肩平，左掌里扣收回停于腹脐左侧，掌心向下，眼看右掌（图 2-3-21）。

（2）右脚向后撤一步，左掌由腹脐左侧经右掌背上面向前伸出，掌心向下，五指分展，高与肩平，同时右掌收回停于腹脐右侧，掌心向下，眼看左掌（图 2-3-22）。

（3）右脚向前迈进一步，右掌同时由腹脐右侧经左掌背上面向前伸出，掌心向下，五指分展，高与肩平，左掌收回停于腹脐左侧，掌心向下，眼看右掌（图 2-3-23）。

要点：以上动作虽分为三组讲解，但在实际操练时要连贯，中间不停，两掌交替伸缩与两脚进退要协调连贯，落步要坚稳，眼神要注视两手。

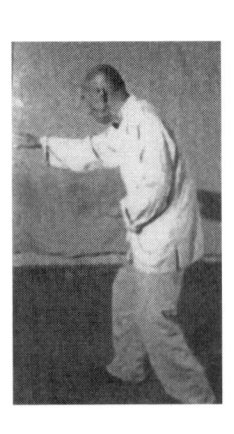

图 2-3-20 左转身猿猴转背式　图 2-3-21 猿猴爬竿式（1）　图 2-3-22 猿猴爬竿式（2）　图 2-3-23 猿猴爬竿式（3）

4. 猿猴挂印式

（1）右脚撤回屈膝提起，膝与胯平，脚尖上翘，左脚站稳，腿向下微屈，同时左掌由腹左侧向前伸出，掌心向下，高与肩平，右掌随即收回停于腹脐右侧，掌心向下，身体稍微前俯，眼看左掌（图2-3-24）。

（2）右脚向前落进一大步，左脚跟进半步，同时右掌经左掌背上面向前伸出，掌心向下，拇指撑开，其余四指并伸，高与眼平，左掌收回停于腹脐左侧，手心向下，眼看右掌（图2-3-25）。

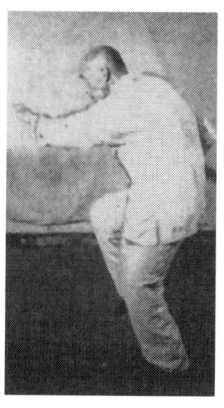

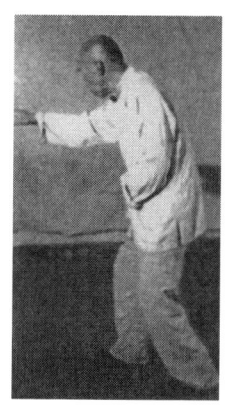

图2-3-24 猿猴挂印式（1）　图2-3-25 猿猴挂印式（2）

要点：两掌伸缩与提膝动作要协调一致，迅速完整，含胸收腹；进右步，打右掌左脚要着力向下蹬劲，催助周身发出完整之合力。松肩拔骨，力贯指尖，提胸塌腰，精神贯注。（假设猴形面向正南起式，则本段中猿猴挂印式方向为东北角。）

以上各组动作，在操练过程中要紧密衔接，不可中断，两掌伸缩必须掌心掌背交替着力摩擦，头上顶，项竖直，松肩逼臀，手眼身步协调一致，灵活转变，要做到快而不乱。以下各段要领相同。

第二段

5. 右转身猿猴转背式

接上式，以右脚为轴，身体由右转于后左前方，右掌内旋，随着身体转动，经胸部向前上方伸出，掌心向内，五指分展，高与眼平，同时左脚呈弧线迈于右脚后面，脚尖向里，与右脚斜线相冲，距离一尺左右，左掌仍停于腹脐左侧，掌心向下，眼看右掌心（图2-3-26）。

要点：转身伸掌，扣步动作，要手足相随，协调一致，眼随手看。

6. 猿猴爬竿式

（1）右脚向后撤一步，左掌由腹左侧经右掌背上面向前伸出，掌心向下，五指分展，高与肩平，右掌里扣收回停于腹脐右侧，掌心向下，眼看左掌（图2-3-27）。

（2）左脚向后撤一步，右掌由腹脐右侧经左掌背上面向前伸出，掌心向下，五指分展，高与肩平，同时左掌收回停于腹脐左侧，掌心向下，眼看右掌（图2-3-28）。

（3）左脚向前进一步，同时左掌由腹脐左侧经右掌背上面向前伸出，掌心向下，五指分展，高与肩平，右掌收回停于腹脐右侧，掌心向下，眼看左掌（图2-3-29）。

要点：两掌交替伸缩要与两脚进退，协调一致，迅速连贯，中间不可停滞，眼神要随着身体运转注视左右手。

图2-3-26 右转身猿猴转背式 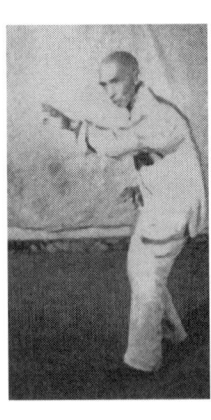　　图2-3-27 猿猴爬竿式（1） 　　图2-3-28 猿猴爬竿式（2） 　　图2-3-29 猿猴爬竿式（3）

7. 猿猴挂印式

（1）接上式，左脚撤回屈膝提起，膝与胯平，脚尖上翘，右脚站稳，腿向下微屈，同时右掌由腹脐右侧向前伸出，掌心向下，身体稍微前俯，眼看右掌（图2-3-30）。

（2）左脚向前落进一大步，右脚随即跟进半步，同时左掌经右掌背上面向前伸出，掌心向下，拇指撑开，其余四指并伸，高与眼平，右掌收回停于腹脐右侧，掌心向下，眼看左掌（图2-3-31）。

要点：双掌的伸缩与提足等动作要快速完整一致，要含胸收腹；进左脚，打左掌，右脚要着力向下蹬劲，催助周身发出完整之合力，要松肩拔骨，促使力贯指尖，头上顶，项竖直，提胸塌腰，精神贯注。（本段猿猴挂印式方向为西北角。）

图2-3-30　猿猴挂印式（1）　　图2-3-31　猿猴挂印式（2）

第三段

8. 右回身猿猴转背式

以两脚为轴，身体由右回身转于后左前上方，右掌内旋经胸部向左前上方伸出，掌心向内，高与眼平，左掌由上向回画弧线停于腹脐左侧，掌心向下，眼看右掌心（图2-3-32）。其要点与第二段5式相同，惟方向不同。

9. 猿猴爬竿式

动作和要点与第二段6式相同。惟方向不同。

10. 猿猴挂印式

动作和要点与第二段7式相同。惟方向不同。（本段方向为东南角。）

第四段

第四段的动作和要点，与第一段中的2~4式完全相同（图2-3-33），这里就不再细说。（本段方向为西南角。）

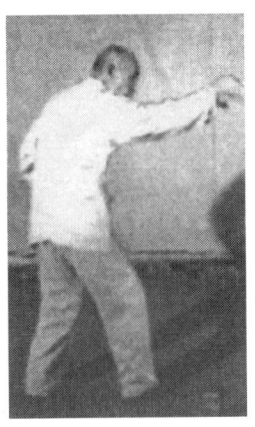

图2-3-32　右回身猿猴转背式　　图2-3-33　猿猴挂印式

11. 猴形收式

往返操练，打到起式位置，打至第四段猿猴挂印式（见图2-3-33）后，右脚向后撤一步，左掌前伸，右掌收回停于左肘下面，呈挺腕俯掌的三体式，归气法收功。

四、马形拳

马形

马者，兽中最义者也。有疾蹄之功，有垂缰之义，有跳涧之勇。在腹内则为意，在拳中而谓之马形。其拳顺，则意定理虚而道心生，其拳谬，则意妄气努，而手足五脏失和，清气不能上升，浊气不能下降，手足亦不灵巧。古人云：意诚而后正心，正心则理直，理直则拳中之劲不致妄发矣。《拳经》云：人学烈马疾蹄跑，争功须要胆气豪，英雄四海扬烈武，定知此式得名高。这是对马形的形象描述。习学者于此马形尤须加注意。

1. 预备式

与三体式相同（图 2-3-34）。

2. 马形左式

（1）由三体式开始，右脚向左后方撤半步，左脚随之撤于右脚前面，脚掌着地，右腿下屈半蹲，身体重心偏于右腿，同时两手收回，由腹前向左右平衡分开，由外向内举至两耳外侧变拳下翻，拳心向下，眼看左前方（图 2-3-35）。

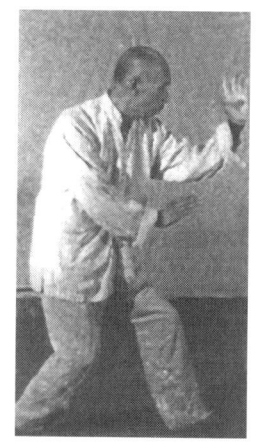

图 2-3-34 预备式

（2）左脚向左前方迈一大步，右脚随之跟进半步，同时两拳向左前方呈斜线往下方打出，拳心向下，高与腹平，身体稍微前俯，眼看两拳中间（图 2-3-36）。

要点：两脚后撤要与两手收回以及两手分举下翻动作同时进行，敏捷连贯，协调一致；两拳打出时，手足相合，头上顶，下颏内收，两肩松沉，含胸收腹，精神贯注。

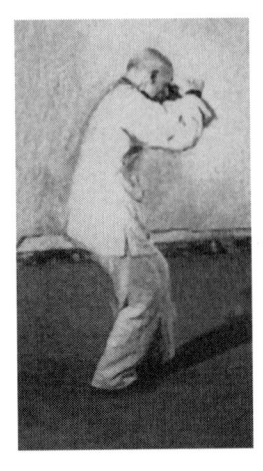

图 2-3-35　马形左起式　图 2-3-36　马形左落式

3. 马形右式

（1）接上式，左脚向前垫半步，脚尖里扣，右脚随之迈至左脚踝内侧，脚掌着地，左腿下屈半蹲，身体重心偏于左腿，身体扭向右前方，同时两拳收回变掌由腹前左右平衡分开，由外向内举至两耳外侧变拳下翻，拳心向下，眼看右前方（图2-3-37）。

（2）右脚向右前方迈一大步，左脚随之跟进半步，同时两拳向右前方呈斜线往下方打出，拳心向下，高与腹平，身稍前俯，眼看两拳中间（图 2-3-38）。

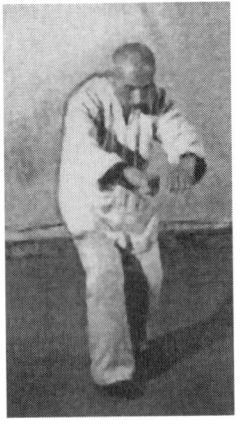

图 2-3-37　马形右起式　图 2-3-38　马形右落式

要点：左脚垫步与右脚跟步要连贯一致；其他与左式要点相同。

4. 马形回身式

（1）向前打到适当位置，打出右式后，右脚向左正方扣进一步，以左脚为轴转向后左前方，两拳左右分开向内画弧停于两耳外侧，拳心向下，左腿稍下屈半蹲（图2-3-39）。

（2）左脚向后左前方迈一大步，右脚随之跟进半步，同时两拳由两耳外侧向后左前方呈斜线往下方打出，拳心向下，眼看两拳中间（图2-3-40），由此左右交替打出。

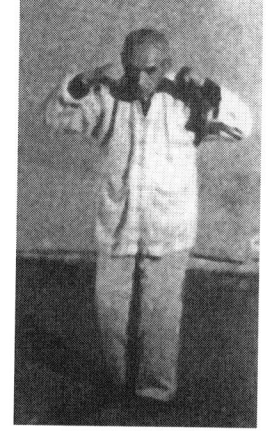

图2-3-39　回身左起式　　图2-3-40　回身左落式

5. 马形收式

往返打至起式位置，打出右式后，按照回身式方法向左前方打出左式后，右脚向后撤半步，两手打成挺腕俯掌的三体式，归气法收功。

五、鼍形拳

鼍形

鼍者，水族中最灵敏者也，有浮水之能。在腹内则为肾，能消散心火，又能化积聚，消饮食。在拳中则谓之鼍形，其形能活泼周身之筋络，又能化身体之浊气抽力。其拳顺，筋弱者能转而强，筋柔者能转而刚，筋缩者能易之以长，筋弛者能易之以和，可谓顺天者存也；其拳谬，则手足肩膝之劲必被拘束，被拘束则身体必不轻灵活泼，如欲鼍之能与水相合一，而浮于水面难矣。《拳经》云：鼍形须知身有灵，拗步之中藏奇精，安不忘危危自解，与人何事便相争。这是对鼍形的形象描述，习学者应对此鼍形更须注意。

1. 预备式

与三体式相同（图2-3-41）。

图2-3-41 预备式

2. 鼍形左式

由三体式开始，身体向左正方扭转，左手收回向下翻，拇指向下，其余四指曲张，虎口撑圆，屈肘由胸前横着向左方撑出，高与口平，掌心向下（臂成弧形），左脚随之向左前方迈进一步，右脚跟进半步，停于左脚内侧，距离五寸左右，成横斜线相冲。同时右手上翻，屈肘由胸前伸于左肋外侧，掌心向上，眼看左掌（图2-3-42）。

要点：左掌收回与左脚前进以及左肘外撑动作完整一致，右掌左伸与右脚跟步要同时进行；两肘要向外顶劲，头上顶，项竖直，下颏内收，胸部圆阔，腰要灵活，眼随手转，精神贯注。

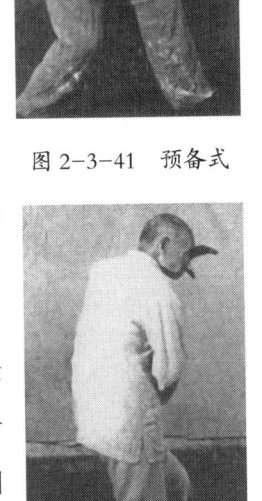

3. 鼍形右式

图2-3-42 鼍形左式

接上式，右脚向右前方迈一步，左脚随之跟进半步，停于右脚内侧，距离五寸左右，同时右掌由左肋外侧抽回，屈肘向右撑出，掌心向下，拇指向下，其余四指曲张，高与口平，同时左手上翻，屈肘经胸部伸于右肋外侧，掌心向上，眼看右掌（图2-3-43）。

要点：与左式完全相同，惟左右方向相反。上述两个分解动作，要快速紧密连接，并做到快而身稳。如此左右式交替向前打出。

4. 鼍形回身式

向前打至适当位置，打出右式后，左脚向后左前方撤一步，身体随之转回，同时两手互翻随之打出（图2-3-44）。

要点：向回转身要与撤左脚动作同时进行，加快速度，中间不停，两掌翻摆与转身要协调一致。

5. 鼍形右式

接上式，右脚向后右前方迈一步，两掌互翻随之打出，眼看右掌（图2-3-45）。

要点：动作和要点与前面右式相同，惟方向相反。

图2-3-43　鼍形右式　图2-3-44　鼍形回身式　图2-3-45　鼍形右式

6. 鼍形收式

打至起式位置，打出右式后，按照回身式的办法，转身打成左式后（见图2-3-42），右脚向后撤一步，两手打成挺腕俯掌的三体式，归气法收功。

六、鸡形拳

鸡形

鸡者，于世最有益者也。能司晨报晓，又有单腿独立之能，抖翎之威，争斗之勇。在腹内为阴气初动，又为巽卦。在天为风，在人为气，在拳中则谓之鸡形。能起足根之劲上升，又能收头顶之气下降，又能散其真气贯串于四体之中，有羽化之功。其拳顺，则上无头脑不足之患，下无腿足疼痛之忧。其拳谬，则头脑不足，耳目不灵，手足亦麻木不仁矣。《拳经》云：将在谋而不在勇，败中取胜成英雄，试看鸣鸣有虚实，才知羽化有通灵。这是对鸡形的形象简述。习学者与此鸡形最当注意。

1. 预备式

与三体式相同（图2-3-46）。

2. 鸡形右式

（1）由三体式开始，左脚撤于右脚内侧，右脚随即屈膝提起，膝与腹平，脚尖上翘，同时右手臂向上挑出，五指向上，掌沿向前，高与脸平，左手收回停于右小臂内侧，左腿微屈，眼看右手虎口（图2-3-47）。

（2）上式不停，左脚蹬劲，手形不变，右脚向前落进一大步，左脚跟进半步，两手随之向前打出，眼看右手虎口（图2-3-48）。

要点：撤左脚，提右脚与挑右手动作要快速协调，一气呵成；向前冲打时，左脚要着力蹬劲，催促周身发出猛烈之劲；头上顶，项竖直，沉肩坠肘，含胸收腹，精神集中。

3. 鸡形左式

（1）接上式，右脚向前垫步，左脚随即屈膝提起，膝与腹平，脚

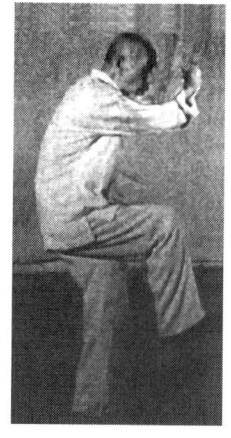

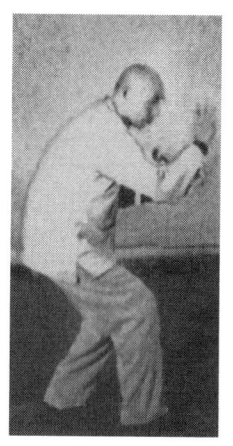

图 2-3-46　预备式　　图 2-3-47　右独立式　　图 2-3-48　右推掌

尖上翘，右腿微屈，同时左手臂向上挑出，右手收回护于左小臂内侧，眼看左手虎口（图2-3-49）。

（2）上式不停，手形不变，右脚蹬劲，左脚向前落进一大步，右脚跟进半步，两手随之向前打出，眼看左手虎口（图2-3-50）。

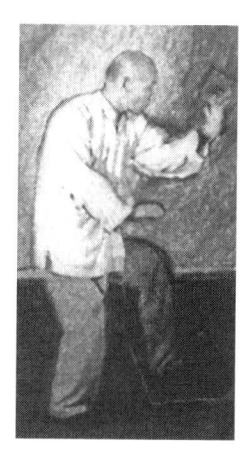

图 2-3-49　左独立式　　图 2-3-50　左推掌

要点：与前面右式相同，惟左右相反。如此左右式交替向前打出，趟数不限。

4. 鸡形回身式

（1）向前打至适当位置，打出左式后，以两脚为轴，身体由右转向后正方，右腿随即提起，右手臂向上挑出，左手护于右小臂内侧，眼看右手虎口（图2-3-51）。

（2）此式稍停，右脚向前落步，同时两手向前打成右式（图2-3-52），

图 2-3-51　鸡形回身式　图 2-3-52　右推掌

然后进左脚再打出左式，随后可左右式交替往回打出，趟数可灵活掌握。

5. 收式

往返打至起式位置，打出左式后，按照回身式方法，回身向前打成右式（见图 2-3-48）后，右脚向后撤一步，左手前伸，右手收回，呈挺腕俯掌的三体式，归气法收功。

七、鹰形拳

鹰形

鹰者，飞禽中最狠最烈者也。有攫获之精，瞥目能视细微之物。其形外阳而内阴，在腹内能起肾中之阳上升于脑。《丹书》云：穿夹脊透三关而生于泥丸之谓也。在拳中而谓之鹰形。其拳顺，则真精还与脑，而眼精光明。《拳经》云：英雄处世不骄矜，遇变何妨一学鹰，最是九秋鹰得意，擒完蛟兔便超升。这是对练习鹰形的要求。习学者精练此形，便能复纯阳之气，受益匪浅。

1. 预备式

与三体式相同（图 2-3-53）。

2. 鹰形右式

（1）由三体式开始，左脚收回向左前迈半步，同时左手收回内旋变拳屈肘由胸部向前伸出，拳心向内，高与口平，眼看左拳心（图 2-3-54）。

（2）右手由左拳心上向前打出，五指曲张（鹰爪手形），手心向下，虎口撑圆，高与胸平，同时，右脚跟进半步，左拳收回变掌下翻停于腹脐部，掌心向下，眼看右掌（图 2-3-55）。

要点：左拳前伸与左脚前进要同时进行；打右掌与右脚跟步动作要协调一致；头上顶，项竖直，下颏内收，舌顶上腭，提胸塌腰，沉肩坠肘，两掌五指向下扣劲，掌心回缩，精神贯注。

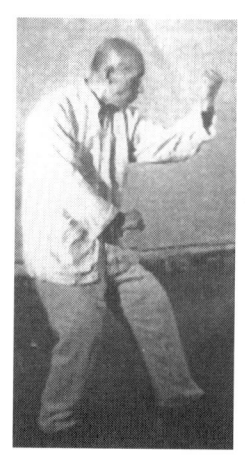

图 2-3-53 预备式　图 2-3-54 左钻右起　图 2-3-55 左落式

3. 鹰形左式

（1）接上式，右脚向前进一步，同时右掌收回变拳内旋屈肘经胸部向前打出，拳心向内，高与口平，眼看右拳心（图 2-3-56）。

（2）左掌由腹脐部经右拳心上向前打出，五指曲张（鹰爪手形），掌心向下，虎口撑圆，高与胸平，同时左脚跟进半步，右拳收回变掌下翻停于腹脐部，掌心向下，眼看左掌（图2-3-57）。

要点：与右式相同，惟左右相反。如此左右式交替向前打出。

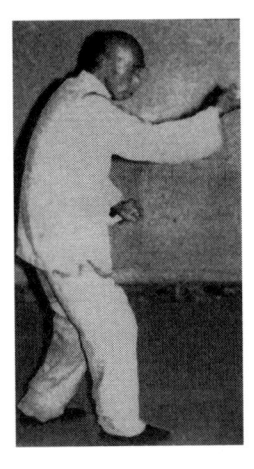

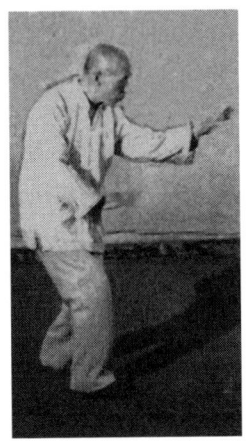

图2-3-56　右钻左起　　图2-3-57　左落式

4. 鹰形回身式

（1）向前打至适当位置，打出右式后，左脚向右正方弧线扣一步，以右脚为轴身体转向后正方，同时右掌内旋变拳由胸部向前打出，拳心向内，高与口平，眼看右拳心（图2-3-58）。

（2）随后右脚向后右正方呈横线垫半步，左掌由右拳心上向前打出，右拳收回变掌停于腹右外侧打成左式（图2-3-

图2-3-58　鹰形回身式　　图2-3-59　回身左落式

59）后，左右式交替向回打出，往返练习。

5. 鹰形收式

往返打至起式位置，打出左式后，按照回身式的方法，回身向前打成右式（见图2-3-55）之后，右脚向后撤半步，两手打成挺腕俯掌的三体式，归气法收功。

八、熊形拳

熊形

熊者，其性最迟钝，其形最威严者也。其物外阴而内阳。在腹内能接阴气下降，还于丹田，在拳中而谓之熊形，能直颈项之力，又能复纯阳之气。与鹰形之气相接，上升之而为阳，下降而为阴。若与鹰形合演，谓之鹰熊斗志，亦谓阴阳相摩，虽然阴阳升降，其实则系一气之伸缩也。《拳经》云：猩猩出洞老熊形，为要防心胜不伸，得裘只争斯一点，真情寄于有心人。这是对练习熊形的形象解义。习学者须知前式龙虎单练谓之开，鹰熊二形并练谓之合，知此十二形的开合之道，可与入德矣。

1. 预备式

与三体式相同（图2-3-60）。

2. 熊形左式

（1）由三体式开始，左手收回内旋变拳屈肘由胸部向前伸出，拳心向内，高与口平，同时左脚向左方呈横线进半步，眼看左拳心（图2-3-61）。

（2）右手变拳由左手腕部向左下方插打，拳面向左，停于左腿前，高与胯平，同时左拳收回停于左胯外侧，拳心向下。右脚随之向前跟进半步，脚尖里扣，与左脚成横斜线相冲，距离一尺左右，眼看左前方（图2-3-62）。

要点：左拳前伸与左脚迈步要同时完成；向下打右拳，要与右脚跟步动作连贯一致，并以腰为枢纽促使两膀互相扭劲，拧至两膀与两腿成十字形姿势，发挥膀的撞击之威力；头上顶，下颏内收，含胸收腹，身势稍俯，足趾抓地，精神贯注。

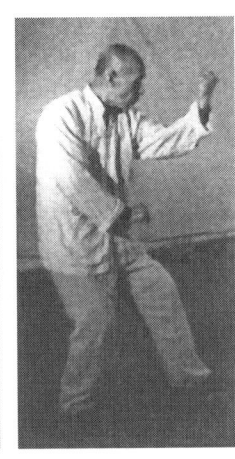

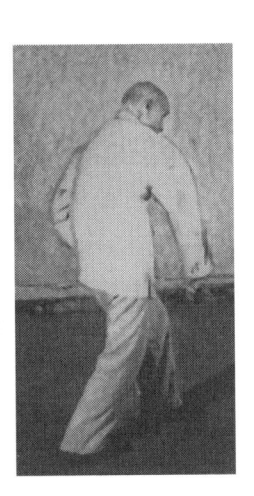

图2-3-60 预备式　　图2-3-61 左起式　　图2-3-62 左落式

3. 熊形右式

（1）接上式，右拳抬起内旋经胸部向前伸出，拳心向内，高与口平，同时右脚向右前方迈进一步，眼看右拳心（图2-3-63）。

（2）左拳由左胯外侧经右手腕内侧向右下方插打，拳面向右，停于右腿前，高与胯平，同时右拳收回停于右胯外侧，拳心向下，左脚随之跟进半步，脚尖里扣，与右脚成横斜线相冲，距离一尺左右，眼看右前方（图2-3-64）。

要点：与左式完全相同，惟左右相反，如此左右式交替向前打出。

4. 熊形回身右式

打至适当位置，向前打出右式后，左脚向后左前方撤一步，右脚呈弧线迈至后右方，脚尖里扣，与左脚成斜线相冲，同时身体转向后左前方，右拳随身体转动，向后左前下方插打，左拳收回停于左胯外侧，拳心向下，眼看后左前方（图 2-3-65）。由此左右式交替向回打出。

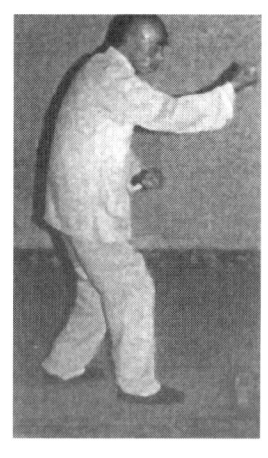

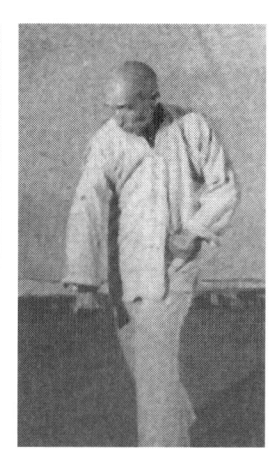

图 2-3-63　右起式　　图 2-3-64　左落式　　图 2-3-65　熊形回身式

5. 熊形收式

打至起式位置，打出右式后，按照回身式的方法，回身向正左前方打成左式（见图 2-3-62）之后，右脚向后撤半步，两手打成挺腕俯掌的三体式，归气法收功。

九、鲐形拳

鲐形

鲐者，其性最直，并无其他灵巧之禽也。其本性有竖尾上升，超达云际之势，下落两掌有捣物之形。在腹内能辅佐肝肺之功，能舒肝固气。

在鮐拳中即谓之形，能活肩活足，有胯臀之合力。其拳顺，则肝舒气固，人心虚灵，而人心化矣，又能实其腹而道心生。其拳谬，则两肩不活，身体被拘，气必不畅通。《拳经》云：鮐艺求精百信通，全凭收尾内彻灵，饶它兔走几处远，起落二字性命倾。这是对鮐形的解说。习学者练此鮐形，勉力行之，可以虚心实腹而得其道。

1. 预备式

与三体式相同（图2-3-66）。

2. 鮐形左式

（1）由三体式开始，左脚向回撤移少许，脚掌着地，左手收回与右手触合在胸前后分开，向左右划一小圈，停于两肋外侧，手心向上，五指曲张，同时身体转向左前方，重心偏于右腿，眼看左前方（图2-3-67）。

（2）右脚向左前方迈一大步，脚尖向里，左脚随之跟进半步，同时两手向左前方冲出，拇指撑开，其余四指屈开，掌心向里，高与腰平，眼看左前方（图2-3-68）。

图2-3-66 预备式　图2-3-67 左起式　图2-3-68 左落式

注：也可用拳，如用拳，则拳心向上。

要点：两手划圈要与转身动作协调一致；两手打出要与两脚前进同时进行，一气呵成；头顶项竖，舌顶上腭，沉肩坠肘，臀部极力前逼，前胯用力里裹，后胯用力前催，周身气力合一，精神贯注。

3. 鲐形右式

（1）接上式，右脚向前方横垫半步，脚尖外撇，左脚随即跟扣半步，脚尖向里，停于右脚跟后面，同时身体转向右前方，两手收回在胸前掌心向上，左右分开，划一小圆停于两肋外侧，眼看右前方（图2-3-69）。

（2）左脚向右前方迈一大步，脚尖向里，右脚随之跟进半步，同时两手由两肋外侧，向右前方冲出，掌心向里，拇指撑开，其余四指屈开，高与腰平，眼看右前方（图2-3-70）。如此左右交替向前打出。

图 2-3-69　右起式　　图 2-3-70　右落式

要点：与左式相同，惟左右相反。

4. 鲐形回身式

（1）向前打至适当位置，打出右式后，右脚向左正方呈弧线扣一步。同时以左脚为轴身体扭向后左前方，两手在胸前向上，左右分开，划一小圆，停于两肋外侧，手心向上，眼看后左前方（图2-3-71）。

（2）鲐形左式：右脚向后左前方进一步，两手随之打出（图2-3-72）。由此左右式交替往返操练，趟数不限。

图 2-3-71　左起式　　图 2-3-72　回身左落式

5. 鮀形收式

往返打至起式位置，打出右式后，按照回身式方法，向后左前方打成左式（见图 2-3-68）后，右脚向后撤一步，两手打成挺腕俯掌的三体式，归气法收功。

十、蛇形拳

蛇形

蛇者，乃天地所赋之性，身体最玲珑、最活泼者也。其性能有拨草之巧，二蛇相斗能泄露天灵，能曲能伸，能绕能盘，在腹内即为肾中之阳，在易即为坎中之一也。在拳中而谓之蛇形，能活动腰中之力，乃大易阴阳相摩之意也。又如《易经》方图之中所云"震巽相接十字当中求生"之意。其拳顺，则内中真阳透于外，如同九重天玲珑相透无遮蔽，人之精神如日月之光明。其拳谬，则被阴气所拘，拙劲所捆，身体不能活泼，心窍亦不能通彻矣。《拳经》云：从来顺理自成章，拨草灵蛇逞刚强，寄语聪明学艺者，水中波浪细思量。这是对练习蛇形拳的形象明义。习学者于此蛇形，勉力而行，久之能自得如蛇之灵巧奥妙。

1. 预备式

与三体式相同（图2-3-73）。

2. 蛇形右式

（1）由三体式开始，左脚向前垫半步，脚尖里扣，右脚随之跟进靠于左脚踝内侧，脚掌着地，两腿屈膝下蹲，重心偏于左腿。同时右手变拳由腹前经右胯内侧，向下插于两膝中间，拳眼向前，左手收回，屈肘伸于右脸外侧，掌心向里，五指向上，身体同时转向右前方，眼看右前方（图2-3-74）。

图2-3-73 预备式

（2）右脚向右前方迈进一大步，左脚随之跟进半步，同时右拳由两膝前向右前上方撩出，拳眼向上，高与肩平，左手随即变拳收于左胯前侧，身稍前倾，眼看右拳（图2-3-75）。

要点：左脚垫步与右脚跟步，要协调一致；右拳下插，右臂要极力

图2-3-74 右起式 　　图2-3-75 右落式

放松向下催劲，左手伸向右脸侧，要与转身动作同时进行，一气呵成；右拳向前撩时，要沉肩坠肘，小臂如弓弯曲不可伸直，头要上顶，提胸收腹，左拳收于左胯时，要用力下按，使左肩向右肩催劲，增加右拳力量，精神贯注。

3. 蛇形左式

（1）接上式，右脚向前垫进半步，脚尖里扣，左脚随之跟进半步，靠于右脚踝内侧，脚掌着地，两腿屈膝下蹲，身体重心偏于右腿。同时左拳由腹前经左胯内侧向下插于两膝中间，拳眼向前，右拳变掌收回并伸于左脸外侧，掌心向里，五指向上，身体随即转向左前方，眼看左前方（图 2-3-76）。

（2）左脚向左前方迈一大步，右脚随之跟进半步，同时左拳由两膝前向左前上方撩出，拳眼向上，高与肩平，右手随即变拳收于右胯前侧，身稍前倾，眼看左拳（图 2-3-77）。

要点：与右式相同，惟左右相反。如此左右式交替向前打出，趟数不限。

图 2-3-76 左起式　　图 2-3-77 左落式

4. 蛇形回身式

向前打至适当位置，打出左式后，左脚向后撤于右脚后面，右脚随即提起，脚掌着地，同时身体由左向后转180°，屈膝半蹲，重心偏于左腿，左拳变掌伸于右脸外侧，掌心向里，五指向上，右拳由上向回划一圈经胸前向下插于两膝中间，拳眼向前，眼看后右前方（图 2-3-78）。

5. 蛇形右式

此式与 2 式相同，惟行进方向相反（图 2-3-79）。于此再向后左前方打出左式，左右式交替继续向回打出。

图 2-3-78 回身式　　图 2-3-79 回身右落式

6. 蛇形收式

往返打至起式位置，打出右式后，身体由左后转，同时左脚向后撤一步，打成回身式，与 2 式相同（见图 2-3-74）。右脚向右前方迈出，右拳随之打出右式（见图 2-3-75），右脚向后撤一步，两拳变掌打成挺腕俯掌的三体式，归气法收功。

十一、燕形拳

燕形

燕者，禽类之中最轻灵、最敏捷者也。有抄水之精，有飞腾高翔旋转之巧。在腹内能采取肾水上升，与心火相交。《易经》云，水火相济。儒家云，复其真元。在拳中即谓之燕形，能活腰气，而生轻灵之妙。其拳顺，则心窍开，精神足，而脑力亦因之而强。其拳谬，则腰发滞，身体沉重，而气亦不畅通矣。《拳经》云：一艺求精百倍功，功成云路自然通，扶摇试看燕取水，才显男儿高世风。这是对燕形的说明。习学者于此燕形，当虚心研练。

1. 预备式

与三体式相同（图2-3-80）。

2. 燕形右式

（1）由三体式开始，左手收回屈肘置于胸前，手心向内，右手前伸由左小臂内屈肘从上向后绕领，手心向外，指尖向上，高与头平，右脚垫半步，左脚随即屈膝提起，膝与胯平，脚尖向下，右腿直立，眼看前方（图2-3-81）。

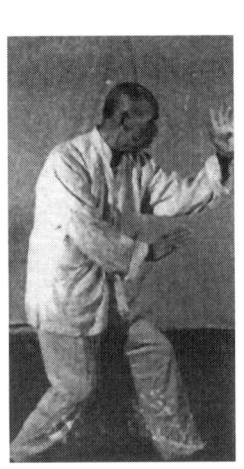

图2-3-80 预备式

（2）左脚下落，擦着地面向前伸出，脚尖向右，成左仆步，右腿向下屈蹲，身体重心偏于右腿，眼看前方（图2-3-82）。

（3）身体向右下俯，两手屈肘与两小臂向右正方伸出，手心向下，眼看两手（图2-3-83）。

（4）右脚向前迈一大步，左脚随之跟进半步，同时两手随着右脚前进，纵身向前冲出，右手前伸，掌心向前，五指屈开，手指向上（坐腕立掌），左手屈肘上架停于左额角外侧（太阳穴），拇指向下，其余四指屈开，掌心向外，眼看右掌（图2-3-84）。

（5）左手向前伸于右小臂之下，两手在胸前交叉互绕一小圈，右手迅速向前推出，拇指向下，其余四指屈开，掌心向前，手指向

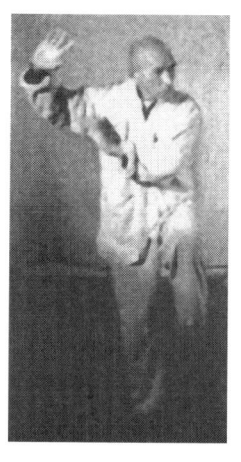

图2-3-81　领右手独立　　图2-3-82　左仆步

右（横掌），左手屈肘上架停于左额角前侧，同时左脚提起向下跺踩（震脚），右脚随之迅速向前迈进，脚尖里扣（马裆步横脚），眼看右手背（图2-3-85）。

要点：向后领右手与提左膝同时进行，协调一致；左脚向前扑伸，两胯要极力放松；俯身伸臂动作要松肩含胸；两手向前冲打要提胸塌腰，迅速敏捷，与两脚前进完整一致；打右掌进右步，左脚要用力向下蹬踩，增加右脚和右掌的力量。

图2-3-83　右俯按右臂　　图2-3-84　抄水式　　图2-3-85　推窗望月

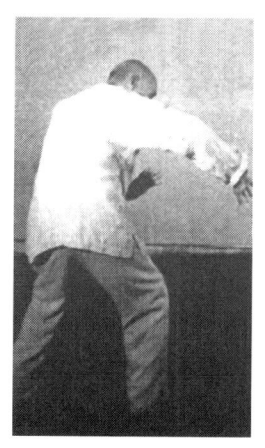

3. 燕形左式

（1）接上式，右手收回屈肘置于胸前，手心向内，左手前伸由右小臂内侧向上向后绕领，手心向外，五指屈开，指尖向上，高与头平，同时右脚屈膝提起，膝与胯平，脚尖向下，左腿直立，眼看前方（图2-3-86）。

（2）右脚下落，擦着地面向前伸出，脚尖向左，成右仆步，左腿向下屈蹲，眼看前方（图2-3-87）。

（3）身体向右下俯，两手屈肘与两小臂向左正方伸出，手心向下，眼看两手（图2-3-88）。

（4）左脚向前迈进一大步，右脚随之跟进半步，同时两手随着左脚前进，纵身向前冲出，左手伸于前方，掌心向前，五指屈开，指尖向上（坐腕立掌），右手屈肘上架停于右额角外侧，拇指向下，其余四指屈开，掌心向外，眼看左掌（图2-3-89）。

（5）右手向前伸于左小臂之下，两手在胸前交叉互绕一小圈，左手随即迅速向前推出，拇指向下，其余四指屈开，掌心向前，手指向左（横掌），右手屈肘上架停于右额角外侧，同时右脚提起向下蹬跺（震脚），右脚随即迅速向前迈进，脚尖里扣（马裆步横脚），眼看左手背（图2-3-90）。如此左右式交替向前打出，趟数不限。

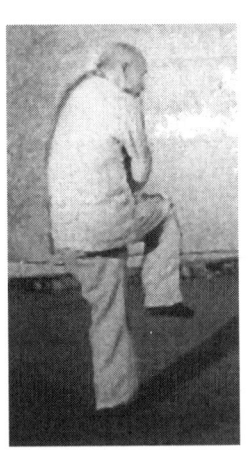

图2-3-86 领左手独立　　图2-3-87 右仆步

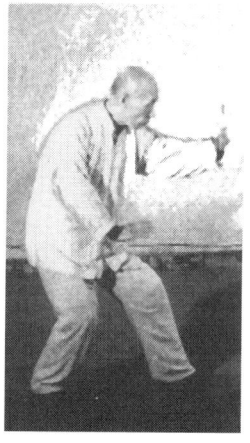

图 2-3-88 右俯按左臂　　图 2-3-89 抄水式　　图 2-3-90 推窗望月

要点：与2式相同，惟左右相反。

4. 燕形回身式

向前打至适当位置，打出左式后，身体由右转于后正方，右手屈肘抬至胸前，手心向内，同时左手收回穿于右小臂内侧向后绕领，右脚随即屈膝提起，膝与胯平，脚尖向下，左腿直立，眼看后正前方（图2-3-91）。由此右脚下落，擦着地面向前伸出，打成左式，左右式交替向回打出，往返趟数多少，量力而行。

图 2-3-91 回身式

5. 燕形收式

往返打至起式位置，打成左式后，身体由右转于后正方，右手掌向前打出（图2-3-92），右脚向后撤一步，两手打成挺腕俯掌的三体式，归气法收功。

图 2-3-92 推窗望月

十二、鹞形拳

鹞形

鹞者，禽类之中最雄勇、最灵敏之物也。其性能有束翅之法，有入林之能，有钻天之勇，有翻身之巧。在腹内能收心脏之气，在拳中即束身缩体，起落钻翻，灵巧雄勇。其拳顺，则能收先天之气入于丹田之中，又能舒身而起，藏身而落。古人云：如鸟之束翅，频频而飞，亦此意也。其拳逆，则心努气悖，而身亦被拘捆。《拳经》云：古来鹞飞有翱翔，居然两翅似凤凰，试观擒捉收放翅，武士才知这势强。这是对鹞形的形象描述。习学者于此鹞形尤当精心研究，身体力行，则身能如鸟之束翅，行之如流水荡平。若能有此得，可终身用之不尽。

1．预备式

与三体式相同（图2-3-93）。

2．鹞形右式

（1）鹞子入林：由三体式开始，右手由胸口前向前上方伸出，手心向上，五指分开，手指向前，高与口平，左手收回停于腹脐前部，手心向下，同时右脚向前迈进一步，眼看右手（图2-3-94）。

图2-3-93 预备式

（2）鹞子钻天：左手由腹脐前部，向前上方钻出，手心向内，五指分开，指尖向上，高与额平，右手收回停于腹脐右侧，手心向下，同时左脚向前迈进一步，眼看左手心（图2-3-95）。

要点：伸右手与进右步和左手收回动作，要连贯一致；左手上钻与左脚前进和右手收回要协调连贯；两手伸缩变换时，两肩要放松，腰部要灵活，眼随手转。

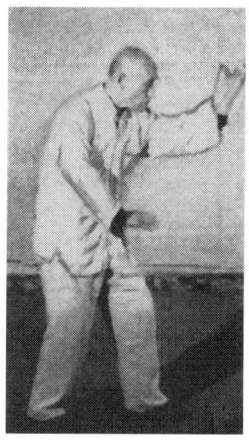

图 2-3-94　鹞子入林右式　图 2-3-95　鹞子钻天

3．鹞形转身左式（即鹞子翻身左式）

以左脚为轴，以腰为枢纽，身体由右向左转于后正前方，同时右脚迈至正前方，右手贴着右腿顺势向前方抬起，手心向下，高与肩平，左手收回停于腹左侧，眼看右手背（图 2-3-96、2-3-97）。

要点：右手要贴着右腿转动，不可离开，与右脚迈进要协调一致；头顶项竖，含胸收腹。

图 2-3-96　左转身　图 2-3-97　右翻身

4．鹞形左式

（1）鹞子入林：左手由腹左侧向前上方伸出，手心向上，五指分开，手指向前，高与口平，右手收回停于腹脐右侧，手心向下，同时左脚向前迈进一步，眼看左手（图2-3-98）。

（2）鹞子钻天：右手由腹右侧向前上方钻出，手心向内，五指分开，手指向上，高与额平，左手收回停于腹脐左侧，手心向下，同时右脚向前迈进一步，眼看右手心（图2-3-99）。

要点：与2式相同，惟省去三体式，且左右相反。

5．鹞形转身右式（即鹞子翻身右式）

以右脚为轴，以腰为枢纽，身体由左向右转于正前方，同时左脚迈向正前方，左手贴着左腿顺势向前方抬起，手心向下，高与肩平，右手收回停于腹左侧，眼看左手背（图2-3-100、2-3-101）。

要点：与3式相同，惟左右相反。

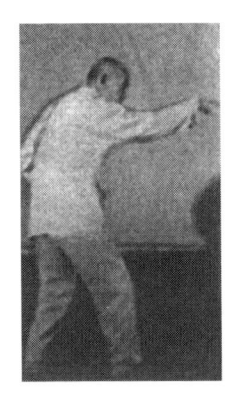

图2-3-98　鹞子入林左式　　图2-3-99　鹞子钻天　　图2-3-100　右转身　　图2-3-101　左翻身

6．鹞形右式

动作要点与2式完全相同（见图2-3-94、2-3-95）。

7. 鹞形左式

动作要点与 4 式完全相同（见图 2-3-98、2-3-99）。
如此左右式交替向前打去。

8. 鹞形回身式

向前打至鹞子钻天式后，身体由右转向后正前方，右手抬至与右肩同平，手心向下，左手收回停于腹左侧，眼看右手背（见图 2-3-97）。由此打成 2 的右式，再向左转身打成 3 的左式，左右式转换往回打出，动作要点与正前方式子相同，惟前后方向相反。

9. 鹞形收式

打至起式位置，打出右式后，按照 3 式的做法，转身向前打出右手（图 2-3-102）后，右脚向后撤一步，两手打成挺腕俯掌的三体式，归气法收功。

图 2-3-102　左翻身

第四节　宋氏形意拳单练套路

综合形意

一、四把捶拳

四把

四把捶拳，是形意门中重要的单练组合套路之一。其内容丰富，结构严密，拳式精巧。经宋世荣先生在实践中不断充实革新，整套拳路更臻独特。它通过进退转换手、眼、身、法、步全面锻炼，达到横、竖、斜、缠、直五劲兼全，发劲抖绝，刚柔平衡。经常练习，使人身体素质增强，获得提高实战之效益，习学者切勿忽视。

四把捶拳各式动作名称

1. 预备式
2. 独立盖掌（金鸡独立）
3. 行步右炮拳（金鸡食米）
4. 转身拱肘（金鸡抖翎）
5. 独立下插掌（金鸡上架）
6. 进步挑掌（金鸡报晓）
7. 进步左劈掌（金鸡闯群）
8. 进步右劈掌（金鸡闯群）
9. 跳步提膝抱拳（金鸡独立）
10. 进步右炮拳（金鸡食米）
11. 转身拱肘（金鸡抖翎）
12. 独立下插掌（金鸡上架）
13. 进步挑掌（金鸡报晓）
14. 收式

1. 预备式

即三体式（图2-4-1）。

2. 独立盖掌（金鸡独立）

（1）左手收回屈肘置于胸前，手心向下，右手由下向前抄打（撩阴掌），手心向上，高与肩平，同时右脚提起，膝与胯平，脚尖上翘，眼看前方（图2-4-2）。

（2）右脚下落，在即将落地之际，左脚随即提起，膝与胯平，脚尖上翘，右脚落地的同时，左手向前盖打，手心向下，五指屈开呈鹰爪状，右手抽回停于左肘下面，手心向下，身体稍前俯，右腿向下屈蹲，身体随之下沉，重心全在右腿，眼看左手背（图2-4-3）。

要点：右手抄打与提右脚要一气呵成；两脚交替提落，要与两手变换动作协调一致；头上顶，项竖直，下颏内收，舌顶上腭，沉肩坠肘，含胸收腹，精神贯注。

图2-4-1 预备式　　图2-4-2 撩阴掌　　图2-4-3 独立盖掌

3. 行步右炮拳（金鸡食米）

上式不变。左脚先向前迈出，然后右脚随之前进，如此两脚交替前行，走到第五步左脚落下时，右手握拳，左手护于右拳内侧随着左脚下落，向前下方打出，高与脐平，拳心向里，眼看右拳（图 2-4-4）。

要点：向前行步，两胯要向下催劲，身体要平稳，不可忽高忽低，不可左右摇晃，向前打拳时，两肩要极力松沉，以助两臂，使劲气贯于拳端。

4. 转身拱肘（金鸡抖翎）

身体向后扭转 90°，右脚向后正方迈一步，两膝随之前弓，脚尖里扣，左脚跟外拧向下蹬劲，与右脚成半马裆步，右臂屈肘向后正方拱出，力达肘尖；随后右拳变掌置于右脸外侧，掌心向外，左掌向左下方斜线撑出，与胯相平，掌心向下，重心偏于右腿，眼看左掌（图 2-4-5）。

要点：拱肘、撑掌与转身动作同时进行，协调一致；拱右膝时，左脚要极力蹬劲，周身力量要集中，发出弹力和抖搂之力，以体现鸡的抖翎之威；含胸收腹，圆裆裹胯。

图 2-4-4　行步右炮拳

图 2-4-5　转身拱肘

5. 独立下插掌（金鸡上架）

左脚向前迈至右脚内侧，稍向下屈，右脚提起，膝与胯平，紧靠于左腿内侧，脚尖向下，同时右掌由上收回置于右膝内侧，掌心向里，手指向下，左掌由胸前上伸，护于右脸外侧，掌心向外，眼看前方（图 2-4-6）。

要点：进左脚与提右脚动作要连贯一致；左掌上伸与右掌下插腰同时完成；插掌要力贯指尖，身

图 2-4-6　独立下插掌

体中正稳定，精神贯注。

6. 进步挑掌（金鸡报晓）

右脚向前落一大步，左脚随之跟进半步，右手向前上方挑出，五指并拢，掌心向里，高与额平，左掌下落，停于左胯前侧，掌心向下，眼看右手拇指（图2-4-7）。

要点：右脚前进与左脚跟步，要协调一致，挑掌动作要力贯指尖，周身气力合一。

7. 进步左劈掌（金鸡闯群）

（1）右掌变拳内旋由胸部向上钻出，拳心向内，右脚向左前方垫半步，脚尖向前，眼看右拳心（图2-4-8）。

（2）左脚向前迈一步，右脚跟进半步，同时左掌由右拳心上向前劈出，掌心向右，掌沿向前，高与眼平，右拳变掌收回停于腹脐前部，掌心向下，眼看左手虎口（图2-4-9）。

要点：右拳上钻要与右脚垫步同时进行；左掌向前劈打，与左脚前进要一气呵成，并含向上措撞之劲；头上顶，项竖直，沉肩坠肘，周身合一。

图2-4-7　进步挑掌　　图2-4-8　右手上钻　　图2-4-9　进步左劈掌

8. 进步右劈掌（金鸡闯群）

（1）左掌变拳内旋由胸前向上钻出，拳心向内，左脚向右前方垫半步，眼看左拳心（图2-4-10）。

（2）右脚向前迈一步，左脚跟进半步，同时右手由左掌心上向前劈出，掌心向里，掌沿向前，高与眼平，左拳变掌收回停于腹脐前部，掌心向下，眼看右手虎口（图2-4-11）。

图 2-4-10 左手上钻   图 2-4-11 进步右劈掌

要点：与7的左式相同，惟方向相反。

9. 跳步提膝抱拳（金鸡独立）

（1）两掌收回变拳，在胸前由下向上划圈向前砸下，拳心向上，高与胯平（混合捶）（图2-4-12）。

（2）上式不停。在两拳将落而未落之际，右脚提起向下蹬地（震脚），左脚随即快速提起，脚尖上翘，膝与胯平，同时两拳收回抱于腹脐前部，眼看前方（图2-4-13）。

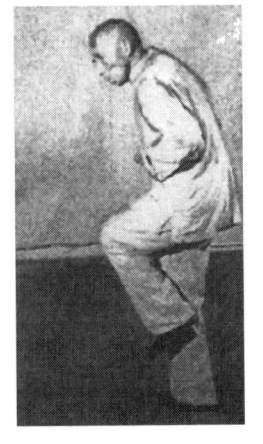

图 2-4-12 混合捶   图 2-4-13 跳步提膝抱拳

要点：两拳向下砸时，两肩要极力下沉；两脚提落时，身体要随之自然升降，各项动作要快速连贯，不可迟滞。

10. 进步右炮拳（金鸡食米）

上式不停。左脚向前迈进一步，右脚随之跟进半步，同时左拳变掌护于右拳内侧，向前下方打出，高于脐平，身稍前俯，眼看右拳（图2-4-14）。

要点：进左脚与打右拳动作，要一气呵成，力达拳端；头上顶，项竖直，含胸沉肩，精神贯注。

11. 转身拱肘（金鸡抖翎）

动作要点与4相同，惟左右相反（图2-4-15）。

12. 独立下插掌（金鸡上架）

动作要点与5式相同，惟方向相反（图2-4-16）。

图2-4-14 进步右炮拳　　图2-4-15 转身拱肘　　图2-4-16 独立下插掌

13. 进步挑掌（金鸡报晓）

动作要点与 6 式形同，惟方向相反（图 2-4-17）。

以下接打金鸡闯群，金鸡独立等，反复演练，趟数多少，可自行掌握。

14. 收式

往返打至起式位置，回身打出进步挑掌（金鸡报晓）（见图 2-4-17），右脚向后撤一步，两手打成挺腕俯掌的三体式，归气法收功。

图 2-4-17　进步挑掌

二、进退连环拳

进退连环拳，是在五行拳基础上构成的组合拳套路。结构短小紧凑，演练起来迅速敏捷，内含多种技击打法，也是宋氏形意拳中基本的单练套路。连环拳是五行合一之式，五行分演为五行拳，合演则是七曜连珠。分合都能起钻落翻阴阳动静之作用，总是一气流行。《拳经》云：起钻落翻之未发谓之中，发而皆中谓之和。中者，形意拳之大本也。和者，形意拳之大道也。天地阴阳相合能下雨，拳术阴阳相合能凝成一体，皆为阴阳之气也。习学者若知此五行归一的道理，则诸事无不可推矣。

进退连环拳动作名称

1. 预备式
2. 进步右崩拳
3. 退步左崩拳（青龙出水）
4. 顺步右崩拳（黑虎出洞）
5. 退步捋掌抱拳（白鹤亮翅）
6. 进步左炮拳
7. 退步反臂拳
8. 跨步左横拳
9. 提膝右钻拳
10. 坐盘双劈掌（狸猫上树）
11. 进步右崩拳（追风赶月）
12. 回身式（狸猫倒上树）
13. 收式

1. 预备式

与三体式相同（图 2-4-18）。

2. 进步右崩拳

由三体式开始，左脚向前迈进一步，脚尖里扣，右脚随之跟进半步，右掌变拳由右肋外侧向前方打出，拳眼向上。同时左掌变拳收回，停于腹脐左侧，拳心向里，眼看右拳（图 2-4-19）。

要点：打右拳与进左脚要连贯一致；头上顶，项竖直，舌顶上腭，沉肩坠肘，臀向前逼。

3. 退步左崩拳（青龙出水）

右脚向后撤半步，右拳随之收回停于腹脐右侧，拳心向里。同时左脚向后撤半步，落于右脚内侧，与右脚成错综步，左拳向前方打出，拳眼向上，眼看左拳（图 2-4-20）。

要点：两脚撤步与两拳前后伸缩动作要快速连贯，身体要保持自然中正，不可偏斜。

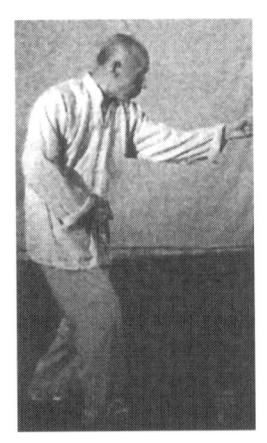

图 2-4-18 预备式　　图 2-4-19 进步右崩拳　　图 2-4-20 退步左崩拳

4. 顺步右崩拳（黑虎出洞）

右脚向前迈进一大步，左脚随之跟进半步，右拳随着右脚的前进向前方打出，同时左拳收回停于腹脐前部，拳心向里，身体稍偏于右，眼看右拳（图 2-4-21）。

要点：打右拳与进右脚要整齐一致，左胯要极力向右胯催劲，促使右臂发出刚萃之力；沉肩坠肘，精神贯注。

以上（2）（3）（4）三个动作，综合名称为"一马三箭"。练习时要紧密衔接，加快速度，不可迟滞。

图 2-4-21 顺步右崩拳

5. 退步捋掌抱拳（白鹤亮翅）

左脚向后撤一步，右脚随之后撤，落于左脚内侧，相距二寸左右，两脚尖都向左正方。同时两拳变掌向下翻绕一齐向后捋回，左掌置于左胯前，右掌变拳与左掌相触合，拳心向上，身体稍向左前方，眼看左前方（图 2-4-22）。

要点：两掌向后捋时，要与两脚撤步动作同时进行，协调一致；右拳与左掌触合，要有刚萃之力，两脚要踏实。

6. 进步左炮拳

右脚向右前方迈一大步，左脚随之跟进半步，身体转向右前方。同时左掌变拳，由胸前向右前方打出，拳眼向上，高与心平，右拳屈肘小臂向上护于右额角外侧（太阳穴），拳心向前，眼看左拳（图2-4-23）。

要点：左拳打出与两脚前进要连贯协调；腰部要灵活拧动，促使左拳发出如炮弹爆炸之威力。

7. 退步反臂拳

右脚向后撤一步，左拳收回于胸口前外翻向前劈砸，高与眼平，拳心向上，同时右拳由体前下落，停于腹脐前部，拳心向下，眼看左拳心（图2-4-24）。

要点：撤右脚与劈左拳和右拳下落动作要一气呵成，头上顶，项竖直，周身合一。

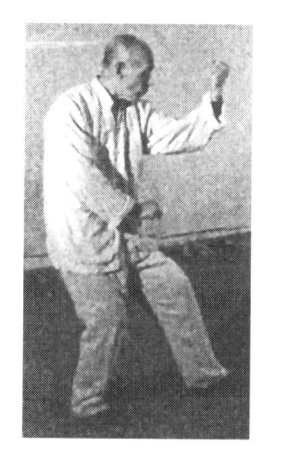

图2-4-22　退步捋掌抱拳　　图2-4-23　进步左炮拳　　图2-4-24　退步反臂拳

8. 跨步左横拳

左脚向左正方横跨一步，左拳屈肘向左格打，拳心向下，高与胸平，右拳屈肘横置于腹脐前，拳心向上，眼看左掌（图2-4-25）。

要点：跨左步时，左肘要随之向左顶撑，含胸收腹，两肩松沉。

9. 提膝右钻拳

接上式，右拳由胸口向上钻出，拳心向内，高与头平，同时右脚屈膝提起，膝与胯平，脚尖上翘，左拳下落停于腹脐前部，拳心向下，左腿向下微屈，眼看右拳心（图2-4-26）。

要点：提右脚与打右拳要同时进行。

10. 坐盘双劈掌（狸猫上树）

上式不停，右脚向前落下，脚尖外撇，左膝盖顶于右膝窝中间，身体随之下坐，同时两拳变掌，左手由右掌上面向前方劈打，右手向下按于腹脐前面，两掌心都向下，高与胯平，身稍前俯，眼看左手背（图2-4-27）。

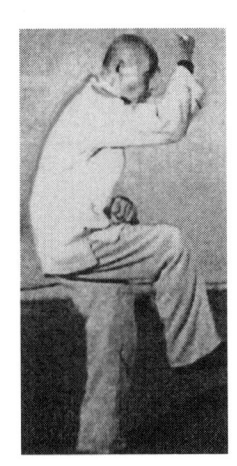

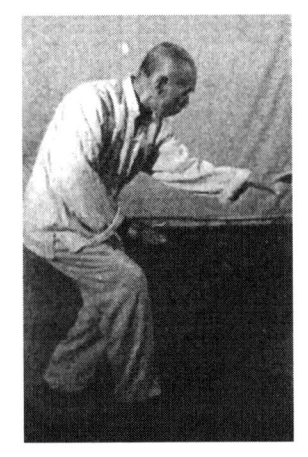

图2-4-25 跨步左横掌　　图2-4-26 提膝右钻拳　　图2-4-27 坐盘双劈掌

要点：右脚向前踩与两手劈出和身体下坐要连贯一致；头上顶，下颏内收，含胸收腹，精神贯注。

以上第8~10三个动作，综合名称为"狸猫上树"。

11. 进步右崩拳（追风赶月）

接上式，左掌变拳向前伸引，左脚向前迈一大步，右脚跟进半步，同时右掌变拳由右肋外侧向前打出，拳眼向上，高与肩平，左拳随之收回停于腹脐左侧，拳心向里，眼看右拳（图2-4-28）。

要点：左脚前进时尽量要远，落步要踏实，右拳打出要与右脚跟步动作整齐一致，加快速度。

图2-4-28　进步右崩拳

全套动作至此完成。可接第3式退步左崩拳（青龙出水），第4式顺步右崩拳，打成"一马三箭"。循环打下去，趟数不限，根据个人体力和场地条件而定，打至适当位置即可回身。

12. 回身式（狸猫倒上树）

（1）向前打至"追风赶月"式后，左脚向后扣一步，与右脚尖相冲，以右脚为轴，身体转向后正方，同时右拳画圆收回，置于腰右侧，左拳亦收回于腰左侧，两拳心都向上，眼看后正方（图2-4-29）。

（2）右拳经胸口前向上钻出，拳心向内，高与头平，右脚屈膝提起，膝与胯平，脚尖上翘，目视后正方（图2-4-30）。

（3）右脚向前用力踩下，脚尖外撇（横脚），左腿膝盖顶于右膝窝中间，同时左拳变掌，从右拳上面向前下方劈出，掌心向下，高与腰平，右拳下落变掌并下按停于腹脐前部，掌心向下，身体下坐，稍向前俯，眼看左手背（图2-4-31）。

图 2-4-29　回身式　　图 2-4-30　提膝右钻拳　　图 2-4-31　坐盘双劈掌

要点：扣左脚与转身动作要快速敏捷；右拳上钻和右脚上提要同时进行；右脚前踩与劈左拳要连贯一致，身体要保持平稳，不可左右摇晃；头上顶，项竖直，下颏内收，精神贯注。

13. 收式

往回打至起式位置，回身向前打成"狸猫倒上树"式后（见图 2-4-27），右脚向后撤一步，两手打成挺腕俯掌的三体式，归气法收功。

三、杂式捶拳

杂式捶，是形意拳中比较复杂而完整的传统套路。此套路流传很广，虽然各地流派练法各异，但各有特长。杂式捶又名统一拳，是合五纲十二目统一之义。在腹内能使全体无亏，在拳中则四体百骸、内外之劲如一，纯粹不杂。其拳顺，则内中之气，独随伸缩往来，循环无穷，充周无间，其劲不见不闻，洁内华外，洋洋流动，上下四方，无所不有，无所不至。如练到此种程度，则拳中之内劲，诚于中、形于外而不掩。习学者于此拳用心练习，可至无声无息之极端。古人云：拳中若练至此境域，是拳无拳，意无意，无意之中是真意之妙境。

杂式捶动作名称

1. 预备式：三体式
2. 进步右崩拳
3. 进步左劈掌
4. 提步下栽捶（鹞子束身）
5. 顺步左炮拳（鹞子入林）
6. 退步右切掌（猫洗脸）
7. 退步左切掌（猫洗脸）
8. 架砸捶（乌龙取水）
9. 转身拱肘（金鸡抖翎）
10. 退步捋掌（凤凰单展翅）
11. 拗步左崩拳（蛰龙出现）
12. 顺步右崩拳（黑虎出洞）
13. 退步抱拳（白鹤亮翅）
14. 拗步左炮拳
15. 提步下栽捶（鹞子束身）
16. 顺步左炮拳（鹞子入林）
17. 退步右切掌（猫洗脸）
18. 退步左切掌（猫洗脸）
19. 架砸捶（乌龙取水）
20. 转身拱肘（金鸡抖翎）
21. 仆步穿掌（燕子抄水）
22. 顺步右崩拳（黑虎出洞）
23. 退步抱拳（白鹤亮翅）
24. 拗步左炮拳
25. 提步下栽捶（鹞子束身）
26. 顺步左炮拳（鹞子入林）
27. 退步右切掌（猫洗脸）
28. 退步左切掌（猫洗脸）
29. 架砸捶（乌龙取水）
30. 转身拱肘（金鸡抖翎）
31. 进步压掌（苍龙潜海）
32. 退步双捋掌
33. 独立穿掌（青龙探爪）
34. 退步下捋掌
35. 进步反推掌（推窗望月）
36. 丁步掩肘
37. 马步撑掌（三盘落地）
38. 坐盘下插拳（懒龙卧道）
39. 进步左横拳（乌龙翻江）
40. 原步右崩拳
41. 震脚冲蹬（龙虎相交）
42. 顺步右崩拳（黑虎出洞）

43. 退步抱拳（白鹤亮翅）　　44. 拗步左炮拳（鹞子入林）
45. 提步下栽捶（鹞子束身）　　46. 顺步左炮拳
47. 退步右切掌（猫洗脸）　　48. 退步左切掌（猫洗脸）
49. 架砸捶（乌龙取水）　　50. 转身拱肘（金鸡抖翎）
51. 退步捋掌（凤凰单展翅）　　52. 拗步左崩拳（蛰龙出现）
53. 顺步右崩拳（黑虎出洞）　　54. 转身双摆掌（风摆荷叶）
55. 独立穿掌（鹞子钻天）　　56. 收式

1. 预备式：三体式

与三体式相同（图 2-4-32）。

2. 进步右崩拳

由三体式开始，左脚向前迈进一步，右脚随之跟进半步，右手握拳由右肋侧向前打出。拳眼向上，高与心平，左手变拳收回停于腹脐部，拳心向里，眼看右拳（图 2-4-33）。

要点：打右拳与进左脚要连贯一致，右脚跟步时，右胯要向下催劲。

3. 进步左劈掌

上式不停，左脚向前进一步，右脚随之跟进半步，左拳变掌向前劈出，掌沿向前，掌心向里，右拳变掌收回停于腹脐前部，掌心向下，眼看左掌（图 2-4-34）。

要点：打左掌与两脚前进，要连贯一致。

以上两个分解动作，要快速相连，要做到头上顶，项竖直，沉肩坠肘，含胸收腹，臀向前突，精神贯注。

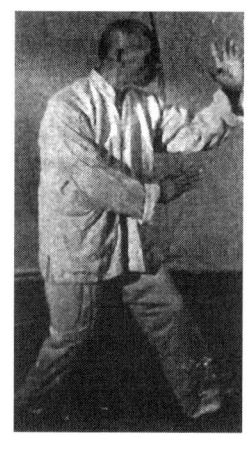

图 2-4-32　预备式：三体式　图 2-4-33　进步右崩拳　图 2-4-34　进步左劈掌

4. 提步下栽捶（鹞子束身）

左脚向前垫半步，右脚随之迈进，落于左脚踝内侧，左脚趁右脚将落而未落之际，迅速提起，右脚脚掌着地，右腿向下屈蹲，同时右掌变拳向下插于左膝内侧，拳心向里，左掌变拳收回于右肩前，拳眼向上，眼看右前方（图 2-4-35）。

要点：左脚垫步与右脚跟步，要连贯一致；右拳下插时，右肩要竭力放松向下催劲，与左拳收回同时进行，不可间断。

5. 顺步左炮拳（鹞子入林）

右腿立起，左脚随即向右前方迈一步，右脚跟进半步，同时左拳向右前方打出，拳眼向上，高与心平，右拳屈肘直臂，架于右额角外侧，拳心向前，眼看左拳（图 2-4-36）。

要点：左拳打出，与右拳上架要同时进行，两脚前进，须协调一致，两胯要向下催劲。

6. 退步右切掌（猫洗脸）

左脚向后撤一步，右拳变掌屈肘由脸前向下砍出，掌沿向下，掌心向里，高与腰平，左拳收回变掌停于左脸侧，掌心向里，眼看右掌（图2-4-37）。

要点：切掌要与撤脚动作同时进行，前肩要极力松沉，使右臂发力，达于掌沿，撤脚动作要向下踩劲。

图2-4-35 提步下栽捶　图2-4-36 顺步左炮拳　图2-4-37 退步右切掌

7. 退步左切掌（猫洗脸）

右脚向后撤一步，左掌屈肘上抬，由脸前向下砍出，掌沿向下，掌心向里，高与腰平，右掌抬起停于右脸侧，停于胸腹前掌心向里，眼看左掌（图2-4-38）。

要点：与右切掌相同。如场地条件允许，左右可各打两次。

8. 架砸捶（乌龙取水）

右脚向后撤半步，两腿稍微下屈，成半马步，同时两掌变拳，右拳向上架打，高与口平，拳眼向上，左拳屈肘横臂向下砸出，停于腹脐前部，拳眼向上，眼看右拳（图2-4-39）。

要点：两脚要踩稳，两拳要用力上下挣衡，头上顶，项竖直。

9. 转身拱肘（金鸡抖翎）

右脚向后正前方迈一步，脚尖里扣，同时两拳亦可变掌，右臂屈肘向前拱出，右掌停于脸右侧，掌心向下，五指屈开，左掌向后，撑于左胯外侧，掌心向下，五指屈开，眼看左掌（图2-4-40）。

要点：拱肘撑掌与右脚前进动作要同时进行，含胸收腹，精神贯注。

图2-4-38　退步左切掌　　图2-4-39　架砸捶　　图2-4-40　转身拱肘

10. 退步将掌（凤凰单展翅）

左脚向左后方撤一步，身体转向左正方，右脚撤于左脚内侧，同时右掌用力将回，变拳置于腹脐前部，拳心向上，两腿向下稍屈，左掌变拳停于左胯前，拳心向上，眼看左前方（图2-4-41）。

要点：撤步转身与将掌动作要一起进行，右大臂要与右肋侧着力触合靠紧，发出颤力。

11. 拗步左崩拳（蛰龙出现）

右脚向前迈一步，左脚随之跟进半步，同时左拳由左胯外侧向前打出，拳眼向上，高与心平，右拳置于腹部右侧，拳

图2-4-41　退步将掌

心向里，眼看左拳（图2-4-42）。

要点：打左拳时，臂、肘要向里裹劲，右膀要向左膀催劲，手脚协调一致。

12. 顺步右崩拳（黑虎出洞）

接上式，右脚向前迈进一大步，脚尖里扣，左脚随之跟进半步，同时右拳由腹右侧向前打出，拳眼向上，高与胸平，左拳收回，停于腹脐前部，拳心向里，眼看右拳（图2-4-43）。

要点：右脚前进时，左脚要极力下蹬；打右拳时，右肩要松沉，借助左脚蹬踩之力，身手一齐向前猛冲。

13. 退步抱拳（白鹤亮翅）

左脚向后撤一步，右脚随之撤回停于左脚胫踝内侧，左拳变掌收回置于左胯内侧，掌心向上。同时右拳变掌外旋向后捋回，复变拳与左掌相触合，拳心向上，两腿下屈，身体转向左正方，眼看左正方（图2-4-44）。

要点：捋右掌要与两脚后撤动作整齐一致，右拳与左掌相触时，要发出悍萃之劲，沉肩含胸，精神贯注。

2-4-42 拗步左崩拳　　2-4-43 顺步右崩拳　　2-4-44 退步抱拳

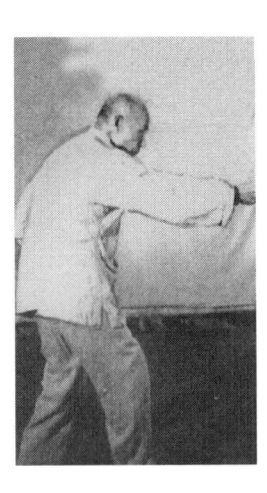

14. 拗步左炮拳

右脚向右前方迈一步,左脚随之跟进半步,右拳由胸前上翻,屈肘向上架于右额外侧(太阳穴),拳心向上,同时左掌变拳,由胸前向右前方打出,拳眼向上,高与心平,眼看右前方(图2-4-45)。

要点:打左拳时,腰要随式扭动,要与两脚前进整齐一致,沉肩坠肘,周身合一。

2-4-45 拗步左炮拳

15. 提步下栽捶(鹞子束身)

动作要点与4式相同(图2-4-46)。

16. 顺步左炮拳(鹞子入林)

动作要点与5式相同(图2-4-47)。

17. 退步右切掌(猫洗脸)

动作要点与6式相同(图2-4-48)。

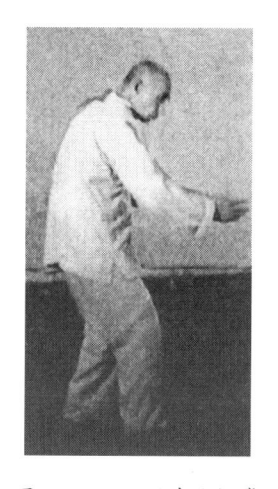

图2-4-46 提步下栽捶　　图2-4-47 顺步左炮拳　　图2-4-48 退步右切掌

18. 退步左切掌（猫洗脸）

动作要点与 7 式相同（图 2-4-49）。

19. 架砸捶（乌龙取水）

动作要点与 8 式相同（图 2-4-50）。

20. 转身拱肘（金鸡抖翎）

动作要点与 9 式相同（图 2-4-51）。

图 2-4-49 退步左切掌　　图 2-4-50 架砸捶　　图 2-4-51 转身拱肘

21. 仆步穿掌（燕子抄水）

（1）接上式。左手收回屈肘置于胸前，手心向下，右手向前伸，由左小臂内侧向后上方绕领，手心向外，指尖向上，高与头平。右脚向后垫步，左脚提起，膝与胯平，脚尖向下，右腿直立，眼看前方（图2-4-52）。

（2）左脚下落擦着地面向前伸出，脚尖向右（仆步横脚），右腿向下屈蹲，重心偏于右腿，眼看前方（图2-4-53）。

（3）身体向右下方俯身，右脚向前迈一大步，左脚随之跟进半步，同时两手随着右脚动作向前冲出，右掌伸于前方，掌心向前，指尖向上

（坐腕立掌），左手屈肘上架停于左额角侧，拇指向下，其余四指屈分，掌心向外，眼看右掌（图2-4-54）。

要点：提左膝与两手交叉要同时进行，连贯一致；扑腿与俯身动作同时进行；右掌前冲要快速敏捷。

图 2-4-52　仆步穿掌　　图 2-4-53　仆步横脚　　图 2-4-54　坐腕立掌

22. 顺步右崩拳（黑虎出洞）

上式不停。右手收回，左手前伸，两手在胸前互绕小圆变拳，右拳向前方打出，拳眼向上，高与肩平，左拳收回停于腹脐左侧，拳心向里，同时右脚向前迈一大步，左脚随之跟进半步，两腿稍下屈，眼看右拳（图2-4-55）。

要点：右脚前进时，左脚要用力向下蹬劲，打右拳要借助左脚之力，身手一齐前冲，发出刚萃之威力；头上顶，项竖直，精神贯注。

23. 退步抱拳（白鹤亮翅）

动作要点与13式相同（图2-4-56）。

24. 拗步左炮拳

动作要点与14式相同（图2-4-57）。

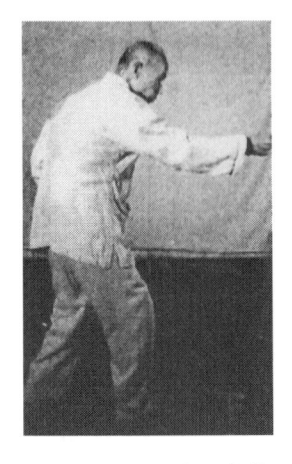

图 2-4-55　顺步右崩拳　　图 2-4-56　退步抱拳　　图 2-4-57　拗步左炮拳

25. 提步下栽捶（鹞子束身）

动作要点与 4 式相同（图 2-4-58）。

26. 顺步左炮拳（鹞子入林）

动作要点与 5 式相同（图 2-4-59）。

27. 退步右切掌（猫洗脸）

动作要点与 6 式相同（图 2-4-60）。

图 2-4-58　提步下栽捶　　图 2-4-59　顺步左炮拳　　图 2-4-60　退步右切掌

28. 退步左切掌（猫洗脸）

动作要点与 7 式相同（图 2-4-61）。

29. 架砸捶（乌龙取水）

动作要点与 8 式相同（图 2-4-62）。

30. 转身拱肘（金鸡抖翎）

动作要点与 9 式相同（图 2-4-63）。

图 2-4-61 退步左切掌　　图 2-4-62 架砸捶　　图 2-4-63 转身拱肘

31. 进步压掌（苍龙潜海）

左脚向前垫进半步，右脚随之跟半步，屈膝下蹲，同时两掌屈肘下压，两大臂紧靠于两肋外侧，两掌心都向上，眼看左掌（图 2-4-64）。

要点：两掌向下压时，两肩松沉，头上顶，项竖直，下颏内收，身体稍向前俯。

32. 退步双捋掌

接上式，两脚一起向后撤一步，两掌一起下翻，随撤步动作捋回变拳，左拳在前，右拳停于腹脐右侧，两拳心向下，眼看左拳（图2-4-65）。

要点：捋掌与撤脚动作同时进行。

33. 独立穿掌（青龙探爪）

左脚向左前方迈进半步，右脚随之屈膝提起，停于左腿内侧，脚尖向下，膝与胯平，同时两拳变掌，右掌由胸前向左前上方穿出，高与头平，掌心向内，左掌屈肘置于腹脐前部，掌心向里，眼看右掌心（劳宫穴）（图2-4-66）。

要点：左脚前进与提右脚动作连贯一致，右掌上伸时，小臂要向里裹劲。

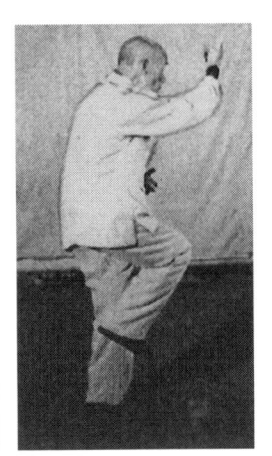

图 2-4-64　进步压掌　　图 2-4-65　退步双捋掌　　图 2-4-66　独立穿掌

34. 退步下捋掌

接上式，右脚向后落下，左脚随之撤于右脚前，相距约一尺左右，屈膝下蹲，同时两掌下翻，向回捋至腹脐前部变拳，两拳心都向里，眼看左前方（图2-4-67）。

要点：捋掌与撤脚动作同时进行，速度要快，沉肩含胸，身体稍前俯。

35. 进步反推掌（推窗望月）

左脚向左前方横进一步，脚尖直向正前方，右脚随之跟进半步，成半马裆步，同时两拳变掌，左掌屈肘，向左前方横掌推出，拇指向下，其余四指张开，掌心向外，右掌随之屈肘，由腹前推于左肋外侧，掌心向上（此式连打三次），头部扭向左前方，眼看左掌虎口（图2-4-68）。

要点：两脚前进时，离地高不过一寸，两膝里扣，裆要撑圆，脚要踏实，左掌前推并极力向外上翻，右膀要向左膀催劲，含胸收腹，全身内外气力合一，精神贯注。此式连打三次。

36. 丁步掩肘

上式不停，两脚一起向后撤一步，左脚靠于右脚内侧，脚掌着地，两腿下屈。同时两掌捋回变拳，左拳屈肘下压，拳心向上，小臂平直向前，大臂紧靠于左肋外侧，右拳置于腹脐右侧，拳心向上，眼看左拳心（图2-4-69）。此式随着"推窗望月"动作连打两次。

要点：两掌捋回要与两脚后撤动作同时进行，左拳要用力向下砸压。

图2-4-67　退步下捋掌　　图2-4-68　进步反推掌　　图2-4-69　丁步掩肘

以上分解动作要紧密配合，连续进行，协调一致。

37. 马步撑掌（三盘落地）

接上式，右脚向后撤一步，身体转向右正方，左脚随即提起，两手前后平衡分开，向上划圆，由身前下落按于两胯外侧，手指向前，掌心向下。同时左脚落下，两腿向下屈蹲，成马步，眼看右正方（图2-4-70）。

要点：撤右脚与提左脚及分掌下按动作要快速连贯，头上顶，项竖直，胸部内含，两肩下沉，两臂撑圆，足趾抓地，精神贯注。

图 2-4-70　马步撑掌

38. 坐盘下插拳（懒龙卧道）

右脚向前横进一步，脚尖外撇，左腿向下屈，身体下坐，成半坐盘姿势。同时两掌变拳，右拳由右肋侧向前下方插打，拳心向上，左拳停于右肘下面，拳心向下，眼看右拳（图2-4-71）。

要点：右拳向前插打，要与右脚前进动作一齐进行，左腿膝盖顶在右膝窝间，脚跟踮起，肩下沉，身稍前俯。

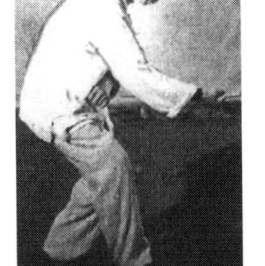

39. 进步左横拳（乌龙翻江）

图 2-4-71　坐盘下插拳

左拳由右肘下向前、向外翻打，拳心向上，肘部微屈，同时左脚向前进一步，脚尖外撇，屈膝微蹲，右脚不动，右拳内扣，屈肘停于腹脐前部，与左肘相平，拳心向下，眼看左拳（图2-4-72）。

要点：左拳向外格打，要与左脚进步同时进行，整齐一致，落点时，要含有向下压砸的内劲，头上顶，项竖直，周身气力合一。

40. 原步右崩拳

接上式，原步不动，右拳由腹前向前打出，拳心向下，同时左拳收回，停于腹脐前部，拳心向里，眼看右拳（图2-4-73）。

要点：右拳前打，要与左拳撤回一齐进行，左膀要向右膀催劲，使力达于拳端。

41. 震脚冲蹬（龙虎相交）

接上式，左脚提起，向下蹬劲（震脚），右脚提起，向前蹬出，脚尖上翘，膝与胯平，同时左拳向前冲打，拳心向下，右拳收回停于腹右侧，拳心向里，眼看左拳（图2-4-74）。

要点：震脚与蹬右脚要连贯，速度要快，两拳前伸后缩也要连贯一致，身体平稳，不可左右摇晃。

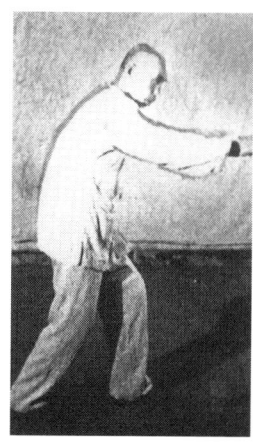

图2-4-72 进步左横拳　　图2-4-73 原步右崩拳　　图2-4-74 震脚冲蹬

42. 顺步右崩拳（黑虎出洞）

上式不停，右脚不落，向前进一步，左脚随之跟进半步。同时右拳由腹右侧向前打出，拳眼向上，左拳收回，停于腹脐左侧，拳心向里，眼看右拳（图2-4-75）。

要点：动作要点与 12 式完全相同。

43. 退步抱拳（白鹤亮翅）

动作要点与 13 式相同（图 2-4-76）。

44. 拗步左炮拳（鹞子入林）

动作要点与 14 式相同（图 2-4-77）。

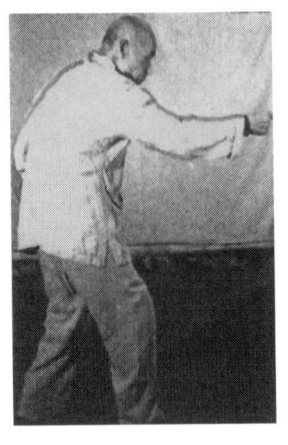

图 2-4-75　顺步右崩拳　　图 2-4-76　退步抱拳　　图 2-4-77　拗步左炮拳

45. 提步下栽捶（鹞子束身）

动作要点与 4 式相同（图 2-4-78）。

46. 顺步左炮拳（鹞子入林）

动作要点与 5 式相同（图 2-4-79）。

47. 退步右切掌（猫洗脸）

动作要点与 6 式相同（图 2-4-80）。

图 2-4-78 提步下栽捶　　图 2-4-79 顺步左炮拳　　图 2-4-80 退步右切掌

48. 退步左切掌（猫洗脸）

动作要点与 7 式相同（图 2-4-81）。

49. 架砸捶（乌龙取水）

动作要点与 8 式相同（图 2-4-82）。

50. 转身拱肘（金鸡抖翎）

动作要点与 9 式相同（图 2-4-83）。

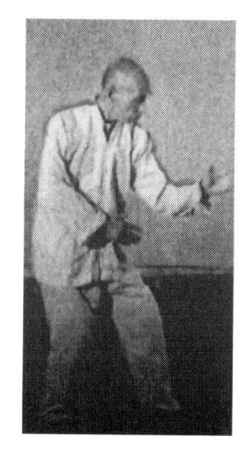

图 2-4-81 退步左切掌　　图 2-4-82 架砸捶　　图 2-4-83 转身拱肘

51. 退步捋掌（凤凰单展翅）

动作要点与 10 式相同（图 2-4-84）。

52. 拗步左崩拳（蛰龙出现）

动作要点与 11 式相同（图 2-4-85）。

53. 顺步右崩拳（黑虎出洞）

动作要点与 12 式相同（图 2-4-86）。

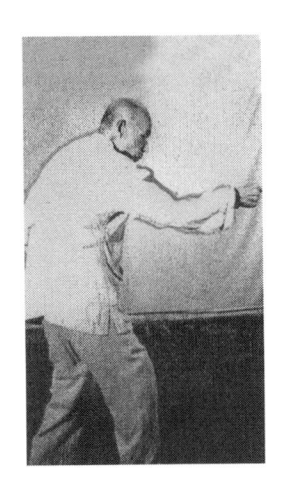

图 2-4-84 退步捋掌　图 2-4-85 拗步左崩拳　图 2-4-86 顺步右崩拳

54. 转身双摆掌（风摆荷叶）

接上式，身体转向后右正方（此即回身式），左脚向前稍移半步，右脚经左腿前面迈进一步，脚尖瞥向右正方，落地时成绞剪步（前叉步），同时两拳变掌，由身前腹部，按向前、向上、向后的顺序画一整圈劈下，掌沿向下，右掌高与肩平，左掌停于右肋侧，掌心都向里（此式连打三次），眼看右掌（图 2-4-87）。

要点：两掌旋转摆动时，腰部要随之灵活扭转，要与两脚交叉前进动作协调一致，两掌劈出要有弹力，力达指尖，以尖锐的目光随视两掌。

55. 独立穿掌（鹞子钻天）

上式不停，左脚向前迈进半步，右掌由胸前经左小臂内侧，向上穿出，高于头，掌心向内，同时左脚屈膝提起，膝与胯平，脚尖向下，眼看正前方（图2-4-88）。

要点：穿掌和提膝动作要加快速度，不可迟滞，精神贯注。

56. 收式

接上式，左脚向前落下，左手随之向前伸出，掌心向下，右掌落下停于左肘下面，掌心向下，打成挺腕俯掌三体式（图2-4-89），归气法收功。

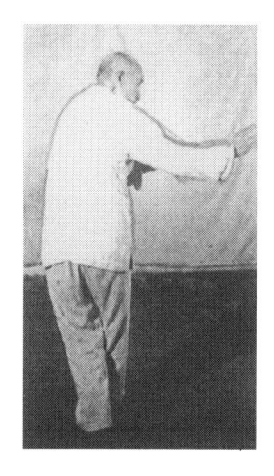

图2-4-87 转身双摆掌　　图2-4-88 独立穿掌　　图2-4-89 收式

第五节　宋氏形意拳对练套路

一、五行炮拳

五形炮

五行炮拳，是形意门对练的主要传统套路之一。以金、木、水、火、土表示劈、崩、钻、炮、横五种拳法，互为攻防对击。五行炮拳是以五行金生水、水生木、木克土、土克水等拳理编排的一种假设性的连贯对打，该套路主要是锻炼攻防意识和身法，增强手、眼、身、法、步的灵活性和准确性，在外能起到生克变化分布之用。五行拳单练，谓之格物；五行炮拳对练，乃五行拳生克变化之道也。古人云：为金形止于劈，为木形止于崩，为水形止于钻，为火形止于炮，为土形止于横，使其各有所当。习学者尤当加意练习。

五行炮拳动作名称

1. 预备式：三体式
2. 乙：进步右崩拳　　　　　　　　甲：退步左劈拳
3. 乙：进步左崩拳　　　　　　　　甲：绕步右劈拳
4. 乙：进步右炮拳　　　　　　　　甲：进步右钻拳
5. 乙：顺步左横拳　　　　　　　　甲：进步左崩拳
6. 乙：退步右劈拳　　　　　　　　甲：进步右崩拳
7. 乙：退步左劈拳　　　　　　　　甲：进步左崩拳
8. 乙：绕步右劈拳　　　　　　　　甲：进步右炮拳
9. 收式

1. 预备式：三体式

甲（图中穿黑衣者，田进忠），乙（图中穿白衣者，车润田）。甲乙二人对面站立，均为三体式姿势，两人前手相距五寸左右，互相注视（图2-5-1）。

2. 乙进步右崩拳，甲退步左劈拳

图 2-5-1　预备式：三体式

（1）乙左脚向前迈进半步，右脚随之跟进半步（拗步），同时右掌变拳由右肋侧向甲的左肋部冲打崩拳，拳眼向上，左手收回变拳置于腹脐部，拳心向里（图2-5-2）。

（2）甲两脚一齐向后撤退一步（串子步），同时左手虎口张开，向下按住乙的右手腕，手心向前，右手收回置于腹脐部，手心向里，眼看乙（图2-5-3）。

要点：（1）乙右拳向前冲打，要与两脚前进协调一致，沉肩坠肘；

图 2-5-2　乙：进步右崩拳　　　图 2-5-3　甲：退步左劈拳

（2）甲按腕动作，要与两脚后撤同时进行，迅速敏捷。二人精神集中，不可散乱。

3. 乙进步左崩拳，甲绕步右劈拳

（1）乙左脚继续前进一步，右脚随之跟进半步，左拳随即向甲的左肋冲打崩拳，拳眼向上，右拳收回置于腹脐部，拳心向里，眼看甲（图2-5-4）。

（2）甲左手向上绕翻，刁住乙的左手腕，身体吸胸向后抽带，左脚向乙的左脚外侧横垫一步，右脚随即迈于乙身左侧，落于自己的左脚前面，相距一尺左右，同时右手由右肋外侧，向乙左肩劈去，掌沿向下，掌心向里，眼看乙（图2-5-5）。

要点：（1）乙向前打崩拳，小臂与肘要向里裹，肘尖不要外露，蓄含横劲；（2）甲垫左步、刁腕、劈肩等式，要紧密结合，快速连贯一致。

4. 乙进步右炮拳，甲进步右钻拳

（1）乙见甲的右掌向自己的左肩劈来，迅速将左手翻转，向上架开

图2-5-4 乙：进步左崩拳　　　图2-5-5 甲：绕步右劈拳

甲的右掌，左脚向左前方迈进半步，落于甲的右脚外侧，同时右拳由右肋侧，向甲的心口部打去，拳心向内，眼看甲喉部（图2-5-6）。

（2）甲见乙的右拳打来，两脚不动，左手由乙的右手腕上向下翻，刁住其右手腕，向外旋翻，拨开其右拳，两腿稍屈，右脚迅速向前迈一大步，左脚随之跟进半步，同时右掌变拳由口前，向乙下颏处打去，拳心向内，左手仍拨开乙的右腕，眼看乙（图2-5-7）。

要点：（1）乙左拳上架，要屈肘拧腰化开甲的劈拳，打炮拳要与两脚前进协调一致；（2）甲刁腕与拨乙的右手动作要以腰为枢纽，带动两肩灵活拧转，打钻拳要借助腰部扭动之劲发出内劲，并与右脚前进同时进行，一气呵成。

前面为乙进攻，甲防守。由此处开始改为甲向前进攻，乙变为防守，二人反复操练。

图2-5-6　乙：进步右炮拳

图2-5-7　甲：进步右钻拳

5. 乙顺步左横拳，甲进步左崩拳

（1）乙见甲的右拳向自己的面前打来，右脚不动，左脚向右前方迈进半步，身体随之扭向右前方，同时左手屈肘，五指屈开，掐住甲的右肘关节部，用力向右上方斜推出去，右拳收回置于腹脐右侧，拳

心向里，眼看左手（图2-5-8）。

注：此时乙即改为向后退防之势。

（2）甲见自己的右臂被乙的左手推出，随即迅速将右臂由下向上旋翻，化解乙手的抓力，左脚向前迈进一步，右脚随之跟进半步，同时左手握拳，由左肋侧向乙的右腹部冲打崩拳，拳眼向上，右拳收回，架于右额外侧，拳心向前，眼注视乙（图2-5-9）。

要点：（1）乙进左脚与掏肘横推，要连贯一致，加快速度，促使对方失去重心；（2）甲右肘旋翻，腰部要用力扭动，灵活敏捷；冲打崩拳与进左脚要同时进行，精神集中。

6. 乙退步右劈拳，甲进步右崩拳

图2-5-8 乙：顺步左横拳

图2-5-9 甲：进步左崩拳

（1）乙见甲化开自己的横推掌，并用左拳向自己腹部打来，左脚随即向后撤一步，右手虎口张开，向下按住甲的左手腕，手心向前，左手收回置于腹脐左侧，手心向里，眼看右手（图2-5-10）。

（2）甲见乙将自己的左腕卡住，速将左手撤于腹脐左侧，拳心向里，再用右拳向乙的腹部打去，拳眼向上，同时左脚向前迈进半步，右脚随之跟进半步，眼看乙（图2-5-11）。

要点：（1）乙按甲左腕的动作，要与左脚后撤动作同时进行；（2）甲

图 2-5-10　乙：退步右劈拳　　　图 2-5-11　甲：进步右崩拳

打右拳与两脚前进，要快速连贯。

7. 乙退步左劈拳，甲进步左崩拳

（1）乙动作要点与2式甲的退步左劈拳相同，惟二人方向相反（图 2-5-12）。

（2）甲动作要点与3式乙的进步左崩拳相同，惟二人方向相反（图 2-5-13）。

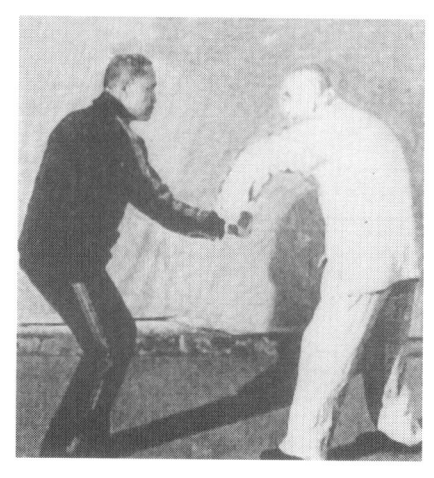

图 2-5-12　乙：退步左劈拳　　　图 2-5-13　甲：进步左崩拳

8. 乙绕步右劈拳，甲进步右炮拳

（1）乙动作要点与3式甲的绕步右劈拳相同，惟二人方向相反（图2-5-14）。

（2）甲动作要点与4式乙的进步右炮拳相同，惟二人方向相反（图2-5-15）。

按照以上打法，二人轮换，一进一退，反复操练，趟数多少不限，灵活掌握。

图 2-5-14　乙：绕步右劈拳　　　　图 2-5-15　甲：进步右炮拳

9. 收式

反复打至起式位置，乙方打至绕步右劈拳，甲方打成进步右炮拳（见图 2-5-14、2-5-15）后，二人右脚各自向后撤一步，两手落为挺腕俯掌三体式（图 2-5-16），归气法收功。

图 2-5-16　收式

二、安身炮拳

安身炮

安身炮拳，又名挨身炮拳，是形意拳对练中比较全面、成熟而且复杂的传统套路。经常操练，能使人手、眼、身、法、步灵活协调，反应迅速，并能增强人的自卫能力。在交手攻防时，能起到灵活转变，力不妄发，运用自如的作用。天地化生万物，各得其所。就腹中内气之体而言，其大无外，其小无内。就外形之用而言，可以不见而章，不动而变，无为而成，感而遂通。夫人诚有是气，至圣之德，至诚之道，亦可以知，亦可以为。在拳中即为大德、小德。大德者，内外合一之劲，其出无穷；小德者，如拳中变化生生不已，如汩汩渊泉，时而出之。如此形意拳之道，拳无拳，意无意，无意之中是真意至矣。习学者若知此意，则会明了形意拳的内劲即天地之理也。人之性者，道家金丹也。劲也、理也、性也、金丹也，形名虽异，其理则一。其劲能与诸家道理合一，亦可以同登寿域，能与天地合其德，与日月合其明，与四时合其序。学者应勉力而行之。

安身炮拳动作名称

1. 预备式：三体式
2. 甲：进步右崩拳　　　　　乙：推肘右崩拳
3. 甲：顺步左贯耳　　　　　乙：顺步左炮拳
4. 甲：绕步右贯耳　　　　　乙：进步左贯耳
5. 甲：左双截捶　　　　　　乙：原步左贯耳
6. 甲：右下栽捶　　　　　　乙：搂手炮
7. 甲：刺面掌　　　　　　　乙：右架掌
8. 甲：横挑顺崩拳　　　　　乙：退步捋掌

9. 甲：追风贯耳	乙：拨带挂
10. 甲：钻山捶	乙：反切右膀
11. 甲：切右膀	乙：插花盖顶
12. 甲：分手抓裆	乙：换步捋劈
13. 甲：左手穿掌	乙：右护面掌
14. 甲：右手穿掌	乙：左护面掌（巧女纫针）
15. 甲：后带劈面掌	乙：退步架掌
16. 甲：举马鞭	乙：双截捶
17. 甲：左贯耳捶	乙：七星点
18. 甲：顺手牵羊（猴爬竿）	乙：右架掌
19. 甲：切左膀	乙：推窗望月
20. 甲：猴爬竿	乙：右架掌
21. 甲：右贯耳捶	乙：左双截捶
22. 甲：左贯耳捶	乙：立栽捶
23. 收式	

1. 预备式：三体式

甲（穿白衣者，车润田）、乙（穿黑衣者，田进忠）二人对面站立，均为三体式，前手相距五寸左右，互相注视（图2-5-17）。

甲为上手向前进攻，乙为下手向后退防。打至适当位置时，二人转身向回打，即改成乙为上手进攻，甲为下手退防，如此反复轮流，更换操练。

图2-5-17 预备式：三体式

2. 甲进步右崩拳，乙推肘右崩拳

（1）甲两掌变拳，左脚向前迈进一大步，右脚随之跟进半步，同时右拳由右肋外侧，向乙的腹部左侧打去，拳眼向上，左拳收回置于腹脐左部，拳心向里（图2-5-18）。

（2）乙见甲的右拳向自己腹部打来，随将左手五指屈拢，掐住甲的右肘，并向右方横推，右手握拳，向甲的右肋部打去，同时左脚向前迈进一步，右脚随之跟进半步，目注视甲（图2-5-19）。

要点：（1）甲打右拳要与两脚前进，同时进行，快速一致；（2）乙推肘动作，要含有里横拳的内劲，用力推出，使对方失去重心。

图2-5-18 甲：进步右崩拳　　　图2-5-19 乙：推肘右崩拳

3. 甲顺步左贯耳，乙顺步左炮拳

（1）甲右拳变掌，捋住乙的右手腕，同时左拳向乙的右耳外侧打去，拳心向外（图2-5-20）。

（2）乙迅速用右手架住甲的左拳，同时自己的左拳向甲的胸部打去，拳眼向上，左脚向前迈进半步，右脚随之跟进半步，目注视甲（图2-5-21）。

要点：(1) 甲将乙手腕，与左拳打乙耳要同时进行，快速一致；(2) 乙左拳向前打出，要与右手上架和两脚前进一齐进行。

图 2-5-20　甲：顺步左贯耳　　　图 2-5-21　乙：顺步左炮拳

4. 甲绕步右贯耳，乙进步左贯耳

（1）甲见乙左拳向自己的胸口打来，速用左手捋住其左腕，左脚迅速弧步迈至乙的左脚外侧，右脚随即跟至其身左侧，同时右掌变拳，由肋侧向乙的左耳外侧打去，拳心向外，眼看乙方（图 2-5-22）。

（2）乙左脚随即向后撤半步，右脚向前迈进一步，同时左拳收回变掌，向上拨开甲的右拳，速用右拳向甲的左耳外侧打去，拳心向外，目注视甲（图 2-5-23）。

要点：(1) 甲左拳打出，要与两脚进步连贯一致；(2) 乙打右拳与两脚换步要同时进行。二人互打贯耳捶，手脚要快速协调，目光集中，互相注视，要做到快而不乱。

5. 甲左双截捶，乙原步左贯耳

（1）甲见乙的右拳，向自己的左耳打来，身体速向左扭转，同时

图 2-5-22　甲：绕步右贯耳　　　图 2-5-23　乙：进步左贯耳

两拳屈肘向左截击乙的右臂，左拳心向外，右拳心向内，目视乙方（图 2-5-24）。

（2）乙的右拳被甲双捶截开，此时甲的右脸外侧露出破绽，乙随即原地不动，用左拳向甲的右耳外侧打去，拳心向外，右拳收回置于腹脐右侧，拳心向里，眼看甲（图 2-5-25）。

图 2-5-24　甲：左双截捶　　　图 2-5-25　乙：原步左贯耳

要点：（1）甲双拳向左截打，腰身须灵活扭动，周身气力合一；（2）乙贯打左拳，要快速敏捷。

6. 甲右下栽捶，乙搂手炮

（1）甲见乙的左拳向自己的右耳打来，立即用右臂向外格开乙的左拳，同时左拳变掌护于右腕上，右拳下翻，向乙的腹脐部打去，拳心向下，右脚向前迈进一步，左脚随之跟进半步，目视乙方（图2-5-26）。

（2）乙速用两拳变掌，两小臂（左内右外）交叉，卡住甲的右手腕，左脚向后稍撤半步，右脚随即提起，高不过一寸。此式不停，右脚向前冲进一步，左脚随即跟进半步，同时两掌变拳，右拳下翻向甲的胸部打去，拳心向下，左拳收回置于腹脐部，注视甲方（图2-5-27、2-5-28）

图 2-5-26　甲：右下栽捶

图 2-5-27　乙：搂手炮　　　图 2-5-28　乙：搂手炮

要点：（1）甲打栽捶与向外格乙左拳，要连贯一致，含胸沉肩；（2）乙卡腕动作，要含胸收腹，向后带劲，做到"引进落空"身法，打右拳肩要放松，力达拳端，二人要紧密配合，加快速度，不可松懈。

7. 甲刺面掌，乙右架掌

（1）甲见乙的右拳向自己胸前打来，左脚迅速向后稍撤，两拳变掌，右掌由乙的右拳背上面向回捋带，左掌随即向乙的面部穿刺，右掌收回置于腹右侧，不停，随即迅速向乙的面部刺去，掌心向下，左掌收回置于腹左侧，同时右脚向前进一步，左脚亦随之跟半步，眼看乙（图2-5-29）。

（2）乙见甲的左右两掌连环向自己面前刺来，两脚迅速向后一齐撤退半步，同时两拳变掌，右掌由甲的右臂外侧上伸，架住其右掌，掌心向外，左掌置于腹左侧，目视甲（图2-5-30）。

要点：（1）甲两掌连环前刺，要连贯不停，并加快速度；（2）乙右掌上架，要与两脚后撤整齐一致。

图2-5-29　甲：刺面掌　　　图2-5-30　乙：右架掌

8. 甲横挑顺崩拳，乙退步捋掌

（1）甲的右掌被乙的右掌格开，随即左手屈肘上翻，挑住乙的右小臂，右掌变拳，由右肋外侧，向乙的腹部打去，拳眼向上，同时左脚向前迈进一步，右脚随之跟进半步，眼看乙胸（图2-5-31）。

（1）乙右脚向后撤退一步，同时左手捋住甲的右大臂，右掌捋住其右手腕，目视甲方（图2-5-32）。

要点：（1）甲左手向上翻挑与打右拳要同时进行，整齐一致；（2）乙捋甲右臂动作，要随着两脚后退向回带劲，含胸收腹。

图2-5-31　甲：横挑顺崩拳　　　图2-5-32　乙：退步捋掌

9. 甲追风贯耳，乙拨带挂

（1）甲左手由乙的左臂下，向上翻绕，捋住其左手腕，左脚弧步迅速向右前方迈进半步，右脚随即向其身左侧迈进一步，落于乙的左脚外侧，同时右拳向其左耳外侧打去，拳心向外（图2-5-33）。

（2）乙迅速用左手向上绕转，拨住其右拳，并向回带挂，掌心向外，右手置于腹脐部，同时两脚一齐向后撤退半步，目注视甲（图2-5-34）。

图 2-5-33　甲：追风贯耳　　　　图 2-5-34　乙：拨带挂

要点：（1）甲捋腕动作要与左脚弧进连贯一致，打右拳与右脚落点一齐完成；（2）乙拨甲的右肩，要有向后捋带之劲，此式内在之力，不露形迹，习者要向深微处求玄妙。

10. 甲钻山捶，乙反切右膀

（1）甲见自己的右拳被乙的左手拨开，随即迅速用左手推住其左手腕，同时右拳由乙的左臂下面，向其胸口钻打，拳心向内，右脚随之向乙的身体中间迈进一步，左脚跟进半步，眼看右拳心（图2-5-35）。

（2）乙立即将左手收回，由甲的右小臂下面，向上翻绕，刁住其右手腕，右手随即反掌，向甲的右脸外侧肩部劈砍，掌心向外，同时左脚向后撤半步，右脚随即换步向前迈进，落于甲的两腿之间，目注视甲（图2-5-36）。

要点：（1）甲打钻山捶，要与右脚进步同时进行；（2）乙切膀动作，要与右脚换步快速连贯。

注：切膀式，也有反掌用手背打其脸外侧的。

图 2-5-35 甲：钻山捶　　　　图 2-5-36 乙：反切右膀

11. 甲切右膀，乙插花盖顶

（1）甲见乙右掌向自己的右肩劈来，随将右手翻转，绕住乙的右手腕，左掌向乙右肩劈去，掌心向外，右脚后撤半步，左脚换步前进，落于乙的右脚前面（图 2-5-37）。

（2）乙左手落下，向外拨开甲的右掌，左脚随即上提，离地莫过二寸，同时右掌外旋，划一整圆由上翻掌，向甲的头顶盖打，掌心向下，同时右脚屈膝提起，膝与胯平，脚尖上翘，左脚随即落下，眼看甲（图 2-5-38）。

图 2-5-37 甲：切右膀　　　　图 2-5-38 乙：插花盖顶

要点：（1）甲撤脚、捋腕、换步、劈肩等动作，要快速连贯；（2）乙左手拨甲的右手与左脚上提要同时进行；右掌向下盖打时，右肩要放松，与身、腰相配合，灵活扭动。

12. 甲分手抓裆，乙换步捋劈

（1）甲速将两手交叉，向上挑开乙的右掌，随即左右分开，右手向乙的裆间撩抓，掌心向前，左手置于左额角外侧，手心向外，同时左脚向上稍提，在落而未落之际，右脚向前迈进一大步，左脚也同时落下，目视乙方（图2-5-39）。

（2）乙迅速将右脚落下，左脚换步向前进一步，右手捋住甲的右手腕，同时左手向甲的右膀部劈去，手心向下，眼看甲（图2-5-40）。

要点：（1）甲抓裆动作要与两脚换步动作完整一致，一气呵成；（2）乙两脚换步动作要快速敏捷，捋腕劈膀要有前措后捋的二挣之力。

图 2-5-39　甲：分手抓裆　　　图 2-5-40　乙：换步捋劈

13. 甲左手穿掌，乙右护面掌

（1）甲见乙的两手向自己的右肩膀捋劈而来，随将身体向下屈蹲，右手抬起拨开乙的左手，左掌向其右脸外侧穿打，掌心向右，两脚不动

（图2-5-41）。

（2）乙速将右手收回，向上护于自己的右脸外侧，掌心向里，同时两脚一齐向后退半步（图2-5-42）。

要点：（1）甲穿左掌要疾速敏捷；（2）乙右掌护面要与两脚后退动作整齐一致。

图2-5-41　甲：左手穿掌

图2-5-42　乙：右护面掌

14. 甲右手穿掌，乙左护面掌（巧女纫针）

（1）甲速将左掌收回置于腹前，右掌疾速向乙左脸外侧穿去，掌心向外（图2-5-43）。

（2）乙①左护面掌：两脚向后退一步，同时右掌抬起，护于自己左脸外侧，掌心向外（图2-5-44）。②巧女纫针：上式不停，两膝下屈两脚一齐向前迈进一步，同时左掌变拳，向甲的右肋部打去，拳眼向上，右掌仍在右脸外侧，目注

图2-5-43　甲：右手穿掌

视甲（图 2-5-45）。

要点：（1）甲穿右掌与左掌收回要同时进行；（2）乙右掌护面，与冲打左拳要整齐一致，加快速度，切勿迟疑。

图 2-5-44　乙：左护面掌　　　　图 2-5-45　乙：巧女纫针

15. 甲后带劈面掌，乙退步架掌

（1）甲见乙的左拳向自己的右肋打来，速将右掌由乙的左拳上面向后捋带，同时右脚向后撤半步，左掌向前刺打乙的面部，随即收回置于腹左侧，与此同时右掌迅速向乙的面部打去，掌心向上，同时右脚向前迈进一步，左脚随之跟进半步（图 2-5-46）。

（2）乙两脚一齐向后退一步，同时右掌向自己的脸左侧上伸，架住甲的右掌，掌心向外，眼看甲（图 2-5-47）。

要点：（1）甲两掌交换向乙面部打去时，要疾速连贯，含胸缩身，最后一掌发劲要刚萃；（2）乙架掌与两脚后撤动作，要同时进行。

16. 甲举马鞭，乙双截捶

（1）甲左脚迈至乙的右脚外侧，右脚随之跟进半步，同时左手由乙的右臂下面，翻绕捋住其右小臂，而后用自己的右小臂和掌外沿，横斜向乙胸部和颈部右侧靠劈切去，掌心向上（图 2-5-48）。

图 2-5-46　甲：后带劈面掌　　　　图 2-5-47　乙：退步架掌

（2）乙随即用左掌，由甲的右小臂下面向上翻旋，化开其右臂，随即右手抽出，两掌变拳一齐屈肘向甲之右臂截击，左拳心向外，右拳心向上，同时右脚迈于自己左脚内侧，目注视甲（图 2-5-49）。

要点：（1）甲右臂掌劈切，要对准乙的胸部靠、挤，发出横以济竖的内在之劲；（2）乙两拳向左截击，要与右脚落地同时进行，连贯一致，周身气力合一。

图 2-5-48　甲：举马鞭　　　　图 2-5-49　乙：双截捶

17. 甲左贯耳捶，乙七星点

（1）甲见自己的右臂被乙截开，左掌随变拳，速向乙的右耳外侧打去，拳心向外，两脚不动（图2-5-50）。

（2）乙随即两拳向右旋摆，拨开甲的左拳，再将右拳下翻，向甲的腹部打去，拳心向下，同时右脚屈膝提起，离地高莫过二寸，左拳置于右肘内侧，拳心向下，同时右脚向前方落下，左脚随之稍向前移，眼看甲腹（图2-5-51、2-5-52）。

要点：（1）甲打贯耳捶，两脚要向下踩劲，周身气力合一；（2）乙两拳旋摆，腰部要灵活拧动以助力，两拳向前冲打要与两脚前进连贯一致。

图2-5-50　甲：左贯耳捶

图2-5-51　乙：七星点

图2-5-52　甲：跳步打旋

18. 甲顺手牵羊（猴爬竿），乙右架掌

（1）甲①（顺手牵羊）见乙的右拳向自己腹部打来，随即用左手抓住乙的右小臂，向后拽拉（图2-5-53）。②（猴爬竿）上式不停，将其右小臂拉到胸前，用两小臂交叉卡住其右手腕，同时右脚屈膝提起，疾速向其右膝踹去（图2-5-54）。紧接此式，右掌抽回，左掌向乙的面部打去，随即抽回，右掌再向其面部打去，掌心向下，左手按其右手腕上，右脚同时落下（图2-5-55）。

（2）乙见甲的手脚连续攻来，两脚迅速后撤一步。同时右掌上伸，掌心向外，架开甲的右掌，左拳变掌收回置于腹脐部，掌心向下，目注视甲（图2-5-56）。

图2-5-53 甲：顺手牵羊　　图2-5-54 甲：猴爬竿

图2-5-55 甲：劈乙面　　图2-5-56 乙：右架掌

要点：（1）甲牵拽乙手臂、两掌交换伸打、右脚蹬踹等动作，要快速连续进行；（2）乙右掌上架与两脚后退要连贯协调。

19. 甲切左膀，乙推窗望月

（1）甲右掌收回，左掌速向乙的面部伸打，随即收回置于腹脐部。同时右掌向乙的左膀切去，掌缘向下，掌心向里，右脚随之向前迈进一步，左脚跟进半步（图2-5-57）。

（2）乙两脚后退一步，右掌仍护于自己左脸外侧，拨住甲的右掌，左掌随即外翻，五指张开，拇指向下，掌心向前，屈肘俯身，向甲的胸部猛力推去，右掌落于腹脐前部，掌心向上。同时两脚一齐向前迈进半步，两腿下屈，成裆马步，眼看甲腹（图2-5-58）。

图 2-5-57　甲：切左膀　　图 2-5-58　乙：推窗望月

要点：（1）甲切膀动作，两掌伸缩交换，要与两脚进步连贯一致；（2）乙左掌推打，要与两脚配合一致向前冲击，精神集中。

20. 甲猴爬竿，乙右架掌

（1）甲见乙的左掌向自己胸部推来，右掌随即落下，向其小臂拍打捋回，左掌迅速向其面部打去，随后再迅速抽回置于腹脐部，掌心向下，同时右掌向其面部打去，掌心向下，两脚随着两掌交换，稍微移动，最后右脚向前迈一大步（图2-5-59）。

（2）乙见甲右掌打向自己面部，两脚一齐撤退半步，同时右掌上伸架开甲的右掌，掌心向里，目注视甲（图2-5-60）。

图2-5-59 甲：猴爬竿　　图2-5-60 乙：右架掌

要点：（1）甲两掌交换打出，要与两脚动作快速连贯，同时要含胸收腹；（2）乙右掌上架与两脚后撤要整齐一致。

21. 甲右贯耳捶，乙左双截捶

（1）甲的右掌被乙架开后，甲随即用左手从乙的右手腕下面向上挑开乙的右掌。同时右掌变拳，向乙的左耳外侧打去，拳心向外，左掌收回置于腹脐部，右脚随着右拳动作，向前进半步（图2-5-61）。

（2）乙速将两掌变拳，双臂屈肘，一齐向左方截击甲的右拳，左拳心向外，右拳心向上。同时左脚向左迈进半步，右脚随之稍移，目视甲方（图2-5-62）。

要点：（1）甲左手上挑与打右贯耳捶，要连贯一致；（2）乙两拳截击要与左脚迈出同时进行，协调一致。

图 2-5-61　甲：右贯耳捶　　图 2-5-62　乙：左双截捶

22. 甲左贯耳捶，乙立栽捶

（1）甲的右拳被截开后，随即用左拳向乙的右耳外侧打去，拳心向外，右拳收回置于腹脐部，同时左脚向左迈进半步（图2-5-63）。

（2）乙随将左拳护于右腕内侧，辅助右拳外旋拨开甲的左拳，右拳速向甲的右肋部打去，拳眼向上（立捶），左掌收回置于腹脐部，拳心向里，同时左脚向前迈进一步，右脚随之跟进半步（图2-5-64）。

要点：（1）甲打左贯耳捶动作，要与左脚前进协调一致；（2）乙右拳打出，要以腰为枢纽灵活扭动，达成拨甲的左拳动作，与右脚进步一

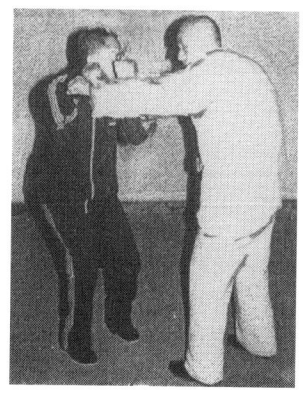

图 2-5-63　甲：左贯耳捶　　图 2-5-64　乙：立栽捶

齐进行，加快速度，头上顶，项竖直，沉肩坠肘，精神集中。

注：乙所打的立栽捶，就是起式时甲打的右崩拳式。由此乙转为上手进攻，甲为下手退防，相互轮换，反复操练，趟数多少可自行掌握。

23. 收式

甲乙相同，上手进攻者打至第10式钻山捶，下手退防者打成第11式切右膀姿势后。

（1）二人身体各自转于右方，右脚由左腿前面迈进一步，脚尖外撇成前叉绞剪步，同时两掌由身前向上伸并向后划一整圆，掌沿向下，右掌高与肩平，左掌停于右肋外侧，两掌心向里（图2-5-65）。

（2）左脚向前垫半步，右掌由胸前经左小臂内侧向上钻出，高过于头，掌心向内，同时左脚屈膝提起，膝与胯平，脚尖向下（图2-5-66）。

（3）左脚落下，左手向前伸出，同时右手前伸随即撤回停于左肘下面，两手心向下，成挺腕俯掌三体式，归气法收功（图2-5-17）。

图2-5-65　收式：双摆荷　　图2-5-66　收式：鹞子钻天

三、五花炮拳

三花炮

1. 预备式：三体式

甲（穿白衣者，车润田）、乙（穿黑衣者，田进忠）二人对面成三体式站立，两手相距五寸左右，互相注视（图2-5-67）。甲为上手进攻，乙为下手退防，打至适当位置，转身向回操练时，乙即改为上手进攻，甲为下手退防，如此更换，反复操练。

图2-5-67 预备式：三体式

2. 甲绕步捋腕左钻拳

左脚向乙的身左侧绕进一步，左手捋住乙的左手腕，右手随即扣住其左小臂，左手握拳由胸前向乙的面部打出钻拳，拳心向内。同时右脚向前迈进一步，落于自己的左脚之前，相距一尺左右，此时右手仍扣在乙的左小臂上（图2-5-68）。

要点：进左脚、捋左腕、扣左臂、打钻拳四个动作，要快速连贯，一气呵成。

3. 乙退步右掐腕

左脚向后撤一步，同时右手五指曲张，虎口撑开，掐住甲的左手腕，手心向前，左手收回置于腹脐左侧，目注视甲（图2-5-69）。

要点：掐腕动作要与左脚后撤同时完成，动作要迅速，不可迟滞。

图 2-5-68　甲：绕步捋腕左钻拳　　　图 2-5-69　乙：退步右掐腕

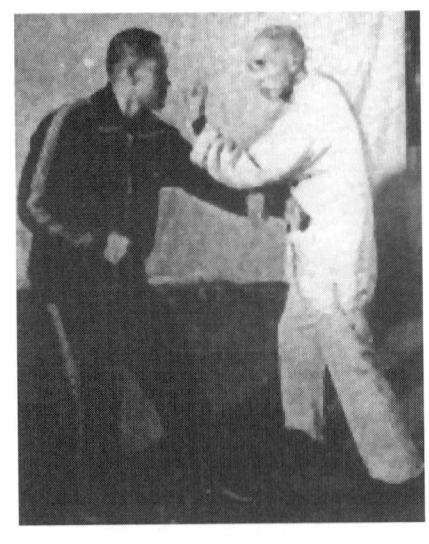

4. 甲挑腕左崩拳

甲见乙掐住自己的左手腕，右掌随即屈肘，向上挑开乙的右掌，左拳由左肋部向乙的右肋部冲打崩拳。同时右脚向前迈进一步，左脚随之跟进半步（图 2-5-70）。

要点：右掌上挑动作速度要快，打左拳与两脚前进要协调一致。

5. 乙退步右拨掌

乙见甲左拳向自己右肋打来，右手随即下落，向外拨开甲的左拳，掌心向外。同时两脚一齐向后退一步，左手置于腹脐部，注视甲方（图 2-5-71）。

要点：拨甲左掌时，要与两脚后退整齐一致。

6. 甲拍肩右反掌

甲见自己的左拳被乙拨开，随即用右手向乙的右肩轻拍一掌（此为信号并非实打），速即翻掌向乙的右脸外侧打去，掌心向外，左拳置于腹

图 2-5-70　甲：挑腕左崩拳 　　　　图 2-5-71　乙：退步右拨掌

脐前部。同时右脚向前迈进半步，左脚随之跟进半步（图 2-5-72）。

要点：拍肩与击右掌，要疾速进行。

7. 乙右手护面掌

乙见甲的右掌向自己右脸打来，右手迅速抬起，护于右脸外侧，掌心向里，左手仍在腹脐部，目注视甲（图 2-5-73）。

要点：在拨开甲左拳时，右掌随即上抬，不可迟滞。

图 2-5-72　甲：拍肩右反掌

8. 甲绕步捋腕右钻拳

右脚向乙的身体右外侧绕进一步，右手捋住其右手腕，左手扣住其右小臂，右手变拳由胸前向乙的面部打去，拳心向内。同时左脚向前迈进一步，落于自己右脚前面，斜线相冲，相距一尺左右，此时左手仍扣在乙的右小臂之上（图2-5-74）。

要点：与2式相同，惟左右相反。

图2-5-73　乙：右手护面掌　　图2-5-74　甲：绕步捋腕右钻拳

9. 乙退步左掐腕

乙右脚向后撤一步，同时左手五指曲张，虎口撑开，掐住甲的右手腕，手心向前，右手收回置于腹脐右侧，目视甲方（图2-5-75）。

要点：与3式相同，惟左右相反。

10. 甲挑腕右崩拳

甲见自己的右手腕被乙掐住，左掌随屈肘向上，挑开乙的左小臂，右拳由右肋部向乙的右肋打去。同时左脚向前迈进一步，右脚随之跟进半步（图2-5-76）。

要点：与4式相同，惟左右相反。

图 2-5-75　乙：退步左掐腕 　　　图 2-5-76　甲：挑腕右崩拳

11. 乙退步左拨掌

乙见甲的右拳向自己右肋打来，左手随即下落，向外拨开甲的右拳，掌心向外。同时两脚一齐向后退一步，右手置于腹脐部，目注视甲（图2-5-77）。

要点：与5式相同，惟左右相反。

12. 甲拍肩左反掌

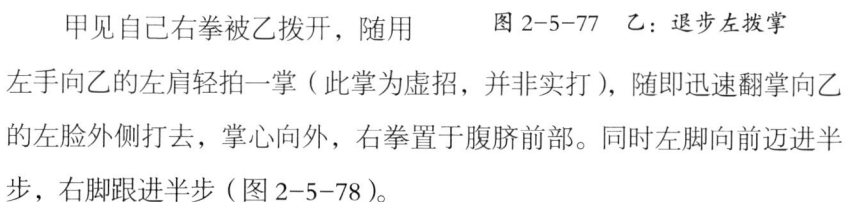

甲见自己右拳被乙拨开，随用

图 2-5-77　乙：退步左拨掌

左手向乙的左肩轻拍一掌（此掌为虚招，并非实打），随即迅速翻掌向乙的左脸外侧打去，掌心向外，右拳置于腹脐前部。同时左脚向前迈进半步，右脚跟进半步（图2-5-78）。

要点：拍肩后，翻掌击脸动作要疾速连贯，切勿中间迟滞。

13. 乙左手护面掌

乙见甲向自己左脸打来，速抬左手，护于左脸外侧，掌心向里，右手仍在腹脐部，注视甲方（图 2-5-79）。

要点：与 7 式相同，惟左右相反。

注：拍肩一式，是在操练时给对方的信号，以免致伤，如在实战或比赛时，可省略此虚拍假设性的招法，直接向对方击去。

由此甲乙互换，乙打成甲开始时的绕步捋腕左钻拳，甲打成乙的退步右掐腕，如此往返轮换操练，趟数多少可灵活掌握。初学时先由慢入手，力求手法、步法准确协调，逐渐加快速度，一招一式，节节连贯，步步紧逼，不断提高手、眼、身、法、步的准确性、灵活性和反应能力，但一定要做到快而不乱，实战时才可发挥不可思议的作用。

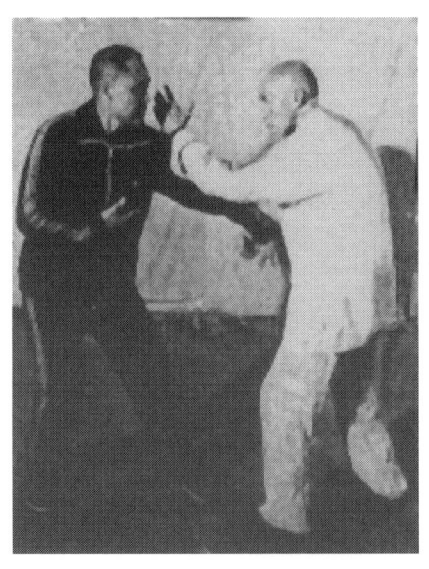

图 2-5-78　甲：拍肩左反掌　　　图 2-5-79　乙：左手护面掌

14. 收式

二人往返打至起式位置、乙打成绕步捋腕左钻拳、甲打至退步右掐腕姿势后，二人各自右脚向后撤一步，两手打成挺腕俯掌三体式，归气法收功。

四、九拳

1. 预备式

甲（穿白衣者，车润田）、乙（穿黑衣者，田进忠）二人对面站立，左手互相搭住，左脚在前，右脚在后，如三体式，互相注视（图2-5-80）。甲为上手进攻，乙为下手退防。

2. 甲进步右贯耳捶

图2-5-80　预备式：三体式

甲左手捋住乙的左手腕，左脚呈弧线迈至右前方，右脚随之迈至乙的身体左侧，同时右掌变拳，向乙的左耳外侧打去，拳心向外（图2-5-81）。

要点：打右贯耳捶，要与两脚前进协调一致，周身气力合一。

3. 乙进步右劈掌

乙见甲的右拳向自己的左耳打来，左脚向右前方迈进一步，闪开

图2-5-81　甲：进步右贯耳捶

甲的右拳，左手捋住其右手腕，右脚迈至其身体右侧。同时右掌迅速向甲的右臂劈去，掌缘向下（图2-5-82）。

要点：劈右掌要与两脚进步快速连贯。

4. 甲托肘崩拳

甲左手托住乙的右肘，身体下坐，向右方呈横线推去，同时右拳由自己的左臂下面向乙的右肋部打去，拳眼向上（图2-5-83）。

要点：托肘横推和打崩拳的动作要以腰为枢纽，灵活拧动，以助其力。

图2-5-82　乙：进步右劈掌　　图2-5-83　甲：托肘崩拳

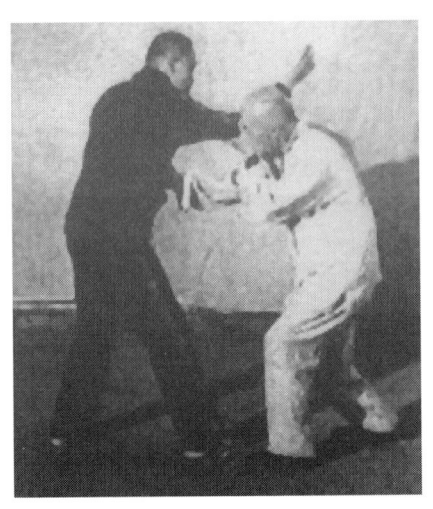

5. 乙退步左贯耳

乙见甲的左手和右拳一齐向自己攻来，速将右掌由上向下翻，拨开甲的左手，右脚后撤一步。同时左掌变拳向甲的右耳外侧打去，拳心向外，目视甲方（图2-5-84）。

要点：拨甲的左手与撤右脚要和打贯耳捶动作连贯一致，紧密配合，速度要快。

6. 甲架手抓裆

甲右脚向前迈进一步，左脚随之跟进半步，右手向上架住乙的左手腕，同时左手向乙腹裆部抓去，五指向下，掌心向前（图2-5-85）。

图 2-5-84　乙：退步左贯耳　　图 2-5-85　甲：架手抓裆

要点：右手上架与左手抓裆要连贯进行，不可间断。

7. 乙退步右贯耳

乙见甲的左掌向自己腹裆部抓来，左脚向后退一步，左手向下拨开甲的右掌，同时右拳向甲的左耳外侧打去，拳心向外（图 2-5-86）。

要点：撤左脚、拨甲右掌、打贯耳捶三个动作要同时进行，一气呵成。

8. 甲刺面捶

甲左手向上拨开乙的右拳，右脚向前迈进一步，同时右掌变拳内旋，由胸前向乙的面部打去（钻拳），拳心向内，眼看乙（图 2-5-87）。

要点：拨乙的右拳要与进右步和打右捶同时进行，协调一致，打右捶时要快速出拳，不可迟滞。

9. 乙抓肘抓捶踢裆

乙见甲的右拳向自己的面部打来，右脚随即向前迈进一步，同时左

图 2-5-86　乙：退步右贯耳　　　图 2-5-87　甲：刺面捶

手抓住甲的右肘，右手抓住其右拳，右脚向后撤一步，左脚随即向甲的前阴裆部踢去（绷脚面），两手落于两胯外侧（图 2-5-88、2-5-89）。

要点：抓肘抓捶，要与右脚前进同时进行，踢左脚与右脚后撤要疾速连贯。

图 2-5-88　乙：抓肘抓捶踢裆　　　图 2-5-89　乙：踢裆

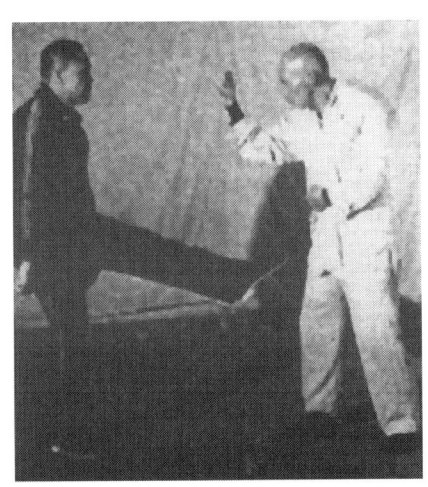

10. 甲右拍脚

甲见乙的左脚向自己裆部踢来，右手速下落，向乙的左脚面打去，掌心向下（图2-5-90）。

要点：拍脚动作要力贯手掌。

11. 乙进步劈掌

乙左脚被拍后，随即向前落进一步，同时左手向前劈出（图2-5-91）。

要点：进左脚与劈左掌要一气呵成。

12. 甲转身击腕

甲拍脚动作完成后，以右脚为轴，身体由左转后前方，左脚随着身体转动，迈于后前方，同时左手向乙的左手腕打去，手心向里，右手收回停于右肋外侧（图2-5-92）。

要点：转身动作要快，击打乙手腕要稳、准。以上动作要紧密配合，快速连贯，不可迟滞，要精神集中。

注：由此处，乙改为进攻，甲为退防，反复操练，趟数不限。

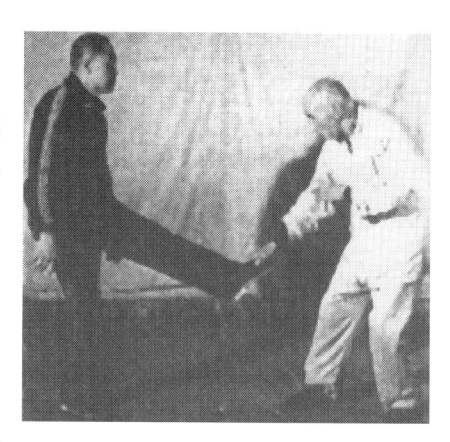

图2-5-90 甲：右拍脚

图2-5-91 乙：进步劈掌

图2-5-92 甲：转身击腕

13. 收式

甲乙二人往返打至起式位置，打成左手相触姿势（见图2-5-91）后，各自两脚后撤一步，落成挺腕俯掌三体式，归气法收功。

五、十六把拳

十六把拳是宋世荣先生在练功实践中所创编的套路，以内功、纳卦、神运等经为宗旨，并融合形意拳的精髓。整套拳精短，结构连贯，暗藏杀机，变化无端。

主要手法概括为劈掌、推掌、托掌、盖掌、掖掌、横掌、卡掌、贴掌等。在运用时，亦可以掌易拳。步法有进步、退步、跟步、垫步、弧步、虚步、寸步等。身形方圆兼具，方者以定其中，圆者以应其外。劲路刚中寓柔，柔中寓刚，横、竖、斜、缠、直五劲俱全。经常操练，细心研究，能使人在运用时，反侧仰俯，闪转腾挪，手足相随，遇刚化解，柔来巧取，得心应手，运用自如，不假思索而操胜算。

1. 预备式

甲（穿白衣者，车润田）、乙（穿黑衣者，田进忠）二人对面站立，成三体式，两手相距五寸左右，互相注视（图2-5-93）。

2. 跨步搭手

甲乙二人各自左脚向后撤半步，右脚迈至左脚前面（成右三体式步），右手由左小臂上面向前伸出，二人手腕相互搭住，手心向里，左手收回护于右肘内侧，手心向里（图2-5-94）。

图 2-5-93 预备式：三体式　　　图 2-5-94 二人同时跨步搭手

3. 甲挑手进步劈肩掌，乙捋手托心掌

（1）甲左手从乙的右小臂下面向上挑，随即迅速向下捋住其右手腕，右手向其左肩颈部劈去，掌心向里（斜掌）。同时右脚向前进半步（图2-5-95）。

（2）乙立即用左手向上捋住甲的右手腕，左手向其心口打去，掌心向前，指尖向上。同时右脚向前冲进半步，左脚随之跟进半步，目视甲（图2-5-96）。

要点：（1）甲劈肩动作要内含横劲，与挑腕进脚协调一致；（2）乙打托心掌动作时，腰部要灵活拧动，左膀向右膀催劲，两胯要上下相触促两足踩劲前冲，周身发出爆发力，精神集中。

图 2-5-95　甲：挑手进步劈肩掌　　　图 2-5-96　乙：捋手托心掌

4. 甲推臂腋掌，乙撤步掐肘掌

（1）甲见自己的右手被乙挑开并用右手向自己心口打来，随即用左手掐住其右肘并向外横推，右手拇指张开，其余四指曲张，向其腋下推打，掌心向前。同时两腿下曲，两脚前进半步，成斜马裆步，身体随之稍向下坐，目视乙（图2-5-97）。

（2）乙将右臂向上旋翻，化开甲的左手抓力，右脚向后撤一步，左手随即迅速掐住其右肘并向右推去，目视甲（图2-5-98）。

要点：（1）甲推臂打腋这两个动作要同时进行，中间不可间隔；（2）乙撤脚与掐肘要快速敏捷，协调一致。

图 2-5-97　甲推臂腋掌　　　图 2-5-98　乙撤步掐肘掌

5. 甲挂手托心掌，乙进步贴胸掌

（1）甲右臂由下向上旋翻，挂开乙的左手，左手向乙心口打去，掌心向前。同时左脚前进一步，右脚跟进半步（图2-5-99）。

（2）乙随即用右手向外绕住甲的左手，然后自己的左手向甲的胸前反掌打去，手背向前，同时左脚前进一步，右脚跟进半步，目视甲方（图2-5-100）。

要点：（1）甲左掌打出时，要用掌根之力，与两脚前进要快速协调；（2）乙打左掌时要发出弹力，精神集中。

图 2-5-99 甲挂手托心掌　　　　图 2-5-100 乙进步贴胸掌

6. 甲进步托腹掌，乙进步阴阳掌

（1）甲左脚向后撤半步，两腿向下弯曲，身体随之下伏，左手收于腹前随即向乙的小腹打去，五指张开，手指向下，掌心向前，右手停于腹前，掌心向下。同时两脚一齐向前冲进一步（图 2-5-101）。

（2）乙见甲的左掌向自己小腹打来，左脚随即迈向右前方，落于甲身体左侧，左手向下而后向外绕住其左腕，并向上旋翻，托住其左膀，右手托在甲的左臀部，向左推去。同时右脚向左呈弧线跨进一步，目视甲（图 2-5-102）。

图 2-5-101 甲进步托腹掌　　　　图 2-5-102 乙进步阴阳掌

要点:(1)甲向后撤步时,要含胸收腹;打对方小腹动作,要与两脚前进同时进行,快速敏捷;(2)乙做推掌动作时,两胯与膝要用力向下催劲,以助两脚踩劲,周身合一,发出内在抖力,各式要紧密相连。

7. 甲拨手撤步反扑面掌,乙顺步炮捶(黑虎掏心)

(1)甲的身体左侧被乙推住,速将身体向下伏蹲,左手向下拨开乙的右手,而自己的右手翻掌向其右脸外侧猛力拍去,拇指向下,其余四指向前直伸,掌心向外,同时右脚向后右方横撤一步,目视乙方(图2-5-103)。

(2)乙的招式失去作用后,随即用左手向外将住甲的右小臂,右掌变拳向其胸口打去,拳心向内,同时右脚前进一步,左脚跟进半步,目视甲(图2-5-104)。

要点:(1)甲拨手击脸和撤右脚等动作,要密切配合,敏捷迅速,不可迟滞;(2)乙打右拳与进右脚动作要快速协调。

图2-5-103 甲拨手撤步反扑面掌　　图2-5-104 乙顺步炮捶

8. 甲后带双推掌(猛虎扑食),乙进步掐膀(鹞子抓肩)

(1)甲见乙的右拳打来,随即两掌从乙的右拳上面向回捋带,同时两脚一齐向后撤半步,身稍下伏(图2-5-105)。上式不停,双手向乙的胸前推去,掌心向前,虎口撑圆,指尖向上。同时右脚向前进一大步,左脚跟进半步（图2-5-106）。

（2）乙见甲的双手推来，左脚疾速向前迈进一步，同时右手向外拨开甲的两掌，左手将其右膀掐住，目视甲（图2-5-107）。

要点：（1）甲向回捋掌时，要含胸收腹；推双掌时要提胸塌腰，沉肩坠肘，要含有上措的内劲，突出虎的猛烈之威，精神集中；（2）乙掐膀的动作与进左脚同时进行，要内含横推之力。

图2-5-105　甲后带双推掌

图2-5-106　甲猛虎扑食

图2-5-107　乙进步掐膀

9. 甲提膝盖掌（插花盖顶），乙进步卡喉掌（黄鼬卡嗉）

（1）甲见自己的右膀被乙左手掐住，遂将右臂外旋化开其抓力并向左前方伸引，同时右脚提起，高不过二寸，随后落下，在落而未落实之际，左脚迅速屈膝提起，膝与胯平，脚尖上翘，同时左手从右手背上面向乙的头顶（百会穴）盖打，掌心向下，右手停于腹前，目视乙方（图2-5-108）。

（2）乙随即缩身下伏，两脚向前冲进一大步，同时左手翻掌向甲的咽喉穿卡，掌心向上，拇指张开，其余四指并伸，右手护于左肘内侧，手心向里，目视甲（图2-5-109）。

要点：（1）甲右臂旋动时，右肩胛应随之转动，以助臂势；两脚交换起落和盖打动作，要快速连贯，不可迟滞，精神要集中；（2）乙的卡喉动作要与两脚前进同时进行，加快速度（此招法在操练时，要掌握分寸，意到为止，切勿实击，以免伤及对方）。

图2-5-108 甲提膝盖掌　　　　图2-5-109 乙进步卡喉掌

10. 甲退步架掌，乙进步推肋掌（推窗望月）

（1）甲见乙左掌向自己咽喉卡来，遂两脚向后撤一步，同时左手屈肘向上架于脸前，掌心向里，右手停于胸前，手心向下（图2-5-110）。

（2）乙见甲向后撤退，速将左掌翻转向其右肋推打，拇指向下，其余四指并伸，指尖向里，虎口撑开（横掌）。同时两脚向前冲进一步，两腿下屈，成斜马裆步（图2-5-111）。

要点：（1）甲向后撤步，要快速敏捷；（2）乙进步要快，推掌要准，含胸收腹，精神集中。

11. 跨步搭手

甲乙二人各自左脚向后撤一步，右脚向前垫半步，右手从左小臂上

图 2-5-110　甲退步架掌　　　　图 2-5-111　乙进步推肋掌

面向前伸出,两人右腕互相搭住,左手停于腹前,手心向下(图 2-5-112)。由此处改为乙进甲退,并按以上练法往回打去,如此轮换,反复操练,趟数不限,可自行掌握。

12. 收式

打至起式位置,双方打成跨步搭手式后,各自右脚向后撤一步,两手打成挺腕俯掌的三体式,归气法收功(图 2-5-113)。

图 2-5-112　跨步搭手　　　　图 2-5-113　收式

第六节　六合大枪

宋氏形意拳中的器械种类较多。刀法套路有麟角刀（双刀）、雪片刀、六排刀、对砍八卦刀、春秋大刀等。枪类套路有六合大枪、翼德大枪、战斗大枪（对枪）、六合对枪（大枪）、左门枪（花枪）等。剑类套路有盘龙剑、纯阳剑、战斗剑等。其他器械套路有八卦虎头钩、行者棍、阴手棍（对棍）、对打鞭杆等。

在宋氏枪类套路中，本书重点介绍六合大枪。六合大枪是形意拳派中重要的枪术套路。李能然先生授此枪术于宋氏形意拳尊宿宋世荣先生。宋老先生精心苦练，造诣极深，枪法运用自如，得心应手，并在长期实践中不断改进，实有创新独到之处。后来，宋老先生又传于其长子宋虎臣、胞侄宋铁麟，二位大师继承衣钵，锲而不舍，形成了宋氏枪术的特色。

六合大枪，不尚花架，贵在实用。实战时有攻有防，变化多端，故又有兵刃之王的美誉。其特点主要是以身率枪，枪不离身，身不离枪，以力度见长，处处都是肩臂腰腿周身统一的整劲。如无相当的功夫，劲力很难达到枪之尖端，也不会达到身腰手足灵敏的境域，在实践运用上也难得心应手。为此，习练者要在谙熟枪之性能和劲力运用上狠下功夫。

一、宋氏大枪功法六诀

（一）持枪稳活

持枪稳活即前手如环，后手如穿。基本做法：左手在前，握住枪杆中段，拇指按于中食二指之上，掐紧如一铁环，右手在后，握住枪把的后端且稳。在扎枪、抽枪的过程中，左手要微松，使枪滑动自如，以利于大枪进出灵敏。如握枪不松活，则枪之出入、进退变化不能快速。后手紧握枪把末端，前后出入抽送时如织布之梭，即进退、出入疾如穿梭。如向前扎枪不疾，则不能力贯枪尖；向后抽枪不速，则不能灵活转动；如握把不稳，则容易脱把。前手如环之势，无论在练习还是运用时，皆不可虎口张开（开把）。在实战时，前手虎口一开，即会被对方的枪一触即落。因此，开把是枪家之大忌。

（二）身式平正

练习大枪，讲究四平。持枪基本姿势为中四平枪势，即顶平、肩平、枪平、脚平。顶平则须头正颈直，如此才能精气贯顶，两目有神。肩平则要两肩下沉，不耸不斜，只有肩平才能身正，身正则气足，气足则势稳，势稳才能身轻法活。身法乃武艺之要旨，进退旋转皆赖身法，身法正，则刺、挑、拦、拿等招术无不得心应手。古人云："其身正不令而行，其身不正则虽令不行。"亦此意耳。

（三）枪扎一线

扎枪是枪术中最主要的基本进攻方法。枪势平直是枪扎一条线的基本要求。扎枪是以枪尖攻击对方，最终是后手着力于枪尖一点，在瞬间一点之精妙。因此，出枪平直才能有力，使对方防护困难。扎枪时，前手要控制好枪杆，后手握住枪把末端，从腰间向前发出；扎枪时，枪和大臂基本可成直线，这样出枪则更为有力。枪扎一线的原义，是进退自如，随机攻防。在上扎枪和下扎枪时，同样应是直线，切勿上下波动或摇摆。

（四）力达枪尖

枪法中，无论攻防，在做发力动作时须将周身气力合为一体，通过枪杆直达于枪尖。在进攻时，能否力达枪尖，也是衡量枪法功力深浅的重要标志。只有力达枪尖，才能在实战攻防中取得胜算。基本做法是：扎枪时，顺肩拧腰，肩以助腕，身以助臀，足以助身，步稳身正，两手握枪，前后抽送，先柔后刚，不用僵劲。落点要周身合住，猛然发力，力达枪尖，一枪透壁，扎枪后迅速抽回，使枪前段带出向下滑劈之力。此即枪诀所谓"前扎似射箭，回带锁蛟龙"之妙旨。大枪实战时，大抵防守以拦为主，进攻时以中平刺扎为用。扎刺对方中部时，枪杆要靠于腰间，由肋骨开张发劲，经臂、手贯于枪尖。向对方下部扎刺时，要沉肩、贴背、活腰，催助手臂透发出内含之劲，以加强扎枪的威力。大枪技法以防为主，以中平为用。枪诀云：中平枪，兵中王，前后左右能攻防。

（五）枪不离腰

枪诀云："枪是缠腰之锁。"也就是说，在练习枪法时，经常将枪的一段紧靠腰间，这样大枪才能有一个稳固的依托，便于从腰间发力，控制枪的前段，枪扎出后，应迅速收回于腰间，以利枪法的变化。在二人对扎对滑劈时，以我之枪头制彼之枪段，不致被对方所制。如果枪不靠于腰间，仅凭两手托枪，则整个枪身就漂浮无力，身势也不稳定，就会造成招法破绽百出。因此，枪不离腰是枪术的重要一诀。

（六）工精一圈

枪诀云："枪之元神只有一圈。"所谓"圈"即枪尖经常在弧线上运动，这与枪的构造和使用方法是相适应的。而弧线通过一小段螺旋线，很容易和直线相连接，转为直线运动。所以"工精一圈"和"枪扎一条线"也是一致的。用"圈"，枪便于以守转为攻，也易于从攻转为守。许多动作都是由"圈"过渡。在枪法中，若"圈"用于防，则上下左右无不防护；若"圈"用于攻，则出而能圆，来枪能胜；收而能圆，败枪能救。所以说"圈"用之于枪，攻守无处不在。可见"圈"在枪法中有着特殊的地位，也是各种枪法基本要求之一。在练习时注意"圈"不宜过大，"圈"过大则运动路线长，防守多破绽，进攻出枪也较慢，不符合枪扎一条线的要求。练枪者唯有久下苦功于一"圈"，熟而更熟，才能达到精而益精的妙境。

二、六合大枪动作名称及要领

六合大枪六趟名称

预备动作

第一趟：里拿外锁　　第二趟：乌龙入洞

第三趟：一统顺束　　第四趟：似封似闭

第五趟：铁牛耕地　　第六趟：巧女纫针

（演示者：周金柱）

（一）预备动作

1. 直立持枪

身体直立，两脚并步站立稍离，相距约三寸，脚尖向前，右手握枪杆中段，屈肘置于身体右侧，手与胸平，左手五指并拢垂于身体左侧，目平视前方（图2-6-1）。

注：此时目视方向为前方，动作开始后即为右正方。

要点：右手松握枪杆，枪身直立，身体正直。

图2-6-1 直立持枪

2. 弓步拉枪

（1）右手握枪向上稍抬，左手在右手上面握住枪杆中段并向上提起，右手向下松滑握住枪杆末端（两手虎口均向上），两眼仍然平视前方（图2-6-2）。

（2）上体转向右侧，右脚向后方迈一步，屈膝前弓，右手握枪向上方斜拉枪把置于右肩前，左手握枪中段，枪杆横斜靠于胸间，枪尖斜向下（不着地），成右弓步，目视左正方（图2-6-3）。

要点：向后迈右步与拉枪动作要同时进行，协调一致。

图2-6-2 弓步拉枪（1）

图 2-6-3　弓步拉枪（2）

3. 提膝扎枪

（1）左脚稍抬，脚尖里扣，两腿向下屈蹲成跨马步，两手握枪收于腰间（图 2-6-4）。

（2）原步不动，两手握枪，向里扣、外翻各三次，目视枪尖（图 2-6-5）。

（3）上式不停，右脚向前迈一步，直身立定，右手握住枪把后端向上平举而起，手心向上，高过头顶。同时，左手向上架于左额角侧，手心向外，左脚屈膝提起，膝与胯平，脚尖向下，目视右手（图 2-6-6）。

要点：枪里扣外翻，要身、手、臂气力合一，使枪尖发挥点颤之劲。

图 2-6-4　提膝扎枪（1）

图 2-6-5　提膝扎枪（2）

做举枪动作时，要腿直、身直、右小臂直。大枪重量与花枪不同，所以此式要多下功夫。

图 2-6-6　提膝扎枪（3）

4. 弓步拉枪

（1）左脚向后落下，右腿屈膝前弓，成右弓步，身体转向右正方，右手握住枪把拉于右肩前，左手随即握住枪中段，枪杆斜靠于胸前，枪尖斜向下方（枪尖不着地）（图 2-6-7）。

（2）上式不停，两手握枪向里扣，右手随即握住后把，向前直扎出（中平枪），目视枪尖（图 2-6-8）。

要点：转身拉枪和弓步屈膝的动作要协调一致；扎枪时要平直有力，后手要猛烈向前推送，使力达于枪尖。

图 2-6-7　弓步拉枪（1）

图 2-6-8　弓步拉枪（2）

（二）第一趟：里拿外锁

1. 进步锁枪

接预备式动作4中（2）中平扎枪势。

右手将枪抽回，右脚随即向右前方迈进一步，与左脚成横跨马步，两手握枪由里向外翻砸，枪杆靠于右腰胯外侧（图2-6-9）。

图 2-6-9　进步锁枪

2. 原步扎枪

原步不动，右手握枪向前平直扎出（图2-6-10）。

图 2-6-10　原步扎枪

3. 进步拦枪

右脚向前横垫一步，脚尖外撇，右手向回抽枪，左手微松向前滑推，握住枪杆中段，枪后段斜靠于胸部，枪尖向下（不着地）（图 2-6-11）。

图 2-6-11　进步拦枪

4. 马步扣枪（拿枪）

上式不停，左脚向左前方迈进一步，脚尖向里扣，与右脚成半马步，同时左手握枪内旋划一小圈，两手握枪靠于腰际（图 2-6-12）。

5. 原步扎枪

右手握枪把的末端（中平枪），向正前方扎出，目视枪尖（图 2-6-13）。

图 2-6-12 马步扣枪（拿枪）

图 2-6-13 原步扎枪

要点：平扎枪的拿枪和两手抽送动作要保持平衡。左手在前要松握枪杆，以便枪杆出入滑动自如，但虎口不能张开（开把）。拿枪划圈动作不宜太大，枪杆要紧靠腰间，以助枪势的威力，所有动作快速协调一致，精神贯注。

从进步锁枪至此（1-5）为一组合，连做三遍。

6. 进步锁枪

右手握枪抽回，右脚随即向右前方迈一步成横跨马步，同时两手握枪，由里向外翻砸（锁枪），枪杆靠于腰间（图 2-6-14）。

7. 原步扎枪

接上式。原步不动，右手握枪向前平直扎出（图 2-6-15）。

图 2-6-14 进步锁枪

图 2-6-15 原步扎枪

8. 撤步拿枪

右脚向后撤一步,左脚随即抬起落脚,脚尖里扣与右脚成斜半马步,同时两手握枪向内扣压(图 2-6-16)。

9. 凤凰三点头(扎中平枪)

(1)上式不停,两手握枪,里扣外翻三次(凤凰三点头)(图 2-6-17)。

(2)上式不停,右手握枪向前平直扎出(图 2-6-18)。

图 2-6-16　撤步拿枪

图 2-6-17　凤凰三点头（扎中平枪（1））

图 2-6-18　凤凰三点头（扎中平枪（2））

10. 败式

接上式。身体转向右正方，右脚向后方迈一步，屈膝向前拱出成右弓步，右手握住枪把随着身体动作拉于右肩前，左手松握枪杆向下滑握，枪杆靠于胸腔，枪尖向下，不着地，身体稍前倾，目视前方（图2-6-19）。

图 2-6-19 败式

11. 行步

上式不停，左脚先迈出，落地后再迈右脚，左右各三步，共行六步，最终落在右脚（图2-6-20）。

要点：凤凰三点头要与扎枪、败式动作快速连贯，一气呵成。行步动作时，头向上顶，身体前倾，提胸塌腰，大步前进，后脚向上亮出鞋

图 2-6-20 行步

底，精神贯注。

注：以后演练各趟，均以此式为转接点，转于下一趟的"进步锁枪式。

（三）第二趟：乌龙入洞

接第一趟，败式、行步动作。

1. 进步锁枪

右脚向右前方迈进一步，与左脚成横跨马步，两手握枪，由里向外翻砸，枪杆靠于腰胯右侧（图 2-6-21）。

图 2-6-21　进步锁枪

2. 原步扎枪

接上式，原步不动，右手握枪末端向前平直扎出（图 2-6-22）。

3. 进步拦枪

左脚向左前方迈一步，与右脚成横裆步，两手握枪，左手向枪中段松握，右手握枪把拉于右肩前，枪杆横斜靠于胸前，枪尖斜向下（不着地）（图 2-6-23）。

图 2-6-22 原步扎枪

图 2-6-23 进步拦枪

4. 插步下扎枪

上式不停，右脚从左腿后面向前插一步，脚尖向右，膝盖顶于左腿膝窝中间，两腿向下屈蹲，同时两手握枪，使枪尖向里划一小圈，向下扎出（离地高约二寸），左手虎口向里，右手虎口向前，目视枪尖（图 2-6-24）。

要点：锁枪、扎枪和拦枪等动作要协调一致。向下扎枪时，两肩要一齐向前催劲，使力达于枪尖，精神贯注。

5. 独立朝天枪

右脚抬起随即跺下（震脚），两手握枪向上直竖，枪尖向上，抱于

图 2-6-24 插步下扎枪

身体右侧,左手握枪中段,高与肩平,右手握枪根贴于右腿外侧,左脚屈膝提起,膝与胯平,脚尖向下,眼睛向前方平视(图 2-6-25)。

要点:震脚抱枪时,两手上下要极力争衡,头上顶,项竖直,右腿直立,动作一气呵成。

6. 马步劈枪

左脚向前落下,与右脚成半马步,同时两手握枪向下劈出,枪杆靠于腹部右侧,两手相平,目视前方(图 2-6-26)。

要点:落脚与劈枪动作要同时进行。

图 2-6-25 独立朝天枪

图 2-6-26 马步劈枪

7. 原步扎枪

接上式，原步不动。右手握枪把末端向前平直扎出，目视枪尖（图2-6-27）。

要点：扎枪要与上式之劈枪动作快速相连，协调一致，右手扎枪要平直有力。

本趟套路，从进步锁枪至此（1-7式）为一组合，连做三遍。最后一遍打至马步劈枪式后，不做扎枪动作，即转为凤凰三点头（扎中平枪）、败式、行步，再转于下一趟的动作。

图 2-6-27　原步扎枪

（四）第三趟：一统顺束

接上趟败式、行步动作。

1. 进步锁枪

同第一趟1的动作。

2. 原步扎枪

扎中平枪，同第一趟2的动作。

3. 马步拿枪

右脚向后撤一步，左脚向前迈一步，脚尖里扣，两腿稍向下屈成半马步。同时两手握枪，枪后段靠于腰间，拧腕翻枪，使枪尖外翻里扣。连作三遍（图2-6-28）。

图 2-6-28　马步拿枪

4. 并步扎枪

紧接上式扣枪动作。右脚向前迈步下跺（震脚），落于左脚内侧，脚尖向里，同时右手握住枪把末端，向前平直扎出，目视枪尖（图2-6-29）。

要点：头要上顶，项要竖直，里外翻扣时，持枪要沉稳有力，震脚要有力，扎枪时臀要前突，力贯枪尖，精神贯注。

图 2-6-29　并步扎枪

第三趟至此（1-4）为一组合，连做三遍后即转为凤凰三点头（扎中平枪）、败式、行步动作。

（五）第四趟：似封似闭

接第三趟的败式、行步动作。

1. 进步锁枪

同第一趟1的动作。

2. 中平枪（原步扎枪）

同第一趟2的动作。

3. 横裆步拦枪

左脚向左方横迈一步，脚尖里扣，成左横裆半马步，两手握枪，使枪尖随左脚撤步动作向下斜，右手握枪向回拉至右肩前，左手下滑握住枪中段，虎口向前，枪杆斜靠于胸前，枪尖向下（不着地），目视前方（图2-6-30）。

图2-6-30　横裆步拦枪

4. 横裆步劈枪

右脚向左腿后面插进一步,左脚向左前方迈进一步,脚尖里扣,与右脚成斜左横裆半马步,同时两手握枪由外向里绕一圈,向右前方下劈(枪尖不着地),左臂前伸,虎口向前,右手停于右肋侧后,枪杆靠于腰右侧,目视枪尖(图 2-6-31)。

要点:拦枪、劈枪与横裆步腰协调一致,向下劈枪时,左手用力下压,身体稍向右前倾,以加大压力。此两式要紧密配合,一气呵成,不可间断,精神贯注。

图 2-6-31 横裆步劈枪

5. 横裆步下扎枪(夜叉探海)

左脚由右脚前方向右前方迈一步,脚尖向右方,右脚随即向右前方与左脚成斜右横裆步,同时两手握枪,使枪尖向上由右前方绕划一整圈,由左前上方向下扎出,枪尖向下(不着地),右手握枪把末端,架于右脸外侧,手心向外,左手握枪后段,小臂屈肘向前平伸,手心向上,高与胸平,目视枪尖(图 2-6-32)。

要点:动作要协调一致,下劈时左手用力下压,上体稍向前俯,以加强压力,向下扎枪时要头上顶,项竖直,上体稍前倾,向下扎枪要从

图 2-6-32　横裆步下扎枪（夜叉探海）

腰肋发劲，上达于肩，肩送于臂，使力达枪尖，精神贯注。

劈枪、扎枪共做三遍为一组合，劈枪也可多做一遍，再转进步锁枪、中平扎枪、凤凰三点头（扎中平枪）、败式、行步。

（六）第五趟：铁牛耕地

接第四趟败式、行步动作。

1. 进步锁枪

与第一趟 1 相同。

2. 原步扎枪

与第一趟 2 相同。

3. 撤步拿枪

右脚向后撤一步，左脚前迈随即落下（换跳步），脚尖里扣，与右脚成正半马步，同时两手握枪向里扣压（图 2-6-33）。

图 2-6-33　撤步拿枪

4. 提步下扎枪

上式不停，两手握枪靠于腰间，拧动手腕使枪前段外翻里扣各一次，枪尖偏于下方，右脚提起向前垫一步，脚尖向外（右前方）。同时右手握枪末端向前下方扎出，枪尖向下（不着地），右手与左手将近相触，左脚提起于右小腿内侧，目视枪尖（图 2-6-34）。

图 2-6-34　提步下扎枪

5. 马步崩枪

上式不停，左脚向前迈一步与右脚成正半马步，右手握枪把末端向后下方抽带按于右胯外侧，同时左手向上滑动握枪，屈肘握枪后段与胸

图 2-6-35 马步崩枪

相平，使枪尖向上崩挑，目视前方（图2-6-35）。

要点：拿枪、扎枪要沉稳有力，扎枪时右手要用力向前推送，使力达枪尖，左小臂要用力撑稳，两脚方向一致，足趾抓地，下盘稳固，翻扣枪和下扎枪要沉稳有力，力达枪尖。

从提步下扎枪连做三遍至此式为一组合，随即转为进步锁枪、原步扎枪、撤步拿枪、凤凰三点头扎枪、败式、行步。

（七）第六趟：巧女纫针

接第五趟败式、行步动作。

1. 进步锁枪

与第一趟1动作相同。

2. 原步扎枪（扎中平枪）

与第一趟的2动作相同。

3. 横裆步拦枪

左脚向左方迈一步,同时右手握枪把向回拉于右肩前,左手向前滑握到枪中段,手心向上,枪杆斜靠胸前,枪尖向下(图2-6-36)。

图 2-6-36 横裆步拦枪

4. 横裆步拿枪

上式不停,左脚向左前方横迈一步成横裆半马步,两手握枪使枪尖由外向里划一小圈扣下,枪杆靠于腰间(图2-6-37)。

图 2-6-37 横裆步拿枪

5. 插步扎枪

上式不停,右脚从左腿后面向前插出,膝盖顶于左腿膝窝中间,上

图 2-6-38 插步扎枪

体向下屈坐成半坐盘式，同时右手握住枪把，向前平直扎出，目视枪尖（图 2-6-38）。

要点：做拦枪、拿枪动作时，要手脚相合，协调一致；扎枪时，要力达枪尖，左手要松握枪杆，以利于枪滑润自如。

6. 进步拦枪

右脚向右正方迈进一步，同时两手握枪斜拉斜靠于胸前（图 2-6-39）。

图 2-6-39 进步拦枪

7. 进步锁枪

接上式。左脚向右正方迈一步，右脚继续向右前方迈进一步，与左脚成横裆半马步，同时两手握枪向外翻砸（图 2-6-40）。

图 2-6-40 进步锁枪

8. 原步扎枪

上式不停，原步不动，右手握枪向前平直扎出，目视枪尖（图 2-6-41）。

要点：拦、拿、锁、扎等动作，劲力与上式基本相同，同时要求两脚互进时，落步要踏实，身体要平稳，不可忽高忽低，飘浮无根。

从进步锁枪动作到此式为一组合，可做三遍，即转于"撤步拿枪"。

图 2-6-41 原步扎枪

9. 撤步拿枪

接上式。左脚向左正方横迈一步，落于中线，右脚随即向后撤一步，与左脚成直线半马步。同时两手握枪拉开斜靠于胸前，外翻、里扣（图 2-6-42）。

图 2-6-42　撤步拿枪

10. 凤凰三点头（扎中平枪）

动作要点与第一趟 4 相同。

11. 败式、行步

动作要点与第一趟 10、11 相同。

12. 持枪

接上式。

（1）身体转向正前方，右脚随即向右前方迈进一步，同时两手握枪平靠于腰间（图 2-6-43）。

（2）右手握枪末端向前平直扎出（图 2-6-44）。

（3）右脚向前迈一步，同时两手握枪杆向后下方抽带，使枪把向斜下方戳出，两手握枪中段，靠于腰右侧，左手手心向上，右手虎口向前，目视前下方（图 2-6-45）。

要点：扎枪时要力达枪头，抽枪时右脚前迈要沉稳有力，上体稍向前倾，头向前顶，颈向前梗。向回抽枪时两手要略松握，戳枪时两手要紧。各式动作要紧密配合，快速灵敏，精神贯注。

图 2-6-43 持枪（1）

图 2-6-44 持枪（2）

图 2-6-45 持枪（3）

13. 收式

两手握枪由前上方传送于身体右侧，同时左脚收回，与右脚并步站立，当枪杆达到竖直部位时，右手向上稍稍滑移握于枪中段，左手随即撤把，向下垂于身体左侧，目视前方（图2-6-46）。

图2-6-46 收式

三、大枪对战动作名称及要领

大枪对战是古代战争中常见的一种兵器搏斗。宋氏形意门中，列位先师对大枪的对练十分重视。宋世荣先生云："枪之功愈深则拳之功愈厚。"因此，习学者切不可忽视大枪的对练之术。大枪对练，一人为上步进攻，另一人为退步防守。一攻一守，两人可交替进行。

大枪对练动作名称

乙攻甲守

1. 乙：弓步上扎枪（刺面）　　　甲：插步滚枪（滚手挫拿）
2. 乙：撤换步下扎枪（刺膝）　　甲：马步崩枪（迎风豁挑）
3. 乙：绕进步扎枪（刺左肩）　　甲：圆裆步抱砸枪（拨马分鬃）
4. 乙：撤换步下扎枪（刺膝）　　甲：虚步点枪（太公钓鱼）
5. 乙：绕裆步平扎枪（通袖）　　甲：跳换步翻砸枪（白蛇蹚地）
6. 乙：进步上扎枪（刺面）　　　甲：进步上措枪（叉枪）
7. 乙：弓步拉枪　　　　　　　　甲：弓步拉枪

甲攻乙守

8. 甲：弓步上扎枪（刺面）　　　乙：插步滚枪（滚手挫拿）
9. 甲：撤换步下扎枪（刺膝）　　乙：马步崩枪（迎风豁挑）
10. 甲：绕进步扎枪（刺肩）　　　乙：圆裆步抱砸枪（拨马分鬃）

11. 甲：撤换步下扎枪（刺膝）　　　乙：虚步点枪（太公钓鱼）
12. 甲：绕裆步平扎枪（通袖）　　　乙：跳换步翻砸枪（白蛇蹚地）
13. 甲：进步上扎枪（刺面）　　　　乙：进步上措枪（叉枪）
14. 甲：收式

（一）预备动作

（1）二人并步站立，相距一丈左右，各自右手握枪中下段，枪直立于身体右侧，左手五指并拢，自然垂于身体左侧（图2-6-47）。

要点：握枪略松，枪身直立，身体挺直。

（2）二人同时转身面向对方，互相注视，然后右手握枪略向上抬，左手在右手上面握住枪杆（两手虎口均向上）（图2-6-48）。

（3）两人右脚各自向后方迈一步，屈膝前弓成右弓步，右手握枪末端，向上斜把拉至于右肩外侧，左手握枪中段，枪杆靠于胸前，枪尖向下（不着地），二人仍相互注视（图2-6-49）。

图2-6-47　并步站立

图 2-6-48　右手上抬枪

图 2-6-49　右弓步拉枪

（二）对练动作

乙（车润田）为上手向前进攻，甲（田进忠）为下手向后退防。

1. 乙弓步上扎枪（刺面），甲插步滚枪（滚手挫拿）

（1）乙接预备式动作，左脚向前迈进一步，右脚随之跟进半步成左弓步，同时两手握枪使枪尖向上内旋划一小圈，右手握枪把向甲的头面扎出，目视甲方（图 2-6-50）。

（2）甲接预备式动作，左脚向前迈进一步，右脚从左腿后面插进，脚尖向右，身体下蹲，成插步半坐盘式。同时两手握枪，使枪尖内划一

图 2-6-50　乙：弓步上扎枪（刺面）

图 2-6-51　甲：插步滚枪（滚手挫拿）

圈，枪杆前段压在乙的枪杆上面并向右前方推挫，前手虎口向里，目视乙方（图 2-6-51）。

要点：乙扎枪中左手在前，握枪要略松，使枪滑动自如，但虎口不能张开，右手前扎时要力达枪尖。甲插步推枪时，身体与枪要同时前进，身势沉稳，并有向前挫和下压之劲。

2. 乙撤换步下扎枪（刺膝），甲马步崩枪（迎风豁挑）

（1）乙右脚向后撤一步，同时两手随势将枪抽回，左脚撤回随即再向前迈出成半马步，握枪向前下方扎出，目视枪尖（图 2-6-52）。

（2）甲左脚向前迈一步，右脚随之跟进半步，左手握枪中段，手心向上，

图 2-6-52　乙：撤换步下扎枪（刺膝）

图 2-6-53　甲：马步崩枪（迎风豁挑）

右手握枪末端顺着乙的枪杆内侧向乙方的前手推挑，架于右额角外侧，使枪前段顺着乙之枪杆内测，向其前手推挑击出，枪尖斜向下，目视乙方（图 2-6-53）。

要点：乙撤换步法与扎枪要协调一致。抽枪扎枪时，左手略为松握，使枪滑动自如。甲推挑动作时，两手要上下挣衡，发挥出连推带挑的威力，主要是挑对方的前手，使其枪脱把而落。

3. 乙绕进步扎枪（刺左肩），甲圆裆步抱砸枪（拨马分鬃）

（1）乙右脚向后撤一步，左脚随即回撤于右脚前，同时两手将枪抽回，左脚向右前方绕迈一步，同时两手握枪向甲方左肩扎出，右脚向前跟进半步，成圆裆马步（图2-6-54）。

（2）甲左脚向右正方迈进一步，脚尖向里，身体随之转向左前方，两手握枪，左小臂由里向外翻抱，翻枪砸压于乙枪之上，枪杆靠于腰间，右手握枪把置于右胯外侧，目视乙方（图2-6-55）。

要点：乙此式动作与刺膝动作大致相同，只是扎枪角度不同。右脚跟进时，脚尖先着地后脚跟用力蹬劲，催助右臂向前扎刺。其他要领与刺膝动作大体相同。甲抱枪动作要与进步、身体转动等动作协调一致，砸枪要带颤震之力。

图2-6-54　乙：绕进步扎枪（刺左肩）

图2-6-55　甲：圆裆步抱砸枪（拨马分鬃）

4. 乙撤换步下扎枪（刺膝），甲虚步点枪（太公钓鱼）

（1）乙右脚向后撤一步，左脚随之撤回于右脚前，同时两手握枪抽回，左脚向前迈进一步成半马步，同时右手握枪末端，向前下方甲的左膝扎去，两手将近相触，目视枪尖（图2-6-56）。

（2）甲左脚向回撤至右脚后面，相距约一尺，身体转向左前方，右脚尖随即着地虚点，成顺裆半马步，同时握枪使枪尖向里划一小圈，右手握枪末端顶于左肋外侧，向乙的枪前扎出，同时两手握于枪后段，手心向下，向乙握枪的前手点打，同时右脚向回稍撤，脚尖着地成右虚步，身体稍向前倾，重心偏于左腿，目视乙方（图2-6-57）。

图 2-6-56　乙：撤换步下扎枪（刺膝）

图 2-6-57　甲：虚步点枪（太公钓鱼）

要点：乙扎枪时要右肩向前催劲，促使力达枪尖。甲撤步转身要快速灵敏，协调配合，点枪要有猛烈的颤劲，倾身要胸部内含，精神集中。

5. 乙绕裆步平扎枪（通袖），甲跳换步翻砸枪（白蛇蹚地）

（1）乙右脚向后撤一步，左脚随之撤于右脚前面（不落地），迅速向右前方弧线迈进一步，脚尖向里，左手握枪中段，右手握枪末端，向甲的左手腕扎出，两手将近触合，同时右脚向右跟进半步，目视枪尖（图2-6-58）。

（2）甲身体转向右正方，右脚向后上方抬起，在即将落地时，左脚随即迅速向上提起，两脚迅速一齐落下，成正马步，同时两手握枪由内向外旋翻，砸在乙的枪杆之上，左手心向上，右手心向下，枪中段靠于腰间，目注视乙（图2-6-59）。

图2-6-58 乙：绕裆步平扎枪（通袖）

图2-6-59 甲：跳换步翻砸枪（白蛇蹚地）

要点：乙头正肩平，扎枪与进步动作要迅速，同时完成，好像枪杆捅进袖子里。甲两脚跳换速度要快，落步要稳，在实战时，可连进数步，使对方的枪难以抽回。砸枪要猛，且带颤力，周身气力合一，要能震动对方，使其双把张开，脱把落地。

6. 乙进步上扎枪（刺面），甲进步上措枪（叉枪）

（1）乙右脚向后撤一步，左脚随即回撤一步，同时两手握枪抽回，右脚向右前方侧进一步，屈膝前弓成左弓步，两手握枪向甲的面部扎出（图 2-6-60）。

（2）甲身体向上挺起，左脚向前迈进一步，右脚跟进半步成半马步，两手握枪向前上方扎出，叉住乙枪的前段（图 2-6-60）。

要点：甲、乙二人对面互相注视，精神贯注。

图 2-6-60　乙：进步上扎枪（刺面）
　　　　　　甲：进步上措枪（叉枪）

7. 乙弓步拉枪，甲弓步拉枪

甲、乙二人动作均与预备动作 3（图 2-6-49）相同。

以下攻防互换，甲改为上手进攻，乙为下手退防。

8. 甲弓步上扎枪（刺面），乙插步滚枪（滚手挫拿）

动作要点与对练动作 1 相同。

9. 甲撤换步下扎枪（刺膝），乙马步崩枪（迎风豁挑）

动作要点与对练动作 2 相同。

10. 甲绕进步扎枪（刺左肩），乙圆裆步抱砸枪（拨马分鬃）

动作要点与对练动作 3 相同。

11. 甲撤换步下扎枪（刺膝），乙虚步点枪（太公钓鱼）

动作要点与对练动作 4 相同。

12. 甲绕裆步平扎枪（通袖），乙跳换步翻砸枪（白蛇蹚地）

动作要点与对练动作 5 相同。

13. 甲进步上扎枪（刺面），乙进步上措枪（叉枪）

动作要点与对练动作 6 相同。

以上如此轮换往复演练，趟数多少不限，量力而行。

14. 收式

甲、乙二人练至叉枪式，各自左脚撤于右脚内侧，两脚并齐站立，身体转向右正方，两手握枪传送于身体右侧，右手握枪下段，左手撒把垂于身体左侧，平视前方。

第七节 战斗剑

战斗剑是宋氏形意拳创始人宋世荣的长子宋虎臣独创的器械套路之一。宋虎臣先生自幼酷爱武术，遵守家教。这套剑法是宋虎臣先生在数十年练功实践中，集形意拳剑术丰富搏击之精粹，更融会内功阴阳的中和之气创编而成的。其特点鲜明，每招每式，既具技击实践之旨，又达养气健身之妙，堪称武坛一绝。因此，本书在剑类套路中，重点介绍战斗剑。

该套路共分四段，除起式和收式占中线外，其他主要线路，以四隅方向为主。全套路从起式到收式共为六十四个姿势，剑法中有刺、挂、挑、劈、撩、拦、抹、砍、点、截、崩、斩、剪腕花等，主要步形有虚步、仆步、歇步、丁步、马步、盖步、并步、弓步、马裆步、独立步等。

战斗剑套路结构严谨，朴实无华，难度较小，易学易练。练习时，可根据自己身体素质情况进行调整。老弱妇幼可放慢速度，柔缓轻舒，循序渐进，以达到身体健康、祛病延年之目的；青少壮年男女练习时，可以加快速度，加大幅度、强度和力度。练剑中，要做到眼随剑走，步随身变，腰动剑行，身轻腰活，转变神速，出式柔缓轻松，落式发出刚猛颤抖之力，手、眼、身、法、步、剑协调一致，呼吸自然，为实战技击打下良好的基础。

一、战斗剑剑法要解

传统剑法中有其特定的技艺术语。练习者应明确其真实要义，以便在实练中细心体会和掌握剑法的应用实效。

1. 刺剑

立剑（剑刃向上下为立剑）或平剑（剑刃向左右为平剑）向前直击为刺，力达剑尖，臂与剑成一直线；平剑，剑尖与肩平；上刺剑，剑尖与头平；下刺剑，剑尖与膝平；低刺剑，剑尖贴近地面，不得触地。

2. 带剑

平剑或立剑，由前向侧后方或侧后上方抽回为带，力达剑身。

3. 挑剑

立剑，由下向上为挑，力达剑尖，臂与剑成一直线。

4. 劈剑

立剑，由上向下为劈剑，力达剑身，臂与剑成一直线。

5. 撩剑

立剑，由下向前上方为撩，力达剑尖。正撩剑，前臂外旋，手心朝上，贴身呈弧形撩出；反撩剑，前臂内旋，手心朝上，贴身呈弧形撩出。

6. 托剑

正撩剑，贴身呈弧形撩出停剑，手心旋至向身体外为托剑。

7. 掮剑

立剑向上和向下，沿身体左侧肩头外绕一立圆为掮剑，又称掮膀。

8. 抹剑

平剑由前向左（右）呈弧形抽回为抹，高度在胸腹之间，力达剑身。

9. 点剑

立剑，提腕，使剑尖向前下方猛点为点剑，力达剑尖，臂伸直。

10. 崩剑

立剑，沉腕，使剑尖猛向前为崩，力达剑尖，臂伸直，剑尖高不过头。

11. 提剑

剑尖垂直向下，为倒提剑，前臂外旋，虎口向下，高与肩平。

12. 斩剑

平剑向左（右）横出，高度在头与肩之间为斩，力达剑身，臂伸直。

13. 剪腕花

以腕为轴，立剑在臂两侧向前下方贴身立圆绕环，力贯穿剑身达剑尖。

14. 撩腕花

以腕为轴，立剑在臂两侧向前上方贴身立圆绕环，力贯穿剑身达剑尖。

15. 剑指

大拇指挑起，中指和食指并拢，虎口撑圆，其余二指屈于手心。

常言道：刀如猛虎，剑似飞凤。剑有四种类型：第一，缓慢平稳，动作从容不迫，其性偏于柔；第二，快速勇猛，动作强硬剧烈，其性偏于刚；第三，美观大方，动作轻灵利落，其性偏于腿的基本功；第四，缓急相济，动作悠悠，偏重于实战。

练剑中要用其悠悠柔顺之劲，依身法变换，不用拙递之力，使其运动于臂，发动于腕，灵敏于指。在锻炼时，亦动亦静之中，好似含神不漏，含意莫测，并有内蓄刚柔相济之劲。有谚语云："全柔者不能达其法，全刚者不能贯其意。"要把剑法练到"刚而不拙""柔而不弱"的境界，才是剑术真谛之所在。

剑在武术器械之中，由于本身细薄，不能与粗重坚硬的器械强挡，以免伤损剑身。要凭借身法的闪躲变化，以逢坚避刃、遇隙则刚、机智灵巧的变化，战胜对方。

二、战斗剑动作图解说明

战斗剑

预备式

（1）身体正直，两脚开立，两臂垂于身体两侧，左手握剑柄，剑身竖直，剑尖向上，眼睛平视前方（正南）（图 2-7-1）。

要点：心情沉静，意识集中，两肩自然松沉。

（2）左手握剑向前平伸，高与肩平，左脚向前进一步，右脚随即迈至左脚内侧相齐并立（图 2-7-2）。

（3）右手捏剑指经胸向上伸直，手心向里，高过头，左手握剑收回垂于身体左侧，眼看前

图 2-7-1　身体正直

方（图 2-7-3）。

要点：以上（2）（3）两个分解动作要连贯不停，一气呵成，定式时身体挺直端正。

（4）右手剑指落下屈肘置于胸前，同时右脚向后撤一步，左脚随之后撤与右脚成横平线，相距约五寸（开步），左手握剑屈肘置于胸前，右手随即接剑，眼看前方（图 2-7-4）。

要点：两脚后撤与右手接剑动作要协调一致，定式时身体要含胸裹背、精神集中。

图 2-7-2　左手握剑平伸　　图 2-7-3　右手剑指上伸　　图 2-7-4　右手接剑

第一段

1. 进步反推剑

接预备式。左脚向左前方迈一步，右脚随即向前迈出与左脚成横线，相距约一尺左右，左腿屈膝稍下蹲，身体重心偏于左腿，同时右手握剑内旋向前推出，剑刃斜向前，手心向上，剑尖略下垂，左手剑指屈肘抖腕架于左额角外侧（太阳穴），眼看剑端（图 2-7-5）。

要点：头要上顶，下颌内收，含胸收腹，沉肩裹背，精神集中。

2. 弧行步（盘根步）

上式不停，左脚向前迈一步，脚尖里扣，右脚迈于右前方，两脚左右交替沿弧线绕行一周，至左前方（东南角），右脚落于前面，身式不变（图2-7-6）。

要点：以腰为枢纽，身体尽量向外拧，做到下盘沉稳，上肢轻灵。其他要点与上式相同，要注意行步的多少，须视场地面积大小而定，一般为八步，但定式时，必须右脚落在前面。

图2-7-5　进步反推剑　　图2-7-6　弧行步（盘根步）

3. 左虚步右撩剑

接上式。左脚向前迈一步，脚掌着地（呈左高虚步），右手握剑翻腕，随着左脚动作向右前方撩出，手心向外，剑刃向上下，左手剑指护于右手腕上，眼看剑尖（图2-7-7）。

要点：撩剑动作，要乘势借力，以加强攻击威力。

4. 右虚步左拦剑

接上式。左脚向前进半步，右脚随即向前

图2-7-7　左虚步右撩剑

进一步，脚掌着地（呈右高虚步）。同时右手握剑翻腕，向左前上方托起拦出，力在剑身，手心向上，剑刃向上下，左手剑指屈肘抖腕，架于额外侧，眼看剑尖（图2-7-8）。

要点：进步要快速，拦剑眼猛疾；以上两个分解动作，演练时要紧密连贯，不可间断。

5. 丁步左合剑

接上式。身体左转，左脚向后撤一步，右脚随之撤至左脚内侧，相距约五寸，脚掌着地，两腿向下微蹲成右丁步。同时右手握剑抽回置于胸前，剑身横平，剑刃向前后，手心向上，剑尖向前，左手剑指护于右手腕内侧，眼看剑前端（图2-7-9）。

要点：撤脚与抽剑动作要同时进行，身体正直，不可前俯后仰，抽剑要含向外削带之力。

6. 叉步下截剑

接上式。左脚从右脚后面向前叉出，两腿稍下屈（成交叉步），右手握剑翻腕向前下斜线截出，剑刃向前后，剑尖斜向下，手心向外，左手剑指屈肘抖腕架于左额外侧，眼看剑尖（图2-7-10）。

要点：叉步截剑，要借助腰身转动之力，身稍后倾，以催助右臂力达剑尖。

图2-7-8 右虚步左拦剑

图2-7-9 丁步左合剑

图2-7-10 叉步下截剑

7. 反砍剑

接上式。原步不动，右手握剑收回于胸前，翻腕向回反砍，与肩相平，剑刃向上下，剑尖向前，手心向内，左手剑指护于右手腕内侧，眼看剑身（图 2-7-11）。

要点：翻腕要迅猛敏捷，加强砍击力量，力达剑身。

8. 转身马步平斩

图 2-7-11 反砍剑

接上式。身体左转，两腿屈膝半蹲成马步，同时右手握剑先向上画弧后向下斩劈，与胸相平，剑刃向上下，剑尖向前，手心向下，左手剑指屈肘驾于左额外侧，眼看剑身（图 2-7-12）。

要点：转身迈步劈剑要快速连贯，乘势借力右臂用力猛击，力达剑身。

图 2-7-12 转身马步平斩

9. 丁步右合剑

接上式。右脚向后撤一步，左脚随即撤至右脚内侧，相距约五寸，脚掌着地，成左丁步，同时右手握剑抽回置于胸前，剑身衡平，剑刃向内外，手心向下，剑尖向前，左手剑指护于右手腕上，眼看剑前段（图 2-7-13）。

要点：退步抽剑时，要内含向后削带之力。

图 2-7-13 丁步右合剑

10. 提膝独立捧剑

接上式。左脚向后撤一步，右膝屈膝提起，脚尖向下，同时两手平衡分开，手心都向下，置于体前，右手握剑向外反砍，剑尖向前，剑刃向上下，左手剑指护于右腕上，两大臂贴于两肋侧，眼看前方（图2-7-14）。

要点：独立式，左腿自然站直，上身保持正直，精神集中，为下一动作做好准备。

图2-7-14 提膝独立捧剑

11. 弓步平刺

接上式。右脚向前落下，身体重心前移，然后左脚掌用力蹬劲，成半马弓步，左手剑指仍护于右手腕上，右手握剑向前刺出，剑刃向上下，剑尖向前，身体稍前倾，眼看剑尖（图2-7-15）。

要点：刺剑时两肩放松，促使两臂发出内在勇猛之力；刺出时，剑要平稳狠准，力达剑尖。

图2-7-15 弓步平刺

第二段

1. 换步提撩剑

接上式。右脚向后斜撤一步，左脚随即向前迈出，与右脚斜线相冲。同时右手握剑内旋，向右前方反撩，剑刃向前后，剑尖斜向下，手心向外，左手剑指护于右手腕上，眼看剑尖（图2-7-16）。

要点：撤右脚进左脚要协调一致，反撩剑要力达剑身。

2. 弧行步（盘根步）

上式不变，右脚向前迈一步，脚尖里扣，左脚随即向前迈出，左右交替向左前方，沿弧线行九到十一步至西南角，右脚落于前面，身式不变（图2-7-17）。

要点：以腰为枢纽，身体尽量向左拧；其他要点，与第一段中2相同，惟进行方向不同。

3. 退步挑挂剑

接上式。两脚一起向后撤一步，右脚掌着地，屈膝向下蹲。同时右手握剑向上收于右脸外侧，剑身竖直，剑刃向前后，剑尖向上，左手剑指护于右手腕上，手心向里，眼看前方（图2-7-18）。

要点：撤脚与挑剑动作，要快疾果断，方能立见成效。

图2-7-16　换步提撩剑　　图2-7-17　弧行步（盘根步）　　图2-7-18　退步挑挂剑

4. 进步点剑

上式不停，两脚一起向前进一步，两脚用力踏劲。同时右手握剑，左手剑指仍护在右手腕上，向前猛力点击，剑刃向上下，眼看剑尖（图 2-7-19）。

要点：进步要疾速，点剑要借助两脚下踏之力，促使右手腕发出颤抖的内劲，力达剑尖。

5. 转身马步平斩

动作要点，与第一段中 8 式相同，惟进行方向不同（图 2-7-20）。

6. 丁步左合剑

动作要点，与第一段中 5 式相同（图 2-7-21）。

图 2-7-19 进步点剑　图 2-7-20 转身马步平斩　图 2-7-21 丁步左合剑

7. 左虚步右撩剑

动作要点，与第一段中 3 式相同（图 2-7-22）。

8. 右虚步左拦剑

动作要点，与第一段中 4 式相同（图 2-7-23）。

9. 后撩踢上反截

接上式。右脚向前迈一步，脚尖里扣，小腿微屈，右手握剑由上经身前划圆翻腕向后向上截出，剑刃向上下，手心向外，剑尖向前（西南）高与肩平，同时左脚离地，小腿向上弯曲踢出，脚心向上（亮鞋底），左手剑指前伸于左额上方，身稍前倾，眼看剑尖（图2-7-24），此时身向东北方向。

要点：右脚要站稳，左脚面要绷直，截剑动作要借助倾身左胯回力，使右臂力达剑身。

图 2-7-22　左虚步右撩剑　　图 2-7-23　右虚步左拦剑　　图 2-7-24　后撩踢上反截

10. 转身提膝护身剑

接上式。左脚向前落下，身体左转，右脚随转身之式，迈至左脚内侧，左脚随之疾速提起，膝与胯平，脚尖向下。同时右手握剑自上划弧经身前向下猛刺，剑刃向前后，剑尖向下，手心向外，左手剑指屈肘架于左额外侧，眼看剑尖（图2-7-25）。

要点：向下刺击时，右肩要放松以催助右臂力达剑尖，并含向外格挡之劲，加强攻击能力。

图 2-7-25　转身提膝护身剑

11. 落脚反砍

接上式。左脚落地,右手握剑翻腕向后砍击,剑刃向上下,剑尖向后,手心向里,左手剑指护于右手腕内侧,眼看剑身(图2-7-26)。

要点:翻腕要快速敏捷,砍剑要力达剑身。

12. 丁步右合剑

动作要点,与第一段中9式相同(图2-7-27)。

13. 盖步横抹剑

接上式。左脚向前垫半步,右脚向前进一步,脚尖里扣,与左脚成半马步。同时右手握剑翻腕,小臂直伸,向前横抹(抹脖子),剑身横平,剑刃向前后,剑尖向右,手心向上,左手剑指屈肘抖腕架于左额外侧,眼看剑身(图2-7-28)。

要点:抹剑与进步动作要快速敏捷,腰身要灵活拧动,以助右臂发出猛烈之力,达于剑身;全式动作要一气呵成,不可间断。

图2-7-26 落脚反砍　　图2-7-27 丁步右合剑　　图2-7-28 盖步横抹剑

14. 进步右撩剑

接上式。左脚向右前方进一步，右手握剑翻腕向右前方撩出，剑刃向前后，剑尖向左，手心向下，高与脸平，左手剑指护于右腕背上，眼看剑身（图 2-7-29）。

要点：抹撩剑动作，要身动腰活，以助小臂发力敏捷。

15. 提膝独立捧剑

动作要点与第一段中第 10 式相同（图 2-7-30），惟进行方向不同。

16. 弓步平刺

动作要点与第一段中 11 式相同（图 2-7-31），惟进行方向不同。

图 2-7-29 进步右撩剑　　图 2-7-30 提膝独立捧剑　　图 2-7-31 弓步平刺

第三段

1. 环扫剑（力扫千军）

接上式。左手剑指变掌护于右腕内侧，身体左转。同时以左脚为轴，右脚向左绕转一周，两手捧剑随身体转动横扫，剑身衡平，剑刃向左右，眼看剑端（图 2-7-32）。此动作连作三次（此时面向东北角）。

要点：绕转动作，要做到眼随剑走，剑随身行，急速敏捷，身体沉稳，不可摇晃。

2. 左虚步右撩剑

动作要点，与第一段中 3 式相同（图 2-7-33）。

3. 右虚步左拦剑

动作要点，与第一段中 4 式相同（图 2-7-34）。

图 2-7-32 环扫剑（力扫千军） 　　图 2-7-33 左虚步右撩剑 　　图 2-7-34 右虚步左拦剑

4. 左虚步右撩剑

动作要点，与第一段中 3 式相同（图 2-7-35）。

以上三个动作，要连贯不停。

5. 转身反撩剑

接上式。以左脚为轴，身体由后转向左正方，右脚随转身动作迈至前方。同时右手握剑翻腕向前下方斜着撩出，剑刃向前后，剑尖斜向下，手心向外，左手剑指屈肘抖腕架于左额外侧，眼看剑尖（图 2-7-36）。

要点：转身迈步要快速进行，撩剑要勇猛，顺势击出。

6. 提膝独立捧剑

动作要点与第一段中10式相同（图2-7-37），惟方向不同。

图2-7-35　左虚步右撩剑　　图2-7-36　转身反撩剑　　图2-7-37　提膝独立捧剑

7. 弓步平刺

动作要点，与第一段中11式相同（图2-7-38），惟方向不同。

8. 转身仆步劈剑

接上式。

①身体左转，右脚由后迈至左脚前面，相距约一尺，脚尖里扣（盖步），右手握剑向上举起（图2-7-39）。

图2-7-38　弓步平刺

②左脚向回撤一大步，屈膝下蹲，右腿随即仆下，脚尖里扣。同时右手握剑自上向下劈击，剑刃向上下，手心向里，左手剑指屈肘抖腕架于左额外侧，眼看剑身（图2-7-40）。（此时仍向东北角。）

要点：转身撤步要舒展自然；仆步劈剑时，要发力猛疾，以加强攻击的威力。

9. 提膝剪腕花

接上式。左腿直立，右脚屈膝提起，脚尖向下，右手握剑，以腕为轴，里外旋翻，做剪腕花三次，此时左手剑指仍在左额外侧，眼看右手（图 2-7-41）。

要点：剪腕花时，翻腕要疾速，左腿要站直，身体沉稳，快而不乱。

图 2-7-39 转身仆步劈剑　　图 2-7-40 右仆步劈剑　　图 2-7-41 提膝剪腕花

10. 歇步压剑

上式不停。右脚向下落于左脚前边，两腿交叉下蹲，左膝顶于右膝窝中间，成歇步，右手握剑，左手剑指护于右手腕上，向下按于右膝前，剑刃向上下，剑尖向前，眼看剑身（图 2-7-42）。

要点：按剑动作，要与落步同时进行；以上两个动作要快速连贯，不可间隔。

11. 左虚步上撩剑

接上式。左脚向前迈一步，脚掌着地，右腿稍下屈，成高虚步，同时右手握剑，向上托起，剑刃向上下，剑尖向左，手心向前，左手剑指护于右手腕上，眼看剑尖（图2-7-43）。

要点：撩剑动作，要疾速力达剑身，要与进步动作完整一致。

12. 跨步横拨剑

接上式。左脚向左横线跨一步，右脚随即向前迈出并用力踏实；同时右手握剑内旋向外（右）拨出，剑刃向左右，剑身向右正方，高与肩平，手心向上，左手剑指屈肘抖腕架于左额外侧，眼看剑前段（图2-7-44）。

要点：拨剑动作要借助右脚踏地之力，发出颤抖之内劲；头上顶，项竖直，精神集中。

图2-7-42 歇步压剑　　图2-7-43 左虚步上撩剑　　图2-7-44 跨步横拨剑

第四段

1. 弧行步（盘根步）

上式不停。左脚向前迈一步，脚尖里扣，右脚随之交替向前方弧线前进，至西北角时，左脚停于前边，剑式不变，眼看剑端（图2-7-45）。

图2-7-45 弧行步（盘根步）

要点：动作要点与第三段中 12 式相同。

2. 上云下劈跳步前刺

上式不停。

（1）右脚疾速提起，同时右手握剑，向前上方外旋画圆并向外击出，左手剑指收于胸前（图 2-7-46）。

（2）右脚屈膝停于腹前，右手握剑疾速劈下，剑刃向上下，左剑指护于右腕上（图 2-7-47）。

图 2-7-46　上云下劈跳步前刺

（3）右脚落下，左脚随即跳起向前垫进一步，右脚随即提起向前进一步。同时右手握剑向前刺出，高与胸平，剑刃向上下，剑尖向前，眼看剑尖（图 2-7-48、2-7-49）。

要点：云剑要敏捷发力，劈剑要力达剑身，换跳步要快速连贯，刺剑要两肩放松，使力达剑身，加强刺击的威力。

图 2-7-47　右屈膝下劈　　图 2-7-48　跳垫步　　图 2-7-49　右提进前刺

3. 转身马裆步劈斩

接上式。身体左转，右脚向前方迈一大步，以左脚为轴，身体转向正前方，右手握剑随着身体转动，向后上方划一大圆劈下，高与腹平，剑刃向上下，左剑指屈肘抖腕架于左额外侧。同时左脚向左稍移半步，成马裆步，眼看剑身（图2-7-50）。

要点：迈步转身要迅速连贯，眼随剑走；腰身要灵活转动以加强劈剑的力量，精神集中。

4. 上下截上崩

接上式。

①左脚向左移半步，脚掌着地，成左虚步，同时右手握剑向下截出，剑刃向前后，左手剑指护于右手腕上，剑尖斜向下，眼看剑尖（图2-7-51）。

②右手握剑，左手剑指不变，向右前方崩出，剑刃向上下，剑尖微向上，手心向里，两脚在原地不动，极力向下蹬劲，眼看剑尖（图2-7-52）。

要点：下截剑时要与移左脚同时进行；上崩剑要借两脚蹬踩之劲，增强崩击能力。

图 2-7-50 转身马裆步劈斩　　图 2-7-51 下截剑　　图 2-7-52 上崩剑

5. 丁步右合剑

动作和要点与第一段中9相同，惟方向相反（图2-7-53）。

6. 盖步横抹剑

动作要点与第二段中 13 式相同，惟进行方向不同（图 2-7-54）。

图 2-7-53　丁步右合剑　　图 2-7-54　盖步横抹剑

7. 寸步挑点

接上式。

①右脚向前迈半步，左脚随即跟半步，同时左手剑指护于右手腕上，向上挑出，剑身竖直，剑刃向前后，剑尖向上（图 2-7-55）。

②两脚一起向前进一步，剑指不变，右手握剑猛力向下点击，力达剑尖，剑刃向上下，眼看剑尖（图 2-7-56）。此两式动作要连做三次。

要点：挑点动作要发出颤抖猛烈之力。

8. 转身仆步劈剑

动作要点与第三段中 8 式相同，惟进行方向相反（图 2-7-57）。

9. 叉步上云剑

接上式。身体左转，右手握剑斜向上举，向外划圆翻腕击出，剑刃向内外，剑尖向前，高与头平，手心向下。同时右脚经左腿前面向前迈

图 2-7-55 寸步挑点　　图 2-7-56 下点剑　　图 2-7-57 转身仆步劈剑

出，两脚交叉，身体稍稍前倾，左手剑指屈肘架于左额上方，眼回视剑尖（图 2-7-58）。（此时面向东南。）

要点：叉步要以腰为枢纽，灵活拧动，两肩前后挣衡，促使力达剑端。

10. 叉步下截撩

接上式。左脚向前进一步，右脚随即迈至左脚前面，脚尖外撇，两腿向下弯曲成叉步，右手握剑翻腕划弧，经身前向后下方截出，剑刃向前后，剑尖斜向下，手心向外，左手剑指在身前划圆架于左额上方，眼回视剑尖（图 2-7-59）。

图 2-7-58 叉步上云剑　　图 2-7-59 叉步下截撩

要点：截剑时，要力达剑身，要与叉步动作同时进行，一气呵成；身肩的要领与上式相同。

收式

1. 跨步拨剑

左脚向前跨一步，右脚随即向前进一步，同时右手握剑内旋向外拨出，左手剑指屈肘架于左额外侧。其他动作和要点与第三段中12式相同（图2-7-60）。

2. 弧形步（盘根步）

上式不停，左脚向前进一步，右脚随之前进，两脚呈弧线交替前行，行四步至正中线为适度（正南），右脚停于前面。其他动作和要点与第四段中1式相同（图2-7-61）。

3. 左虚步右撩剑

动作要点与第一段中3式相同（图2-7-62）。

图2-7-60 跨步拨剑　　图2-7-61 弧行步（盘根步）　　图2-7-62 左虚步右撩剑

4. 右虚步左拦剑

动作要点与第一段中 4 式相同（图 2-7-63）。

5. 剪腕花

上式不停。原步不动，右手握剑做剪腕花。次数不限，图从略。

6. 并步接剑

剪腕花毕，左脚向前迈至右脚内侧，左手剑指变掌握住剑柄，眼看前方。图从略。

图 2-7-63　右虚步左拦剑

7. 右撤步

右脚向后撤一步，左脚随即撤至右脚内侧，距离约三寸开立，左手握剑下垂贴于身体左侧，右手变剑指，由身前向下外旋并向上直伸，高过于头（图 2-7-64）。

8. 收式

右手剑指变掌自然下垂，贴于身体右侧，眼向前方平视（图 2-7-65）。

图 2-7-64　右撤步

图 2-7-65　收式

第八节　宋氏形意拳纳卦（盘根）功法

一、宋世荣论纳卦释解

纳卦，并非套路，是指练习各种拳式套路时，身体内外、四肢各部皆具卦象，合乎卦理。卦象者何？即：乾、坎、艮、震、巽、离、坤、兑。

一曰：乾，以卦象言之，乾为天，天在上，在人体则为头，一息之中，为气之盈。练功时头顶项竖，提真气上行，达于百会穴，属于督脉，督脉为阳为刚。故曰：头顶法乎乾，取其刚健纯粹也。

二曰：坤，以卦象言之，坤为地，地在下，在人体则为足膝。练功时，膝坚步稳，支持一身之重心。故曰：足膝法乎坤，取其镇静厚载也。

三曰：巽，以卦象言之，巽为风，以身言之，为肩背。风欲顺，练功时，肩背宜于松活，合乎巽顺之义。

四曰：兑，以卦象言之，兑为泽，以身言之，为裆胯，泽依源。所以练功时，裆要撑圆，胯要裹紧，才能引精而化为气。

五曰：艮，以卦象言之，艮为山，山脉耸立不移，以身言之，则为胸。胸欲竖起，艮山相似。练功时，有些动作要求提胸塌腰。

六曰：震，以卦象言之，震为雷，以身言之，则为胁，专司呼吸。胁者协也，如鱼之两鳃，一吸一呼，一张一弛，自然开合。练功时，胸出而不高，胁张而不开，气之升降，顺其自然，不必着意于震动。《经》云：高步劲在于足，中步劲在于胁，下步劲在于背，此自然之理也。

七曰：坎，以卦象言之，坎为水，以身言之，则为肾，为精，为阴。故水宜升，上交于心，以济心火。

八曰：离，以卦象言之，离为火，在腹内则为心，为气，为阳，故火宜下降，与肾水相交。《经》云：水火相交，两相既济，真气乃萃，聪明且开，岂但劲乎。又云：坎离之卦，乃身内之义也，可以意会，不可以言传。练功时，要虚其心，实其腹，塌肩井穴，提胸胁，翻尾闾，使真气由夹脊升于百会穴，由百会穴下至印堂降至鼻，舌顶上腭（龈交穴），接任脉沉至丹田，贯于涌泉，复由涌泉穴，自外胯上升于尾闾穴，由夹脊上升于百会穴，一上一下，一升一降，周流不息。久之对内功修养有素，自能悟其妙理也。

二、盘根功步行气解义

练习盘根功夫必须要明白纳卦行气的要义，这是宋氏形意拳术的重要基础。盘根功步是宋氏形意门中内功"下盘功夫"之核心要法。盘者，旋也；根者，基也。纳卦盘根不是套路，而是行功的方法，是在深刻领会纳卦要义的基础上，习练盘旋之功。

纳即吐纳，吐出浊气，纳入清气；卦即八卦，也就是乾、坎、艮、震、巽、离、坤、兑，阴阳基于八卦的变化之中。纳卦的要领是行功时身要合于卦象之义，气要合于卦象之理。要将体内散乱之气，收于丹田之中，使之贯穿于周身，畅通四肢百骸。

盘转时，舌顶上腭，气由任督二脉上下循环，畅通不滞，切勿怒气填胸。无论练习何种拳路，其气行之法皆不能脱离此义。行功时，体势虽与八卦掌相似，但外形和内里区别很大。八卦掌行转，是以变换身式掌法为主，而纳卦盘根则以下部行转《地龙经》为主。用功久之，底功必深，持久习练，习以为常。达此境域后，行功时无须意领，气自畅通。身体内力会随着行拳之进退，自然随手出入来去。探，如鹰隼之飞腾；疾，若虎豹之强悍。"拳无拳，意无意，无意之中是真意"的精极之理，即在于盘根功夫。

何谓卦象？简而言之，八卦是古人将自然界的变化所归纳的八种自然天象。八卦并非迷信之说。易即变化，卦即变化之象。古人以八种符号代之八象。古人还认为，人体也是一个小宇宙，人体运动变化与自然界的变化形异而理同。因此古人认为当人体运动之时，应当合于自然变化之理、之象。

习练盘根功法时，怎样做才能合于卦象之义呢？在"宋世荣论纳卦释解"中已做细说。下面强调的是各象之用气要点。

一、乾象为天：行功时，头正而起，前额上提，项即竖正，尾椎上翻，后夹脊下塌，气自脊背上达百会，下印堂至人中。

二、坤象为地：行功时，两足十趾抓地，脚尖里扣，两膝外曲而内直。涌泉尽力上缩，气自然升于上胯交内脊背。

三、巽象为风：行功时，肩背活而且顺，背势平而身正。气畅自然勿滞，其功自然而出。

四、兑象为泽：行功时，裆宜圆紧且内外相挣，胯之上下其骨缝相催，外柔内刚，不偏不倚。以意为精，化精为气，周身流畅。

五、艮象为山：行功时，胸正提起，势如艮山。胸出而不高，胸开而不束，提胸时气不涨，塌腰时气不滞。

六、震象为雷：行功时，两肋、两手及身体，均以气之呼吸为开闭、为出入、为纵横。气从于意，以意引之，意行则行，意止则止。

七、离象为火：行功时，火宜下降，提胸肋、翻龟尾。下气聚劲练步，心气下达于肾，均以意引之。

八、坎象为水：行功时，水宜上升。意身内为肾，领肾水上交，气随意念在身体内上下依序循行，切勿鼓气憋气。

离、坎之象，形系身内，难行于外，其气应于相交。行功时，心虚腹实，气自脊升百会，下印堂至人中，接任脉沉丹田贯于涌泉，再由涌泉自胯上于尾闾，由夹脊上百会，以此上下升降，周而复始，水火既济，精气自萃。

习练盘根功夫，体纳八卦之象，应以自然为宗旨，切勿摆身架体。气之呼吸，任其自然，一呼一吸，皆由鼻孔。心意集中，以意领气，运气流畅，不停不滞。纳八卦之象，明卦象之义，积盘根步功，此即形意内功之要法也。上以下为基，下以上为用，拳到气则至，其劲自然出，此即形意拳之特色也。

学习宋氏形意拳，纳卦盘根功步是基本功。不是习武之人，练习盘根功夫对强身健体也十分有益。每个人的身体素质均有先天不足之处，又有后天失调之疾，古人悟透逆运之术，纳卦象、揽阴阳、夺造化、转乾坤、扭气机，于后天之疾中返先天，复始归元。此均出于纳卦，合于拳理一气伸缩之道矣。

三、宋氏形意拳纳卦（盘根）

盘根功法，是宋世荣先生在数十年实践中，融汇内功纳卦、易筋、洗髓等，创编完成的一项养气健身和武术行桩的功法。该功法老幼皆宜，是行之有效的锻炼手段。其功法运动量小，没有高难度动作，易学易练，容易掌握。经常操练能使人全身经络气血畅通，可得到肌体充养、气血充盈、五脏六腑调和、精力旺盛、肌肤润泽、耳聪目明、老当益壮的功效。习武者长期练习此功法，可使人下盘稳固，步步为桩。在攻防实战中，能运用自如，先入为主，围绕对方闪转腾挪，变化莫测，使对方万招皆空，从而取得主动权。正所谓"功夫练至通灵处，左右明拨任意行"。

盘根赞

盘根三步岂无因，配合分明天地人；
若把此身高位置，还从本实炼精神。

1. 预备式

（1）身体正直，两脚分立，两臂自然下垂，两手置于两大腿外侧，手心向内，眼平视前方（图 2-8-1）。

（2）左脚向外横迈一步，与肩同宽，两脚尖里扣（图 2-8-2）。

（3）两腿下屈成马步，两臂圆抱，手心向上如抱球状（图 2-8-3）。

（4）两手缓缓上抬，与肩相平，随即屈肘收于两耳外侧（图 2-8-4）。

（5）上式不停，两手向前方推出，高度与脸持平，手指向上，手心向内，手指曲离，目视前方（图 2-8-5）。

要点：心气要稳静，全身肌肉和关节放松；两手向上抬时，要吸气，

图 2-8-1　立正

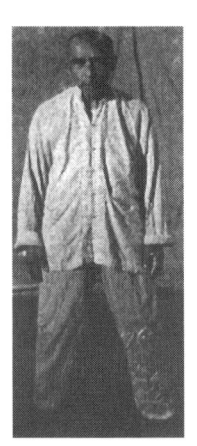

图 2-8-2　岐立　图 2-8-3　抱球　图 2-8-4　护耳　图 2-8-5　前推

两手向前推时，仍要吸气，推出后再呼气（两吸一呼），气归丹田，再经丹田分向两腿内侧，达于涌泉穴；头向上顶，项要竖直，舌顶上腭，下颏内收，含胸收腹，提裆裹胯，两膝里扣，沉肩坠肘，足趾抓地，精神贯注。

2. 纳卦（盘根）任脉左转式

（1）接预备式。身体向左拧转180°，左手屈肘前伸，拇指张开，其余四指曲拢微开，虎口撑圆，掌沿向前，掌心向里，右手屈肘置于左肘下面，手心向下，同时两脚随着身体拧转，向左方自然稍为转动，眼看左手虎口（图2-8-6）。

（2）右脚向左正方迈进一步，落于左脚前面，脚尖里扣（图2-8-7）。

（3）左脚向前迈出，两脚交替沿着圆弧向左行走，圈数不限（图2-8-8）。

要点：下颏微前突，舌顶上腭，提胸收腹，沉肩坠肘，臀部前逼，身体极力外拧；两手向前推劲，两脚走步不离中线，右脚落步脚尖里扣，两胯向里裹劲；身体要平稳，切不可忽高忽低，如鸟之束翅，频频飞翔之形，又如物在水中漂流，只见物之动，不见水之流，安稳自然。呼吸

图2-8-6 左拧身　　图2-8-7 进右脚　　图2-8-8 进左脚

方面，任其自然，切勿憋气或鼓气。

3. 纳卦（盘根）任脉右转式—换掌

（1）接左转式，右脚迈至左脚尖前面，脚尖里扣（图2-8-9）。

（2）左脚向后撤一步，同时右手穿于左腋下，手心向上（图2-8-10）。

（3）右手向右正方伸出，掌沿向前，掌心向里，左手置于右肘下面，手心向下，眼看右手虎口（图2-8-11）。

（4）左脚向右脚前面迈进一步，右脚随即向前迈出，两脚交替沿着圆弧向右行走，圈数不限（图2-8-12）。

要点：换掌动作，手足要协调一致；其他动作与左转式相同，只是方向相反。

图2-8-9 扣右脚　图2-8-10 撤左脚插右掌　图2-8-11 右拧身　图2-8-12 进左脚

4. 纳卦（盘根）督脉左转式

（1）起式与预备式相同，身体向左拧转180°；两手随着身体转动摆向左后方，左手屈肘向上直伸，拇指张开，其余四指曲拢微开，虎口撑圆，手心向内，高与头平，同时右手屈肘置于左肘下面，手心向上（图2-8-13）。

（2）右脚迈至左脚前，脚尖里扣，眼看左手心（图2-8-14）。

（3）左脚向前方迈出，两脚交替沿着圆弧向左行走，圈数不限（图2-8-15）。

注：如与任脉式衔接一起，穿插练习，可以从换掌式变式转走，不必再做预备式动作。

要点：头向上顶，项要竖直，下颏内收，舌顶上腭，提胸塌腰，两胯里裹，谷道上提，沉肩坠肘，逼臀扣膝，行步时脚要踏实，落地生根，步步为桩，精神贯注。

图 2-8-13　左拧身　　图 2-8-14　进右脚　　图 2-8-15　进左脚

5. 纳卦（盘根）督脉右转式—换掌

（1）接左转式，右脚迈至左脚尖前面，脚尖里扣（图2-8-16）。

（2）左脚向后撤一步，右手穿于左腋下，左手原式不变（图2-8-17）。

（3）右手向右正方摆出，屈肘、小臂向上直伸，身体随之拧转180°，拇指张开，虎口撑圆，其余四指曲拢微开，向上直伸，手心向内，高与头平，同时左手屈肘置于右肘下面，手心向上，眼看右手（图2-8-18）。

（4）左脚向右脚前面迈进一步，右脚随即向前迈进，两脚交替沿着圆弧向右行走（图2-8-19）。

要点：换掌动作，手足要协调一致，其他动作与督脉左转式相同。

图 2-8-16　扣右脚　　图 2-8-17　撤左脚插右掌　　图 2-8-18　右拧身　　图 2-8-19　进左脚

6. 收式，归气法

（1）走至开始时的左转起式的位置时，左脚向后撤一步，右脚随之也向后撤一步，两腿成马步（图2-8-20）。

（2）两手左右平衡分开，手心向下内旋，绕至腹前向上直伸，高与头平，手心向内，眼看两掌中间（图2-8-21）。

（3）两手下翻缓缓落于两大腿外侧，手心向下，即三盘落地式（图2-8-22）。

（4）左脚收于右脚内侧立正，两手下垂，手心向里，眼平视前方（图2-8-23）。

图 2-8-20　圈掌

图 2-8-21 直掌　　图 2-8-22 三盘落地　　图 2-8-23 立正

要点：撤脚和绕手动作要协调一致，两手上伸，要吸气，两手下按，要呼气，皆由鼻孔，切勿张口，使气缓缓经丹田分布于两腿内侧，达于涌泉穴。此后在练习各种拳法套路时，都以此归气法作为结束动作。因限于篇幅，就不再逐一介绍和附图。

以上介绍的两个拳式，可以单独操练，也可串联在一起穿插操练。初练此功，可走中式大圈，练到功夫深厚时，再逐渐走成低式小圈，以免发生头晕目眩之弊。走圈时，要调匀气息，不要鼓气或憋气，呼吸皆从鼻孔，不可张口，全用内部自然呼吸，切勿令真气外散。长期练习，自然能获得养气健身、下盘稳固、上身轻灵的效益。

第三章 宋氏形意拳散手集诀

第一节 散手技击要则

各种拳术套路的习练，最终将在散手搏击时得到应用。但交手并不单纯是拳术的较量，实战经验更为重要。历代武林前辈，在交手实战中总结出许多经验性的要则。宋氏形意门继承了传统形意拳术，在发展过程中形成了别具一格的特点，归纳起来有八条。

（一）横拳起手

散手搏击时，以横拳起手其势难招，横拳展开可六方平稳。正所谓，起手横拳势难招，展开四平前后梢（捎），望眉斩截，反背如虎搜山。手有拨转之能，眼有监察之精，身为指挥主师，足有行程之功，耳有报音之灵。两手不离心，两肘不离肋，出洞入洞紧随身。进击或后退，手足与身相随，乘其不备而攻之，出其不意而击之。拳去不空回，空回不露隙。但上如风响，起落似箭穿。高明拳师，善用其手，高挑平冲，斩截拦格，擒掌点戳，领带斫切，出没无常，变化莫测，来去如风，手到功成。

（二）眼占为先

与人相搏眼占先。观察其精神之虚灵，气盾之雄薄，身式之活愚，试手几招，以尖锐的目光审视对方的意向，迅速确定我式之短长。眼光锐瞬则可见缝插针，乘机进取。对方左肩一偏，必发右腿，左手挥扬，必出右拳，如能观察细微，则可占据优势。知彼劲强，我走侧锋。知彼劲弱，我踏中宫。踏入中宫，击如蛇吸。见空进取，随机攻防。趋避须要快，左右见机行。

（三）身形灵活

身为四肢之主。散手搏击全赖身拼之力。就身而言，心为身之元帅，手足胳膊则为五营四梢。左为先锋，右为意动，身似弩弓，拳似药箭。拳式起落身要平稳，手足齐到。正所谓，起落二字自身平，盖世一字是中身，拳似炮，龙折身，遇敌好似火烧身，打人须要先上身，手脚齐到方为真。法乃诸式之萃，先练顾法后打人。拳打遍身是法，脚踢浑身是空，上法容易顾法难，还是上法最为先。式有变化，法无定形，搏击时，拳法千变万化，身法要不拘不滞。远近一丈步为奇，两头回转寸为先，要知回转敏捷术，尽在眼前一寸中。回转身时要敏捷快速，进足腿时要轻灵，起步要快，落足要稳，先辈所训：足打踩意不落空，消息全凭后足蹬，与人交手无须备，去意好似卷地风。出式虎扑，起手鹰捉，鸡腿，龙身，熊膀，虎抱头，此形意六总，是身形灵活的综合表现。

（四）内外合一

形意技击贵在合，细心钻研莫蹉跎。要做到心与意合，意与气合，气与力合，此谓内三合；手与足合，肩与胯合，肘与膝合，此谓外三合。心与眼合多一明，心与耳合多一灵，心与舌合多一力，心与意合多一精。一切拳式均在围围之中，必须做到内五行要动，外五行即随，心一动则全身即动。先师常讲：心动如飞箭，肝动似火焰，肺动成雷声，脾肾肋夹功，五行合一处，发力可成功。习练者须细心体会内外相合的真谛。

合者，协调也。

（五）击技有别

形意拳技艺有三别，即形气和神意的明确和统一，变现在手、身、拳的技击中是有区别的。就手而言，手起如钢措，手落如钩杆，要做到手起如箭，手落如风，追风赶月不放松，气连心意随时用，进步不胜勿生胆寒之心，此乃手的明劲有形之用。

就身而言，起似伏龙登天，落如霹雷击地。要做到身起无形，身落无影，起不起，何用再起，落不落，何用再落。身低之中望为高，身高之中望为低。看身斜为正，看身正为斜。打起打落如水翻浪，不钻不翻，一寸为先，打开身式无遮拦。此乃身的暗劲形迹有无之用。

就拳而言，拳打三节要不见其形。一言一默，行走坐卧，饮食之间，都是用。动步不动心，动身不动气，心静而步坚，气静而身稳，身随拳手而出入，拳来拳去，气脉要自然通顺。行拳时黏身用力，引进落空，以静制动，以柔克刚，展拳无拳，行意无意，无意之中是真意，此乃拳的化劲神化之用。

以上三别，简而言之，手使明劲要有形，身使暗劲要无迹，拳使化劲要神用。

（六）交手三前

与人交手，须做到三前，即手在前、足在前、身在前。前者，先也。搏击讲究能在一气先，不在一气后；能在一思进，莫在一思存。此乃强调在搏击中，万万不可思误，思误者寸步难行，三前必须思在先。手起横不见横，手落顺不见顺。三起不见，三落不见，可见也好，不见也好，势占中央最难变化。当刚则刚，当柔则柔，或忽刚忽柔，随高打高，随低打低，打遍天下，犹如老鸡。行如槐虫，起如挑担，如遇人多，三摇两旋，内实精神，外示安逸，见之如妇，夺之如虎，布形候气，与神俱往，急若腾兔，纵横往来即见即瞬。上述技艺，只有做到"三前"才能实现。

（七）须明三惧

与人搏击讲究三惧、三不惧。三不惧即不惧大艺高者，不惧气力勇者，不惧身高大者。也就是不被人之身形所惧，无惧才能发挥自己的特长。三惧即年高有德者可惧，玩笑小童者可惧，正直君子者可惧。正所谓，天下人多君子少，山大石多金玉缺，世上师众明师稀，未学武艺先学精，先学伶俐后学狠，不知进退枉学艺，人看人来莫小量，好比韩信楚霸王，强中自有强中手，能人背后有能人，切不可轻老欺幼。三惧三不惧是辩证统一，言中之意，是要做到在强者面前不馁，在弱者面前不骄，知己知彼方能百战百胜。

（八）占据地利

交手时，要随时审辨地势之高低，场地之广狭，进退之隘险，旋转之顺逆，总之要占据利己之地。同时要蔽顶风，蔽日光，以防气盾不稳，视线不明，影响动作的发挥。交手过程中占据有利地势，以变换身法步为主，身变步亦变，步变则身同，此即身步同变，虚实相间，气连心意，始终保持有利地位。

第二节　交手实战应对策略

正确应对交手时对方的招式，是掌握散手搏击技艺的重要内容。宋氏形意拳列位先师，十分重视左散手搏击中的应对策略，强调要准确和灵活运用拳式的基本要点，以化解对方的招式和功力。

（一）善巧破势

所谓破势，即破解对方行拳的来势。拳的来势有急有凶，有强有弱，有高有低，有猛有缓。对于相搏方的来势，要正确地选择妥善的方法，一般的原则是：高来则挑托，平来则拦格，低来则斫切，急猛则随势以猛还击之。

搏击时，凡来势凶猛者，其身躯上部必然偏重，而下身偏轻，犹如无根之木。对此，可先侧身避过其势，然后乘虚击之，无不应手而捷。这是精熟造诣者的破势妙用之策。

（二）借力化劲

所谓化劲，乃借力之法，即化解对方行拳的力量。当对方的来势力量很强时，则可借其力而顺制之，这就是武术中的借力之策。如对方向我身前用拳掌，其拳掌连身冲入，我可随身一斜，两手捋住其手或臂，顺势向后甩出，对方即可自行跌倒，这便是术家所谓的"借他千金力，不费四两功"的巧用之策。

如果对方势刚，我则柔取，对方如柔，我可巧制。如果对方力胜于我，我可走其侧锋以入之，切不可踏入对方中门，以防受其制约，要确保自己进退自如，取机变化。如果对方力弱于我，我即踏入中门而进，抢占有利地势施技。

（三）慎防长腿

所谓长腿，即交手对方的腿脚攻击。交手时，必须严防对方腿脚的攻击，这就需要密切注视对方的肩。大凡用长腿飞击时，其肩必然耸起，此时即可乘其抬腿之际，顺其动势，闯至身边，以技取之，迫使对方不能变化，此乃防腿之策。然纵观当今武林优秀选手，腿脚功夫甚好，出腿快，力度足，隐蔽性强，故习者要经常在接近于实战的训练中去多揣摩，运用身法避其锋芒。

（四）破解背侵

所谓背侵，即背后受到对手的攻击。有时偶尔不妨，被对方从身后用两手突然搂抱，这时可采取半马式，先用头向后撞击其脸鼻，如若一击不中，可再用足向后卷踢，取对方之下阴部，即可松解。如果二击仍然不中，则吞气一口，鼓力周身猛起，用肘撞顶对手的胸肋腹等处，对手难以支持，无不松懈，这是初学者化解的对策。对于名家拳师精于声术者，虽在暗中，均能自卫，不易轻为人制，又能变化有方，制服对手。一般以暗中背后抱人者，大都是些技艺愚者所为，化解并非甚难。

（五）切勿手沾

所谓手沾，即交手时以手抓持对方。凡与人相搏，切不可用手沾住对方之手或衣服等。手沾是搏击术中的大忌。一般来讲，不实则虚，虚则易于变化。对于初学者来说，这是必须明确的原则。一个熟谙拳术的武林高手，精习有得，阴阳虚实，神变无穷，化解对方的手沾是微不足道的，初习者若被对方手沾，可练习反制之策，根据实际情况采取破沾之术。

（六）巧卖破绽

所谓卖破绽，即在交手时，故意露出纰漏。对于一般人来说，武术技击中故意卖破绽，实属大忌。拳谚云：万般不可惧，就怕漏空子。诚哉是言。然破绽之说，并非全属下品。

一曰善卖破绽者为上。高明之人在搏击中胆壮心细，心平而气稳。任其泰山压顶，自然惟静以待，不恃遮拦之巧，而恃有攻之策，尽展先纵后擒之术，悄然暗布机关，善于亮出破绽，故设圈套，诱敌深入，指南而打北，声东而击西，乘对手冒然进取之机，突击其弱，制胜对手于无备之中。孙子曰：利而诱之，乱而取之，实而备之，强而避之，怒而挠之，卑而骄之。巧卖破绽已成为拳术中的重要之策。此乃拳术之神化上乘功夫也。

二曰不露破绽者为中。中者，欲从交手必先识别对方为何门何派，惯用手法，手自上来，则从上迎之，手自下来，则从下迎之，因势制宜，虽然不算十分巧妙，然亦能按部就班，从容应战，逢强避实，遇隙削刚，式式紧连，顾法严密，不露空隙，虽不能十拿九稳操胜券，但亦无松懈可击，故谓之中。

三曰破绽百出者为下。下者，大凡此等之人，艺业欠精，但自认为高上无匹，平日自骄自大，目中无人，视强敌如无物，一旦与人交手，便心慌意乱，五行不舒，六神无主，膀若枯木，脚如乱麻，身形摇晃失中，气息不定，中计中伏，虽左右遮拦，气力有限，不能久战。破绽既出，解救无方，任人摆布，焉能不败。故曰：出破绽乃技击之大忌。可不慎哉？

以上六条策略是一般通行之术，习练者欲求精极，应拜学于名家高手。学而时习之，先练其常，后精其变，气力交修，手足双练，不安小就，苦求大成，待技纯术精之后，方会举一反三，取胜之策必然日渐丰足。

第三节　形意拳徒手搏击忌端

在散手搏击中，有些习练者会出现许多病招。对方会抓住时机，利用病招造成的漏洞出击取胜。形意先辈总结出交手时最忌的病招有四种。

（一）忌拳高

拳高，即挥拳过高，劈头而下。拳高举则腋下必空，对方可乘隙而入。此为病一。

（二）忌臂直

臂直，即长拳冲入，手臂直，无蓄力。特别是收拳时速度缓慢，停滞不灵。臂直即钝，不伤则折，易被对方擒制。此为病二。

（三）忌身挺

身挺，即身无桩步，挺身直立。这种身形如僵竖之碑。身直则下部虚而无根，易被对方一触即跌。此为病三。

（四）忌气怒

气怒，即怒气冲涨，进退愚猛。交手时气怒，血气则会上升，手足便会无主。怒则心昏，自动无觉，劲气妄用，不能耐力，焉能胜人。此为病四。

凡有此四相之人，不言而知，其为外家。此时即可挑之、斫之、拦之、切之，随意封逼，任意而行，毫无障碍。盖此等人，其手高举直出，全身破绽，必任人解裁。

形意拳之散手技艺，是拳术套路、身形步法、内气功力等基本功和实践经验的综合表现。习练者应多交手，细体会，善总结，勤交流，逐步减少弊漏，提高搏击的水平。

第四节　形意功力习练方术

在形意拳交手实战中，若能发出强劲之力，对于战胜对手是至关重要的。宋氏门派十分重视功力的习练。《内功四经》是本门拳术习练的重要理论文献。宋氏形意门先尊大师在长期的内功习练中，对此多有心得，其中"内功十二大力法"，成为习练内功的重要方术。

从整体上讲，功力的习练，是由知脉络、懂规格、明调气开始的，全合八卦之体象，尽行神气之运法，以归地龙而收功。

本节重点介绍"内功十二大力法"。

（一）底练稳步如山

做法：站桩时，沉肩、坠肘、头上顶、项竖直、舌抵上腭、气由丹田达于两脚心（涌泉）、足趾抓地。行功时，行如风、落如钉。做到步步为桩，下部足坚而稳。

（二）坚膝曲直似柱

做法：行功时、前进时、落足时，膝盖微曲，腿内腘斜直。做到似曲非曲，似直非直。

（三）裆胯内外凑集

做法：行功时，提裆裹胯，两膝里扣，谷道（肛门）着力提住。

（四）胸背刚柔相济

做法：行功时，出式要提胸塌腰，落点则为含胸裹背，力发于臂，发出抖擞之内劲。

（五）头颅正侧撞敌

做法：行功时，头随式转，左右眼随手看，适当时候，可用头撞击对方。

（六）三门坚肩贴背

做法：行功时，两肩内裹，两手出入不离胸肋，两肩骨在内旋动，向下沉截，便于身势之灵活转动。

（七）二门横竖用肘

做法：二门者，曲池穴也。用功时，肘为枢纽，各式出手小臂内裹，内含横劲，促使落点发出竖劲。此即起为横，落为顺，横以济竖，竖中含横。又如鼍形各式动作，都可变化为肘的力量。

（八）穿骨破彼之劲

做法：用功时，将后膀之力，由背底骨直透于前膀，前膀再推于手腕直达指尖。筋骨密切配合，快速发劲通畅，临敌时达于贴身用力之妙旨。

（九）坚骨封彼之下

做法：身式缩紧才能转动敏捷，上下左右施出横、竖、斜、缠、直之劲，封闭对方之杀式。

（十）内掠敌彼之里

做法：此即指练功时在五行拳中的里横拳，形与神要合一，多下功夫用以掠取对方之来式。

（十一）外格敌彼之外

做法：此即指五行拳中的外横拳，以外横拳应对侧面的攻击。

（十二）撩功上下内外

做法：此系内气功夫练至上乘，以紧密柔化的身法，护已上下全身，才能遇敌以虚灵的身法，引进落空，方圆兼具，使敌方招式不能得逞。

习练功力之术，目的是要增强行拳的力量，但拳劲之道，有明有暗，有刚有柔。

习练明劲，即明刚之劲，基础要掌握炼精化气易骨之理。通过炼气达到周身骨坚如石。习练时要将人体散乱之气纳于丹田之内，不偏不倚，和而不流，用九要之规格，练至六阳纯刚，即可做到行拳时上中下相连，手足腿相顾，形内外如一的境地。交手时以掌拳打击为主，周身动作，神气外露，手似钢钩，气力透骨。

习练暗劲，即暗柔之劲，基础要掌握炼气化神易筋之道。通过练习，以长其筋，使劲纵横周身。暗柔之劲，柔非无力，柔与软不同，似柔非软。交手时，以肘引拳，力由肘发，停而不停，气神合住，内有缩劲，意如撕棉，手如拔丝，触其对手，神意达髓，彼如触电。

习练化劲，即化虚之劲，基础是掌握练神还虚洗髓之义，就是要将暗劲练至柔顺之极。暗劲之终即化劲之始。明劲和暗劲均为短劲。化劲的练法，形式上与明劲、暗劲相同，但所用劲力不同。化劲看似无劲，但并非玩空不力。交手时，化劲在身，全身内外以真气运用，劲有而若无，力实而若虚，三回九转均为一式。彼抓似有，打则似无，彼无计可施。此即"拳无拳，意无意，无意之中是真意"也。

在练习上述明刚之劲、暗柔之劲、化虚之劲时，必须要明确和掌握正确的呼吸之法。

习练明刚之劲的呼吸，要将舌尖顶住上腭，口似开非开，似合非合，呼吸任其自然，不要着意于呼吸。手足动作均合乎规矩。此即调气之规，即炼精化气之功。

习练暗柔之劲的呼吸，口舌与习练明刚之劲的要求相同，但呼吸相异。前者借口鼻之呼吸，以返内外；习练暗柔之劲的呼吸则着意于丹田之内，这种呼吸即为胎息，即炼气化神之理。

习练化虚之劲，呼吸又与上边不同。明刚之劲的呼吸有形于外，暗柔之劲的呼吸有形于内，而化虚之劲的呼吸虽有若无，勿忘不住，心中空空，不有不无，无声无息。此即化虚之意，即炼神还虚之法。

功力的习练是调气、调息与拳式套路相合的练习过程，三者相合的能力不可能一蹴而就。练功不可贪急、不可贪过，要在明师的指导下，在练习中体悟，在体悟中渐进，日积月累，功力自然增长。

明劲、暗劲、化劲是功力的三步功夫，但并不是孤立地习练。三劲的习练，同样也是联系在一起的习练过程，随着调气能力的增长，功力的层次会自然提高。

第五节　九宫河洛图的练法

九宫河洛图又名飞九宫，也称阴八卦。此拳意之道，是古人采取河之图、洛之书的原理，以取象而名。河图之理藏于内，洛书之道形于外，数理兼具，性命双修，乾坤相交，内外合一，顺人之动作自然，制成法则，是习武者锻炼交手身法的必修之课，也是祛病健身的极好良方，久练会受益匪浅。

河之图，洛之书，皆出于天地自然之数，禹之范，大尧之历，皆圣人得天地之心法。古人云：天有八风，易有八卦，人有八脉，拳有八式。是以拳术，有八卦之变化。八卦即圆之象，圆者以应其外。天有九天，星有九野，地有九泉，人有九窍九数（九数者，即九节也。头为梢节，心为中节，丹田为根节；手为梢节，肘为中节，肩为根节；足为梢节，膝为中节，胯为根节。三三共九节也），拳有九宫，故拳术有九宫之方位。九宫河洛图（图3-5-1、3-5-2）合于乾坤二卦之理，六十四卦之式全部含在其中。九宫者，有方形之意也，方者能定其中。古人以九府而作圆法，以

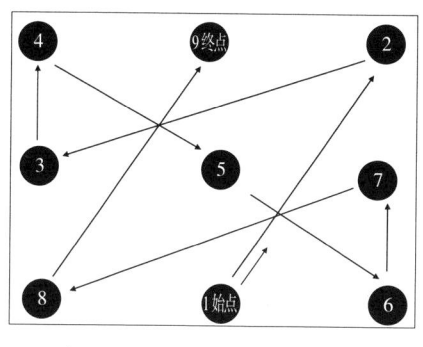

图 3-5-1　九宫河洛图（顺式）　　图 3-5-2　九宫河洛图（逆式）

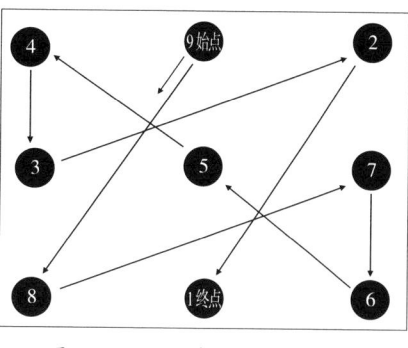

九宫而作明堂，以九区而作贡赋，以九军而作阵法，以九窍九数而作拳术，无非用九，其理妙矣。所以练习形意拳必须方圆俱全，才能达到技击时运用自如的形态。孙禄堂先生对河洛图曾做过深刻的解义。

练习九宫河洛图，应先选择一适当的场地，用九根竹竿或木棍（尺寸比本人略高些）下端插于木墩或泥墩中固定，如有固定的场地埋于地中更好。如没有竹竿木棍，也可用砖石作为标志或在地上（按图）画九个圆圈代替。

练功时，必须将竹竿按文后附图一至九的位置分布而立（四正四根，四隅四根，当中一根），每竿的距离约五尺。行步时先由顺式自一到九，再转为逆式从九到一。习练时身体不能触及竹竿或木棍。练习熟练后，可将竹竿或木棍的距离逐渐缩小。

习练九宫河洛图时，练习者可将自己所习的拳种融入其中，环绕而行。如五行拳、十二形的动物之精，或如鹞子钻天、入林、翻身之巧，或如长蛇蜿蜒之势，或如燕子抄水之敏，或如猿猴纵跳之灵。练习久之，即可使自己的身体灵通活泼，体势变化莫测。

行功时，要目视九根竿、棍标志，如同九个敌人。运用时，如同一人敌九人，左右前后、进退旋转、往来伸缩、飞跃变化、闪转腾挪、四面八方，如入无人之境。如练其他门派拳种者，用自己所习的拳式，依此图练习，也能获得同等的效果。

飞九宫中的九个圆点，各代表一宫，练至纯熟后，无论从九宫中的任何一点，都可作为起行之点，但归原收式要收于九宫中的五宫之位。

形意拳交手，身法为要，以此九宫之法，配合十二大力，勤加习练，必有所获。不是练武之人，按此图依法习之，可以消食化滞，气血畅通，祛病健身。老年人及病残者习依此法，徐徐行走，也能健体益寿。青少年运动员将此法融汇于训练之中，也可提高速度和灵敏的素质。特别是一些球类运动项目，练习后可提高进、退、攻、防的速度和闪躲的能力。少年儿童也可作为锻炼身体的游戏，以增强体质，促进发育成长。

第四章 形意拳解精粹

形意拳风格是硬打硬进，疾如电闪雷鸣。众多形意拳前辈经过长期习武用武，总结出了极其丰富的武学经验，成为习练形意拳的基本要法。依此要法锻炼，用心体会，可以少走弯路，达到事半功倍的效果。

车润田先生是宋氏形意拳第二代传人，深得宋虎臣、宋铁麟二位形意大师之真传，终生习武，坚持不懈。先生生前致力于中华武学之传播，在将其先师所传技艺系统整理成册的同时，还抄录前辈经典，并加以提炼、注释，取名《形意拳解》，为后学者提供翔实的学习资料。各抄本用字有异，如"迹蹄""疾蹄"，"攒""钻""躜"，为保存原貌，以待后来人研究，本书不做修改统一。

《形意拳解》语言简练，内容丰富，涵盖了很多形意拳习练要旨，也有一些是宋门所独有的器械套路和功法。在此摘录其中部分内容，希望能为形意拳爱好者提供参考。

第一节 基本拳术解

一、形意无极学

无极，即人未练之先，无思无意，无形无相，无他无我，心中空空混沌，无所向意。吾人不知有逆运之理，但斤斤于天地自然之道，气拘物敝，昏昧不明，以致体质虚弱。阳极必阴，阴极必阳，此摄生之术，即乎未有谙也。唯前人独能参透逆运之术，揽阴阳夺造化，转乾坤，扭气机，于后天中返先天，复初归元，保合太和，不外乎五行拳（即形意拳）合八卦之理，一气伸缩之道，即无极而能生一气。

起式：身正，两手臂下垂，两足并立为 90°，此即是顺行自然之道，谓之无极形式。

二、形意有极学

即无极生有极。有极，乃是虚无逆运先天之气，但此气不是死的，而是活的，其中有一点生机藏焉。此机名先天真一之气，人生造化之源，生死之本，形意拳之基础。将动未动之时，心内空空洞洞，一气浑然，形机未露，其理具备，故其形象太极一气。

接上式，起点，身左转，两手臂下垂，左足在前，靠右足内胫骨为

45°。舌顶上腭，谷道上提，此式即是揽阴阳、奇造化、转乾坤、扭气机，逆运先天真阳，不为后天假阳所伤。

三、形意太极学

即有极生太极。太极者，属土，在人五脏属脾，在形意拳中为横拳，内包四德，即劈、崩、钻、炮拳。形即形象，意即心意。人为万物之灵，能感诸事之通，故心有内而理周乎物，物在外而理具于心。意即心之所发，是故心意诚于中，而万物形于外，内外总是一气之流行。

（1）第一式：接上式，起点，身法由静而动，不能前栽后仰，不能左斜右歪，中立而不倚，左手在前，右手在后，左足后靠右足里胫为45°，两肩松开向下垂劲，两肘靠肋，两手抱于心间，左手在下右手在上，左手前平伸，盖于右手食、中指之下，头往上顶，项要竖直，腰向下塌劲，两胯根里裹，两足后跟向外扭劲，两腿慢慢曲下，别有硬弯，要圆，身子不能歪斜，心中不要努气，心中要沉静，此即心与意合，意与气合，气与力合的内三合，否则差之毫厘，谬之千里。学者宜深索为要，切勿忽视。

（2）第二式：上式立定完成之时，即谓之鸡腿、龙身、熊膀、虎抱头，名为一气含四象，亦即四象不离两仪，两仪不离一气，一气自虚无始，两仪由此而生。鸡腿者，有独立之能；龙身者，有三折之式；熊膀者，有竖项之力；虎抱头者，有扑食之勇；两手相抱，有伏虎离穴之式。

（3）气诀解：眼上翻属阴，阴气落在枕骨；鼻一绉[①]属阳，阳气落在胯角。脾气紧，心气沉，肝气顶。肺气一努落肾经（金生水），心气

[①] 绉，音 zhòu，起皱的意思，在此为动、缩之意。

一沉自然成。

四、形意两仪学

即太极生两仪。两仪之式，是拳中动静起落、伸缩往来之理。吾人四肢百骸，伸之为阳，缩而为阴，即由虎抱头式，前迈左腿，两手徐徐离开，左手前推，右手后拉，有如撕棉之意。左手直出高与口平为度，胳膊似直而曲，右手拉至心口，左足顺手前迈，后足不动，两手指曲离，手形瓦拢，大指横平成圆形（即虎口撑圆），两肩松开向回抽劲，两胯亦抽劲，此即肩与胯合；两肘下垂劲，如弓形，两膝往里扣劲，但不显露扣形，此即肘与膝合；两足跟均往外扭劲，亦不能显露扭形，此即手与足合的外三合矣。肩要催肘、肘要催手、腰要催胯、胯要催膝、膝要催足。身要直，心气稳定，看阴而有阳，看阳而有阴，上下相连，内外如一，此谓六合。虽说六合，实系内外相合；虽云内外相合，实则阴阳相合。三体因此而生。

五、形意三体学

即两仪生三体。从两仪式，左足稍前迈，左手继续向前伸张，同时右手落于左肘下方，小臂靠于丹田之间，足趾抓地站稳，两手十指扣劲，眼看虎口，松肩坠肘，心气镇静，不要扒劲，如站桩时时习之。

三体式重点释解：三体式分双重式和单重式。双重式，顺步，两腿与身体里拧扣着裆；单重式，前足虚点，后腿下坐，身体重力全在后腿。

三体者，即天、地、人三才之象。在拳中为头、手、足。

三体又分为三节：

腰为根节（在外为腰，在内为丹田）；脊背为中节（在外为脊背，在内为心）；头为梢节（在外为头，在内为泥丸）；肩为根节，肘为中节，手为梢节；胯为根节，膝为中节，足为梢节。此三节中各有三节。

此即合于阴阳相合成三体，三体重生万物张，虚无一气，万物之始，亦即形意拳之内劲也。吾人不知形意拳中之内劲为何物，皆于一身有形象处猜量，或以心中努力，或以鼓腹运气，如此等等，皆是误入歧途，结果影响身体健壮，故练拳者如牛毛，成功者如麟角。学者务要深察，以后练习操演万法，皆出于三体式，此乃形意拳术入门之总机关也。

注：以上各段，在文内分而述之，演练时则连贯为一，合成三体式。

六、形意拳五行拳生克学

（一）相克

劈拳似斧属金，崩拳似箭属木，金克木，所以劈拳能破崩拳；横拳似弹属土，木克土，所以崩拳能破横拳；钻拳似闪属水，土克水，所以横拳能破钻拳；炮拳似炮属火，水克火，所以钻拳能破炮拳；火克金，所以炮拳能破劈拳。

劈拳（金）──→崩拳（木）──→横拳（土）──→钻拳（水）──→炮拳（火）

（二）相生

金生水，所以劈拳能变钻拳；水生木，所以钻拳能变崩拳；木生火，所以崩拳能变炮拳；火生土，所以炮拳能变横拳；土生金，所以横拳能变劈拳。

劈拳（金）⟶ 钻拳（水）⟶ 崩拳（木）⟶ 炮拳（火）⟶ 横拳（土）⟶

（三）五行生克赞

拳法之意本五行，相生相克变化精；学者要知真奥妙，只在眼前一寸中。

七、五行拳合一学（进退连环）

连环拳是五行拳合一之式。五行拳单练即我拳之五纲，合演即为七曜连珠，亦连环之意。分合总是起攒落翻，阴阳动静一气之流行。人之喜怒哀乐之未发时，谓之中；发而皆中谓之和。拳术亦云，起攒落翻之未发，谓之中；发而皆中，谓之和。中者，吾拳之大本。和者，吾拳之达道。俗云："致中和，天地位焉，万物育矣。"明此五行合一之理，定能达到尽善尽美矣。

八、形意拳五拳生克五行炮学（对手五行炮）

前七曜连珠五行合一是五纲，合一演习而成连环，是阴阳五行演成合一之体。此则五行生克变化分布之用，又谓五行炮拳。前五行单练谓格物做基础，此五行对练谓之练身法、化手法，使其进退自如，为运用打好基础。先贤云，为金形止于劈，为木形止于崩，为水形止于攒，为火形止于炮，为土形止于横。五行各用其所当，久之乃能当刚则刚，当柔则柔。彼之刚柔，我之进退，彼之进退，我之攻守，方能相机而行，希望学者用心体会五行拳生克变化之道。

九、形意拳十二形名称及法则

龙、虎、猴、马、鼍、鸡、鹰、熊、鮐、蛇、鹞、燕。
龙有搜骨之法。虎有扑食之勇。猴有纵山之灵。马有迹蹄之功。
鼍有浮水之精。鸡有争斗之勇。鹰有捉拿之精。熊有竖项之力。
鮐有竖尾之能。蛇有拨草之巧。鹞有蹿天之灵。燕有抄水之能。

十二形是吾拳之目，是万物之纲，各尽其情，各有所长，练之能灵活人之身法。其内道理，即物之伸者，即吾拳之长劲；物之曲者，即吾拳之短劲，亦吾拳之划劲；物之弯精者，即吾拳之柔劲；物之向前直去猛快者，是吾拳之刚劲。练之成熟，明之于心，用之于外。练习之时研究效仿各物之精粹，须要束身而起，前进一直而出，后退要藏身而落。论步法，寸步、快步、践步。论脚法，脚起而攒，脚落而翻，不攒不翻以寸为先。肩要催肘，肘要催手，腰要催胯，胯要催膝，膝要催足。练之至善处，运用之际，循环无端，变化无穷，刚柔相济，引进落空，粘身用力，不丢不顶，手足相顾，内外如一。此亦虚化之理，学者切深刻求之。

十、形意拳十二形全体合一学（杂式捶）

杂式捶，又名统一拳，是合五纲十二目统一之全体。在腹内能使全体无亏，在拳中则四体百骸内外之劲如一，纯粹不杂。其拳顺，则内中之气，伸缩往来，循环不穷，充周无间，其劲不见不闻，洁内华外，洋洋流动，上下四方，无所不有。拳中内劲，诚于中，形于外而不掩矣。学者刻苦习练，可以至无声无臭之极端，能达到拳无拳、意无意，无意之中是真意也。

十一、形意拳十二形全体大用学（安身炮）

安身炮，如天地之化育万物，使各得其所。在腹中内气之体而言，其大无外，其小无内。在外之用而言，则能不见而章，不动而变，无为而成，感而遂通，得其一而万事毕，在拳中即为大德、小德。大德即内外合一之劲，其出无穷。小德即拳中之变化，生生不已，如涓涓源泉时而出之，此即谓形意拳中内劲，天地之理，吾人之性。劲与理与性，名虽不同，其义则一也。此拳系二人对打练习的趟子，学者单趟练熟毕，即可二人练习对手，久之身式变化，刚柔相济，进法顾法，自能得心应手而运用矣。学者当加意练之。

十二、宋门十二路弹腿名称

宋氏形意拳所练弹腿，原为宋门先祖家传，共十趟，后经宋虎臣先生创编两趟（即最后两趟），成为十二趟。此弹腿是由屈伸性腿法，与步法、手法组合的综合拳术。在练法上，每趟均为左右两势，反复操练。通过弹腿的锻炼，对全身关节部位、经络、筋肌、器官以及身体的舒展、灵敏、柔韧和攻防等都有一定的好处，对于青少年初学武术者尤为重要，更为学习形意拳，提高身体素质奠定良好基础。

宋门十二路弹腿名称

1. 十字捶　　　2. 鬼扯躜　　　3. 劈砸
4. 撑摩　　　　5. 虎抱头　　　6. 单挂
7. 双挂　　　　8. 飞云跺子　　9. 抨锁
10. 箭弹　　　 11. 攉挑　　　 12. 滚心肘

第二节　基本功法解

一、形意四梢学

四梢者，发为血梢、手足指甲为筋梢、舌为肉梢、牙为骨梢。

二、形意内五行学

五行者，金、木、水、火、土，在人腹内为心、肝、脾、肺、肾。心属火，心急涌力生；肝属木，肝急火焰蒸；脾属土，脾动大力功；肺属金，肺动沉雷鸣；肾属水，肾动快如风。

此即谓，内五行要动，外五行要随。

三、形意拳入门之三害九要

（一）三害

（1）努气，太刚则折，犯之易生胸闷腹满，气不畅通，肺炸。

（2）拙劲，使劲力不能放出，身式拘滞不灵活，犯之能血滞、肉跳、疼痛、生疮毒。

（3）腆胸提腹，使气不能归丹田，两足无根，身体上重下轻。

（二）九要

（1）要塌，即塌腰，尾闾上翻，清气上升，此乃督脉之理。前胸向上提起，即《纳卦经》所说胸出而不高（不是腆胸），腰则自然塌下。

（2）要扣，即开胸顺气，阴气下降，此乃任脉之理。能与督脉上下相交流，达到水火相济。两肩里扣，胸部即空阔。两膝里扣，两脚尖里扣，达到桩步力厚。牙齿相扣，使气不外散。

（3）要提，谷道内提，两臀向外极力挣撑，做到裆圆胯坚。

（4）要顶，舌顶，头顶，手顶。舌顶上腭，能导引肾气上升。头顶使真气由耳后高骨（天柱）升于百会。手顶气贯周身，力达四肢。

（5）要裹，两肘向里裹劲，两胯里裹，内劲自生。

（6）要松，松开两肩，如拉弓之意，不使膀尖外露，全身关节肌肉亦要松开。

（7）要坠，两肘极力下坠。

（8）要缩，两肩、两胯，极力往回缩劲（前阴回缩）。

（9）要起落，起攒落翻分明。起为攒，落为翻；起为横，落为顺；起攒为穿，落翻为打。起亦打，落亦打，打起打落如水之翻浪、机轮之循环无间断。明乎此理，以丹田为根，以意气为用，以九要为准则。

以上九要，气运皆以丹田为根，以意气为用。

四、形意拳八字

斩、截、裹、跨、挑、顶、云、领。

（1）斩，即劈拳。

（2）截，即钻拳。

（3）裹，即横拳。

（4）跨，即崩拳。

（5）挑，践拳，即燕形。

（6）顶，即炮拳。

（7）云，即鼍形。

（8）领，即蛇形。

五、形意拳六总

出式虎扑、起手鹰捉、鸡腿、龙身、熊膀、虎抱头。

（1）出式虎扑者，即形容习者在各种动作中，曲如猛虎卧洞，出手如猛虎出洞搜山扑食，向前冲扑，四面八方任意而行。

（2）起手鹰捉者，即习者在动作中，两手如鹰爪之疾毒，拳去不空回，必有所获也。

（3）鸡腿者，即前进时趋踩之步也。

（4）龙身者，即练习时，身体如弓，似龙之折身，转侧屈伸，法密如龙也。

（5）熊膀者，即头顶项竖，两膀发力挥臂如风。

（6）虎抱头者，即在练习和运用时，两肘不离肋，两手不离心，出洞入洞紧随身。所谓两手不离心，即两手在心口前，上下交搓，护住自己的五官，袭击对方之五官，即《拳谱》所说"闭住五行永无凶"之意也。

六、形意拳五绝释义

采、扑、裹、舒、绝。

（1）采，双手如采毒物。

（2）扑，出手如虎猫之扑物。

（3）裹，即包裹不漏。

（4）舒，即舒展其内，使内脏畅顺无阻隔也。

（5）绝，即抖绝，出劲带有弹性抖劲，即一绝无不绝之意。就好像大堤决口一样，力大无边，一绝无不绝。

七、形意拳十六处练法（践躜法）

一寸、二践、三躜、四就、五夹、六合、七疾、八正、九胫、十警、十一起落、十二进退、十三阴阳、十四五行、十五动静、十六虚实。[①]

寸：即足步，指步法疾快，足起而钻，足落而翻，前后相连，灵活无滞。

践：是指腿，有向下踩踏之意。出腿快如风，一腿力千斤，若要武

---

① 拳谱原为九经、十胫，孙禄堂先生改为九胫、十警。

艺精，功从腿上生。

蹬：即钻，身也，有向上或向前冲、赶之意。前进为钻，一气灵通，上法须要先上身，手脚齐到方为真。

就：束身也。束身者，是身式回缩、上下束而为一。即在交手时，身体下缩，避其来式，随即起身攻之。束身并非拘住不动也。

夹：剪也。两腿行步如剪子股。足落实，足膝里合、里扣，即可护裆、圆裆。

合：内外六合也。手与足合，肘与膝合，肩与胯合；心与意合，意与气合，气与力合。内外如一，成其六合也。

疾：疾者，毒、齐、快也。进攻要疾，退步要疾，内外如一，上下一致，如踩毒物。疾者，眼要疾，手要疾，身要疾，足要疾，意要疾。

正：直也，身形看正是斜，看斜是正。同时应付对方，或正取或侧击，随机应变。

胫：足胫骨也，摩胫而走，行步时勿使两足横开。两手在胸前旋动，手摩内五行。摩胫摩胫，意气响连声。

警：警觉、惊起之意，即惊起四梢也。若要劲力整，还往四梢求。火机一发物必落。

起落：起是去，落是打。起亦打，落亦打。起如水之翻浪，落如霹雷击地。抖身而起，束身而落。起为横，落为顺，起无形，落无踪。

进退：进步低，退步高，进退不明枉学艺。得机时乘势勇往直上，趋避时侧锋以退为进。得机则进，失利则退，退而复进。

阴阳：看阴而有阳，看阳而有阴。天地阴阳相合能下雨，拳术阴阳相合能打人，阴阳相交成为一体，即为阴阳之气。

五行：内五行要动，外五行要随。五行合一处，放胆即成功，蔽住五行永无凶。

动静：静为本体，动为作用。如言其静，不露其机，如言其动，未见其迹。将发而未发之间谓之动静。动身不动气，心静而步坚，气静而步坚。

虚实：虚是精，实是灵，精灵皆有方成虚实。以身内言之，精养灵根气养神，养功养道见天真，丹田练就长命宝，万两黄金不与人。

丹田充足即能健壮延寿，所谓一粒金丹吞入腹，方知我命不由天。宝，即人之三宝，精、气、神。

拳经云：元气不走方为真。以身外言之，虚为圆，实为方。圆者以应其外，方者能定其中。

此十六处练法，习者贯穿于一体之中，有为外形之规矩，有为内意之会通，神形异济内外贯通，精藏气蓄，其艺自能精萃矣。

八、形意拳三层功夫

易骨、易筋、洗髓。

（1）易骨，练之以坚其基，以壮其体，达到骨坚如铁石，形气威严如山岳。

（2）易筋，练之以腾其膜，以长其筋，筋长则力大，其劲纵横联络，生生无穷。

（3）洗髓，练之以清虚其内，以轻松其体，运用圆活不滞，身体动转，其轻如羽。

三回九转是一式，即此意义。

九、拳术四劲

武术之道，虽云以强身为主要，但亦难免与人相较，或以艺会友之时，要明四劲。即所谓知己知彼，酌量攻守。

（一）明刚

与人交手，周身动作神气露于外。抓住对方或拳掌击中对方，指如钢钩，气力透骨，此系明刚内劲。

（二）暗刚

与人相较，动作平常，亦极合顺，手软似棉，用心意击中或抓住对方，神意透于骨髓并牵连心中如触电一样，此是暗刚内劲。

（三）明柔

视人之形式动作，毫无气力，身体柔软无劲，身轻如羽。与其交手，抓之似有，打去或撞去又似无，彼又毫不用意，此是明柔内劲。

（四）暗柔

视之神气威严，与人相较，两手动如钢球，身似硬而极灵活，手如鳔胶，胳膊如钢丝，能把人黏住、缠住，对方用各种手法，皆不能得利，而此人总是一气流行，亦不格外用力。此即暗柔内劲。

学者若遇到此四形式之人，要格外小心，量情攻守。

十、立法与平素一样

头顶天，足抓地，先定心，心定神宁，神宁心安，心安清净，清净无物，无物气行，气行绝像，绝像觉明，觉明气通，万气归根，合成一气。

十一、周天法

紧收撮骨道内中，提尾闾起诌节骨。玉枕难过目视鼎，未到丹田存消息。往前又是省骄路，十二时中隆下池。锁住心猿舍意马，须要丹田海底基。一时快乐无穷尽，返本还原心自知。久炼自成金刚体，百病皆除如童子。

十二、形意拳九要论

要论一

从来散之必有其统也，分之必有其合也，以故天地间四面八方，纷纷者各有所属，千头万绪，攘攘者自有其源。盖一本散为万殊，咸归于一本，事有必然者。且武事之论，亦其繁矣。而要之千变万变，无往非式，即无往非气，式虽不同类，而气归于一。夫所谓一者，自头至足底，内而有脏腑筋骨，外而有肌肉皮肤，五官百骸，相联而为一贯者也。破之而不开，撞之而不散。上欲动而下自随之，下欲动而上自领之，上下动而中节攻之，中节动而上下和之，内外相连，前后相需，所谓一贯者，其斯之谓欤，而要非勉强以攻之袭焉而为之也。当时而静，寂然湛然居其所而稳如山岳。当时而动，如雷霆崩出忽尔而疾如闪电。且静无不静，表里上下全无参差牵挂之意。动无不动，左右前后全无抽扯游移之形。洵乎若水之就下，沛然而莫之能御，若火之闪攻，发之而不及掩耳。不假思索，不烦拟议，诚不期然而然，莫之致而致，是岂无所自而云然乎。盖气以日积而有益，功以久练而自成。观圣门一贯之传，必俟多闻强识之后，豁然之境，不废格物致知之功，是知事无难易，功惟自尽，不可躐等，不可急遽，必按部就班，循序而进。夫而后百骸肢节，自能贯通，上下表里，不难联络。庶乎散者统之，分者合之，四体百骸，总归于一气而已矣。

要论二

尝有世之论捶者，而兼论气者矣。夫气主于一，可分为二，所谓二者，即呼吸也，即阴阳也。捶不能无动静，气不能无呼吸，吸则为阴，呼则为阳，主乎静者为阴，主乎动者为阳，上升为阳，下降为阴，阳气下行而为阴，阴气上升而为阳，此阴阳之分也。何谓清浊？升而上者为清，降而下者为浊，清气上升，浊气下降，清者为阳，浊者为阴，分而言之，阳以滋阴，阴以滋阳，浑而言之统为气，分而言之为阴阳。气不能无阴阳，即所谓人不能无动静，鼻不能无呼吸，口不能无出入，此即对待循环不易之理也。然气虽分为二，而实于一。有志于斯途者，慎勿以是为拘之焉。

要论三

夫气本诸身，而身之节无定处，三节者，上中下也。以身言之，头为上节，身为中节，腿为下节。以上节言之，天庭为上节，鼻为中节，海底为下节。以中节言之，胸为上节，腹为中节，丹田为下节。以下节言之，足为梢节，膝为中节，胯为根节。以肱言之，手为梢节，肘为中节，肩为根节。以手言之，指为梢节，掌中节，掌根为根节。观于是，而足不必另论矣。然自顶至足，莫不各有三节。要之，若无三节之分，即无着意之处。盖上节不明，无依无宗，中节不明，浑身是空，下节不明，自家吃跌，岂可忽乎哉。至于气之发动，要皆梢节动、中节随、根节催之而已。然此乃按节之分言者。若夫合而言之，则上自头顶，下至足底，四体百骸，总为一节，夫何三节之有？又何三节中各有三节之云乎哉？

要论四

试于论身论气之外，而进论乎梢者焉。夫梢者，身之余绪也，言身者初不及此，言气者亦所罕论。捶以内而发于外，气出于身而达于梢，故气之用，不本诸身，则虚而不实，不形于梢，则实而仍虚，梢亦乌可不讲。然此特身之梢耳，而犹未及乎气之梢也。四梢为何？发其一也。夫发之所系，不列于五行，无关于四体，似不足论矣。然发为血之梢，血为气之海。纵不必本诸发以论气，安不离乎血而生气，不离乎血，即不得不兼及乎发，发欲冲冠，血梢足矣。抑舌为肉梢，而肉为气之囊，气不能行诸肉之梢，即无以充其气之量，故必舌欲催齿，而后肉梢足矣。至于骨梢者，齿也。筋梢者，指甲也。气生于骨，而联于筋，不及乎齿，即未及乎筋之梢，而欲足乎尔者，要非齿欲断筋，甲欲透骨，不能也。果能如此，则四梢足矣。四梢足而气亦足矣。岂复有虚而不实，实而仍虚者乎？

要论五

今夫捶以言式，式以言气。人得五脏以成形，即由五脏而生气，五脏为生性之源，生气之本，而名为心肝脾肺肾是也。心为火，而有炎上之象。肝为木，而有曲直之形。脾为土，而有敦厚之势。肺为金，而有从革之能。肾为水，而有润下之功。此乃五脏之义，而必准之于气者，以其各有所配合焉。此所以论武事者，要不能离乎斯也。胸膈为肺经之位，而为诸脏之华盖。故肺经动，而诸脏不能静。两乳之中为心，而肺包护之，肺之下，胃之上，心经之位也。心为君火，动而相火无不奉合焉。而两肋之间，左为肝，右为脾，背脊十四椎节皆为肾，此五脏之位。然五脏之系，皆系于背脊，通于肾髓，故为肾。至于腰，则两肾之本位，而为先天之第一，尤为诸脏之根源。故肾水足，而金木水火土咸有生机，此乃五脏存于内者，各有其定位，而具于身者，亦自有所专属，领顶脑骨背，皆肾也。两耳亦为肾，两唇两腮皆脾也。两发鬓则为肺。天庭为六阳之首，而萃五脏之精华，实为头面之主脑，不啻一身之座督矣。印堂者，阳明胃气之冲，天庭性起，机由此达生发之气，由肾而达于六阳，实为天庭之枢机也。两目皆为肝，而究之上胞为脾，下胞为胃，大角为心经，小角为小肠，白则为肺，黑则为肝，瞳则为肾，实为五脏之精华所聚，而不得专谓之肝也。鼻孔为肺，两颐为肾，耳门之前为胆经，耳后高骨亦肾也。鼻为中央之土，万物资生之源，实为中气之主也。人中为气血之会，上冲印堂，达于天庭，亦为至要之所。两唇之下为承浆，承浆之下为地阁，上与天庭相应，亦肾经位也。领、顶、颈、项者，为五脏之道途，气血之总会，前为食气出入之道，后为肾气升降之途，肝气由之而左旋，脾气由之而右旋，其系更重，而为周身之要领。两乳为肝，两肩为肺，两肘为肾，四肢为脾，两肩背膊皆为脾，而十指为心、肝、脾、肺、肾是也。膝与胫皆肾也，两脚根为肾之主要，涌泉为肾穴。大约身之各部，突者为心，陷者为肺，骨之露处皆为肾，筋之联处皆为肝，肉之厚处皆为脾。象其意，心如猛虎，肝如箭，脾气力大甚无穷，肺经翕张性灵便，肾气之动快如风。其为用也，用其经，举凡身之所属于某经者，终不能无意焉，是在当局者自能体认而求，非笔墨所能述者也。至于生克制化，虽别有论，而究其要领，自有统会，五行百体，总为一元，四体三心，合为一气，奚必照照于某一经络，而支支节节言之哉。

要论六

心与意合，意与气合，气与力合，内三合也。手与足合，肘与膝合，肩与胯合，外三合也。此为六合。左手与右足相合，左肘与右膝相合，左肩与右胯相合，右之与左亦然。以及头与手合，手与身合，身与步合，孰非外合。心与眼合，肝与筋合，脾与肉合，肺与身合，肾与骨合，孰非内合。岂但六合而已哉。然此特分而言之也，总之一动而无不动，一合而无不合。五形百骸，悉用其中矣。

要论七

头为六阳之首，而为周身之主，五官百骸，莫不惟此是赖。故头不可不进也。手为先行，根基在膊，膊不进而手则却不前矣，所谓膊贵于进也。气聚中腕，机关在腰，腰不进，而气则馁，不实矣，此所谓腰贵于进也。意贯周身，运动在步，步不进而意则堂然无能为矣，此所谓步必取其进也。然上左必须进右，上右必须进左，其为七进，孰非所以着意之地欤，而要之未及其进，合周身而毫无灵动之意，一言其进，统全身而俱无抽扯游移之形。

要论八

身法如何？纵横、高低、进退、反侧而已。纵则放其势，一往而不返。横则裹其力，开拓而莫阻。高则扬其身，而身若有增长之势。低则抑其身，而身有攒捉之形。当进则进，殚其身勇往直冲。当退则退，领其气而回转伏势。至于返身顾法，后即前也。侧顾左右，使左右无取，当我而要，非拘拘焉而为之也。必先察人之强弱，用吾之机关，有忽纵而忽横，纵横因势而变迁，不可一概而推。有忽高而忽低，高低随时以转移，不可执格而论。时而宜进，不可退以馁其气，时而宜退，当以退而鼓其进，是进固进也，即而亦实以赖其进。若反身顾后而亦不觉其为后，侧顾左右，而左右亦不觉其为左右矣。总之，机关在眼，变化在心，而握其要者，则本诸身，身而前则四体不令而行矣，身而却则百骸莫不冥然而处矣。身法顾法可置而不论乎。

要论九

今夫五官百骸主于动，而实用于步，步乃一身之根基，运动之枢纽也。以故应战对敌，皆本诸身，而实所以为身之砥柱者，莫非步。随机应变在于手，而所以为手之转移者，亦在步。进退反侧，非步何以作鼓荡之机，抑扬伸缩，非步何以出变化之妙。所谓机关在眼，变化在心，而所以转弯抹角，千变万化，而不窘迫者，何莫非步为之司命欤，而要非勉强而致之也。动作出于无心，鼓舞出于不觉，身欲动而步亦为之周旋，手将动而步亦早为之催逼，不期然而然，莫之驱而驱，所谓上欲动而下自随之者，其斯之谓欤。且步不分前后，有定位者，步也，然而无定位者，亦为步。如前步进步，后步随之，前后自有定位，若以前步作后，后步作前，便以前步作之后步，后步作之前步，则前后亦自然无定位矣。总之拳以势论，而主要者为步，活与不活，亦在于步，灵与不灵，亦在于步，步之为用大矣哉。捶名心意，心意者，意自心生，拳随意发。知己知人，随机应变，心气一发，四肢皆动，足起有地，膝起有怀，动转有位，合膊望胯，三尖相照，心意气内三相合。拳与足合，肘与膝合，肩与胯合，外三相合。手心、足心、本心、三心一气相合。远不发手，捶打五尺以内，三尺以外，不论前后左右，一步一捶，发手以得人为准，以不见形为妙。发手快似风箭，响如雷鸣，出没如兔，亦如生鸟之投林。应敌似巨炮推薄壁之势，眼捷手快，勇跃直吞，未曾交手，一气当先，既入其手，灵动为妙。见孔不打见横打，见孔不立见横立，上中下总气把定，身足手规矩绳束，既不望空起，亦不能望空落，精明灵巧，全在于活，能去能就，能柔能刚，能进能退。不动如出岳，难知如阴阳，无穷如天地，充实如太仓，浩渺如四海，炫耀如三光。察来式之机会，揣敌人之短长，静以待动有上法，动以处静有借法，借法容易上法难，还是上法最为先。交勇者不可思悟，思悟者寸步难行。起如箭攒落如风，手搂手兮向前攻。举动暗中自合，疾如闪电在天，两边提防左右，反背如虎搜山，斩捶勇猛不可当，斩梢迎面取中堂，抢上抢下势如虎，好似鹰鹯下鸡场，翻江倒海不须忙，单凤朝阳势为强，云背日月天地交，武艺相争见短长。步路寸开把尺劈面就去，上右腿进左步，以法前行。进人要进身，身手齐到是为真，法中有绝何从用，解明其意妙如神。鹞子钻林着翅膀，鹰捉小鸟势四平。取胜四梢要聚齐，第一还要手护心。计谋施运化，霹雳走精神，心毒称上策，手毒方胜人。何谓闪？何谓进？进即闪，闪即进，不必远求。何谓顾？何谓打？顾即打，打即顾，发手便是。心如火药拳似子弹，灵机一动鸟难飞，身似弓弦手似箭，弦响鸟落见神奇。起手如闪电，闪电不及合眸，打人如迅雷不及掩耳。五行本是五道关，无人把守自遮拦，右腮过左腮，手去右腮过，左腮手过，右腮手去，右腮手过去，左腮手来，两手束拳迎面去，五关之门关得严。拳从心发向鼻尖落，足从地下起，足起快时心火炸，五行金木水火土，火炎上而水就下，我有心肝脾肺肾，五行相推无错误。

第三节　大枪解

一、翼德枪名称

1. 滚手搓拿
2. 缠拦护膝
3. 二郎担山
4. 白蛇蹚地
5. 力大崩挑
6. 乱军闯队
7. 金刚献蹲
8. 霸王举鼎
9. 太公钓鱼

二、翼德神枪歌

翼德神枪最为先，后有一尺倒托鞭。
虎牢关上战吕布，二郎担山换过肩。
地蛇枪蛟龙出水，中平枪穿枝穿袖。
翼德英雄谁敢挡，两军阵前逞刚强。
万马营中闯大队，金刚献攒进步枪。
霸王举鼎人不识，太公执起钓鱼竿。
有人学得传枪艺，翼德神枪保四川。

三、讲论翼德神枪使手

看枪头使手,背势使枪,远者站近,近中站远,反闭五路都摆手,棍打枪走不占先,使玄棍而进,打一个燕子三抄水,闭门等势。

【虎牢关上战吕布】

先打缠拦后护膝,乌龙罩住方天戟。使上拿手吕布怕,斜枪一挺护身躯。

刘备双剑甚风流,吕布使枪忿恨刺,宝剑一架去点头。

方天戟临人难躲,关公大刀破戟头,吕布见阵跨马走。

张飞使枪去挑头,枪挑金冠吕布怕,勒马败阵不回头。

【二郎担山换过肩】

担山进步,先使钩挂豁挑,后有朝天力势,力势朝天。

【地蛇枪蛟龙出水】

棍打前来,不用擒拿手,不用半腰,用穿连枪望上而破。

【翼德英雄谁敢挡】

翼德使枪甚英雄,顶天力式往上攻。上三路里去摆手,下三路里去迎风。中三阵里有奥妙,管保长江定赎赢。

【万马营中闯大队】

破门式就是白蛇塌地,即是沥水。不用刺亏一枪,用架枪而进。

先提枪不动,扎下海一枪,若是起枪,顺风豁挑捷疾使手。

【金刚献蹚进步枪】

疾步而上,棍打不倒,就是迎风豁挑。此枪为绝户使手。

【霸王举鼎人不识】

霸王举鼎抖威风,落棍先打顶门心。挽手一棍打下去,擒拿半腰最难挡。

若破此棍,力大崩挑,力小不用崩挑,使闪展躲身而破。

【太公执起钓鱼竿】

钓鱼竿钓鱼竿，单等鱼儿把食餐。鱼在此处不知死，一枪挑在鬼门关。此式不动，棍打前来，把枪一挺，捷扎而破。

四、大枪交手禁忌

持枪向前冲，勿离他人远。远即是空子，他人之枪即有随之进入的危险，切要小心谨记。

五、游艺引

盘根

一说：盘根三步岂无因，配合分明天地人。要把此身高位置，先从本实练精神。

二说：根株相带并相因，盘结多端赖有人。猿臂封候谁可恨，千钧一举见其神。

旋转

一说：丈夫学得擎天手，旋转乾坤名不朽。岂只区区堪小试，宏功大业何难有。

二说：翻身向天仰射手，左右旋精名不朽。果毅即称岂小试，唐臣褒鄂功亦有。

旁通

一说：不是飞仙体自轻，居然电影令人警。看他拨挑奇谋式，真是旁通一片灵。

二说：何尔瓶载身若轻，诙谐上殿寺人惊。任凭施尽弓弩法，仙籍旁通万变灵。

冲空

一说：一波未定一波生，仿佛神龙水面行。忽而冲空高处耀，声高雄勇令人惊。

二说：武让勇力冠群生，夺得昆仑元夜行。真疑将军天外降，冲空霹雷使人惊。

翻浪

一说：从来顺理自成章，逆则难行莫强量。寄语聪明人学艺，水中翻浪细思量。

二说：落花水面皆文章，韬略无须畏强量。入阵翻浪千载仰，须臾变化就能量。

熊意

一说：猩猩出洞老熊形，为要提防胜不伸。得求只争气一点，真情寄与有心人。

二说：桓桓写出老熊形，山麓藏身竟仲容。起伏爪牙聊一试，群惊劈易万千人。

鹰式

一说：英雄处世不骄矜，遇变何仿亦学鹰。最是九秋鹰得意，擒完狡兔便超升。

二说：风尘同处曷容矜，飞擢苍茫试学鹰。势岂空拳同踊跃，雄心似欲华峰升。

虎风

一说：撼山何易写何难，只为提防我者先。猛虎施威头早抱，其心合意仔细看。

二说：风云成体又何难，环卫储胥士卒先。勇马猛虎成霸业，陈师物野可同参。

鹏情

一说：一艺求精百倍功，功成云路自然通。扶摇试看鹏飞艺，才识男儿高世风。

二说：武穆天成百战功，不烦指授自然通。异云忠以金牌并，鹏情亦因转世风。

雷声

一说：夺人千古仗雷声，声里威风退万兵。就是痴情天不怕，迅雷一振也心惊。

二说：谨将旗鼓壮军声，凯哥欢呼退敌兵。岂是空设三捷武，闻雷失箸自应声。

风行

一说：学成封姨力最神，折花拗柳转风轮。饶他七处雄兵远，一扫空生一路尘。

二说：飒爽英姿信有神，胜骞天碍轶双轮。试看行止真暇整，指顾风生净赶尘。

葆真

一说：六朝全盛废升平，武事仍随文事精。安不忘危危自解，与人何事更相争。

二说：梯航万国颂成功，奋武拨文事事精。缮性葆真询可禾，行将雀鼠验无争。

麟角刀

一说：钢经百炼方成刀，良将争功胆气豪。真玉畾形麟阁上，才知利器得名高。

二说：刀添一角用无穷，隐隐祥麟惠爱哀。杀以济仁仁得昔，秋霜原不碍春风。

凤翅镗

一说：军中凶器忽呈祥，两翅居然似凤凰。可是似禽还羽化，古来阵阵一翱翔。

二说：师真谨见凤来仪，有器先显盛全机。欲媲岐山鸣瑞美，洗兵天苑太平时。

第四节 疑难术语释义

（一）津液咽下法

主要有两个要点，一是舌在口内左右各转十八次；二是舌鼓漱三十六次（360°旋转），然后分三口咽下。要配合气功的缓、慢、沉、长功态，同时暗含合于精、气、神三才之象。

（二）三部功夫

一是炼精化气，使肾精充足、气壮；二是炼气化神，使气壮自然神足；三是炼神还虚，即佛道两家所说的"空空""了了""虚虚""无无"，这是形意拳最上乘的内功。所谓"虚"，绝不是高度入静，是外在不易捉摸的"虚灵""轻灵"的境界。由静而精，自能飞腾变化。

（三）丹田之说

丹田有上、中、下之说。下丹田在气海与会阴之间，是炼精化气之处，中心在关元穴内。中丹田在膻中穴与神阙穴之间，是炼气化神之处，中心在建里穴（脐上三寸）。上丹田在山根至额颅之间，是炼神还虚之处，中心在眉上二寸之颅腔内。上中下三田也称"三回"。

（四）揉腹卧式功

卧时用左手按于右手之上，仰卧两腿伸直，顺时针揉腹数百次，使气融合，这是炼气入膜之要法。练习一至三个月后即可中气倍增，气力精神充足，说话声音洪亮，上腹丰满，筋膜腾起。此法是武术内功壮功之秘诀，但有肠胃病患者不宜使用此法。

（五）步法

俗话说两手两扇门，全凭脚打人。练习步法是武术中的重要环节。步法慢则拳法慢，步法乱则拳法乱，步快则拳快，步稳则拳狠。脚步的移动，一般应微离地面，高不过寸，既有利于抢占时机，又可以保持平衡，在攻防变换时保持稳定的根基。腿部弹力的大小，决定步法的移动速度。

（六）三花五气朝元

精、气、神为三花，即人之三宝。心、肝、脾、肺、肾为五气。将精、气、神三花炼为一体，聚于顶（百会），五气朝元，即身不动则精固而肾水气朝元；心不动则气固而心火气朝元；真情寂则魂藏而肝木气朝元；妄情忘则魄伏而肺金气朝元；四大安和则意平静而脾土气朝元。三花、五气皆聚于顶，这既是精、气、神三宝合一，完成筑基炼己的功夫。在练习三花、五气聚于顶时，不可使气外散，全在周身含蓄，养己浩然之气。

（七）三理三功三法

即明劲、暗劲、化劲的理功方法。这三步功是相联系在一起的练法，不能随意分开，不是先练明劲、次暗劲、再化劲，是初练时要遵守规矩，随着自己的功夫长进，练至脱开规矩。如此才能达到拳无拳，意无意，无意之中是真意的上乘功夫。

（八）身手肘三节

手为梢节，梢节是练习明劲（使精化气）的重要部位。肘为中节是练暗劲时（使气化神）的重要部位。身为根节，根节是炼神还虚的重要部位。所以明劲在手，暗劲在肘，化劲在身。

（九）动静功

以气而论，则动以炼气，以静养气；以功而论，则以动促静，以静助动。内修者，固本培元，延年益寿，潜气内转，内气外发；外修者，意气相随，气到力到，抗打击坚。人体内真气的锻炼培养与调动运行，全在于动静内外合和上的功夫。

（十）气解

气主于一，可分为二。所谓二者，即一呼一吸，呼吸即阴阳也。拳不能无动静，气不能无呼吸。

（十一）寸劲

是武术技法表现出来的短促、内刚、猛捷的劲力。"寸"即形容距离短，"劲"是指力量。实际是内在的爆发力，是在动作的起式和结束与被攻击目标的距离很近时，肌肉和肩部放松及伸缩，在刹那间发出的微妙、颤动之力，加快速度使攻击力集聚增强。

（十二）天门地户

"天门"即指泥丸宫，即囟门，按囟门生而通天气。道家认为该处为元神出入之处。道家太极门定功练习为中。到一定功夫时，会自觉顶门上三寸处有光环，光环由白而转为金黄，明净深远，谓之天门开。"地户"即指会阴穴。道家秘诀讲："天门常开，地户常闭。"

（十三）天心

"天心"在两眼之间，佛家称"灵台"，道家叫"祖土""玄关""黄庭""先天窍"。"天心"好比宅舍，"天光"就是住在宅舍中的主人。

（十四）三功

即三仙功、平衡功、睡功。三仙功为静坐功，平衡功为外动功，睡功为闲余之功。三功主要以平衡功为主，包括八卦爻、双推脉、单劈掌，是防身健体之功。

（十五）腾挪

既有动之意而未动，是欲动之式。其姿态在小腿的中部。虚脚与胸有相吸相系之意。实非全然站煞，精神贯于实股并支柱全身，有虚有实。

（十六）虚空

实质是人对自然的归回，去掉有限的自我，把人的生命运动节奏，投之于广阔的自然之中，达到人与自然的能量与信息的交换，即"大道无形""虚而灵""空而妙"的境界。用功时，耳不外闻，目不外视，神不外溢，闭口合齿，达到身为一浑元整体，进入自然状态。

（十七）意守丹田

即意守下丹田。下丹田是生命之根，元气聚集之所，内气发动之源。意守丹田可使大脑得到充分休息，调整呼吸，固精健肾，增强内脏活动，祛病延年。但不要过于用意，僵硬死守，要以似守非守、若即若离、宜淡勿浓、自然为要。

（十八）心降丹田

心降丹田是一种调气法。调气时，吸气从两足"涌泉穴"发出，升至两肋，自两肋升于耳后（玉枕穴），再升于"泥穴"（百会），呼气时自百会经印堂降至鼻，鼻至喉，喉至脊背自俞口肺俞穴透于前心，前心降至丹田。丹田气足，自然能从尾闾达于脊背而上升至泥丸宫，周而复始，循环不息。此系小周天练法。

（十九）消息

"消"是指灭的意思，"息"是指生的意思。"消息"即灭生，也就是指"变化"。"消"是旧的、衰亡的，"息"是新的、发展的。练功时"消"也即为虚，"息"也即为实。

（二十）内劲

内劲绝不是努胸气、鼓腹气之劲。练拳行功时，如果努胸、鼓腹，必伤身体，此须明知。内劲，是练拳行功时，人之三体相合，通过以意领气、以气代神、以神化虚所成之力。这是力的形成过程和力之形态的综合表述。形意拳之三体即人之头、手、足。三体又分为三节，腰为根节，脊背为中节，头为梢节。三节之中又各有三节，肩为根节，肘为中节，手为梢节。胯为根节，膝为中节，足为梢节。三节相合于阴阳，阴阳相合成三体。因此，三体式桩功是内劲的基础。形意拳之万式万法，皆由三体而出，这是学习形意拳的总机关。

（二十一）方圆法

在习练拳术的过程中，伸手各式呈圆形，即为虚化，身体灵而且活。由圆形而起，至手足合顺，落于对方身上即为实也。圆形而起，为之圆，如实而落谓之方，此即一虚一实之理也。虚实的应用，不可刻意虚实。用虚并非虚于对方。比如，我手位于彼手之上，用力拉回，落如钩杆，谓之实；而我手在彼手之下，亦用力拉回，他手挨不着我手，谓之虚。因此，虚与实是他人之感触而已。这就是奇无不正，正无不奇，奇中有正，正中有奇，奇正变化，循而无穷，已入化境也。简而言之，虚之其义为精，实之其义为灵，精灵皆备方成虚实。

（二十二）起落

对起落的理解不能以字解意，单纯理解为上下、高低之意。形意拳中所讲起落，其意很深。先辈常讲"起攒落翻要分明"，即起为攒，落为翻；起为横，落为顺。起攒为穿，落翻为打。起亦打，落亦打。打起打落如轮之循环。拳之起落以丹田为根，以意气为用，以九要为准则。

（二十三）增注形意拳解

形意拳，是祖国古老传统内家拳之鼻祖，方圆兼备，方者以定其中，如河洛图飞九宫之中宫定位，中则立于不败之地。拳谚云：脚踏中门抢他位，就是神仙也难防。圆者以应其外，比如飞九宫之步法，身具卦象，足贯阴阳，两脚落地生根，足趾抓地，步步为桩。身之旋转，防中有攻，使对方招式落空。

形意拳，机构紧密，朴实无华，不尚花架，重在实用。行功时两手伸缩如抽丝，蓄含内劲，刚柔相济。行步如蠖虫，身起如挑担。蠖虫者，树上的一种虫子，前进时身曲如弓向前移动。挑担者，身起两脚踏实，两腿向上升立也。手起如钢锉，手落如钩杆，身式移动，以腰为轴，一招一式，横、竖、斜、缠、直五劲俱全。

形意拳，手、眼、身、法、步内外相合，周身完整，动作一致，三节相随。梢节起，中节随，根结追，发出内劲。拳打三节不见形，蓄含充沛的内劲，而无明显之外形，练至功底深厚，一切贯通，自能达于拳无拳、意无意、无意之中是真意的妙境。

形意拳，尚德不尚力，与人相较，友谊第一，比赛第二。以力服人者，力不足也，非心服也。以德服人者，衷心悦而诚服也。与人相较，攻人之坚，不攻人之瑕。坚者，人体肌肉坚实之处。瑕者，人体松软及致命要害之处。但与恶人匪徒搏斗之际，不拘此限。

第五章 宋氏形意拳内功要论

《宋氏形意拳内功要论》是由《宋氏形意拳三法诠真》《车润田谈内功要义》《车润田谈形意拳要诀》《车润田谈内功修炼法》等内容汇编而成，是以车润田先生生前口述以及练功笔记为主要资料编纂的学术性文集。论集从不同的侧面介绍习练形意拳内功的基本方法，旨在继承和发扬传统形意拳之精髓、宋氏形意拳之精微。其内容言简意赅，文字通俗易懂，是非常珍贵的学习参考资料。另有《形意拳要法探微》与《易筋经》《洗髓经》及要意简介。

　　《形意拳要法探微》，是车铭君根据其父车润田的部分笔记，再结合搜集到的其他资料编辑而成。

　　自问世以来，《易筋经》《洗髓经》真本只有一个。随着时间的推移，民间抄本越来越多，其内容发生些许变化。宋氏形意拳二位创始人自幼习练家传少林拳，其家藏的《易筋经》《洗髓经》是宋家习武的重要依据，且后来他们将二经与形意拳融会贯通，受益匪浅。目前虽然《易筋经》《洗髓经》版本颇多，但是宋氏家传的版本不易得见。本书收录的《易筋经》《洗髓经》是根据车润田先生抄录的资料整理而成的，并依据宋光华先生家藏的《易筋经》（上、下卷）刻本（年代不详）进行校对。供读者参考。

第一节　宋氏形意拳三法诠真[①]

五行、十二形及其套路，是形意拳的基本拳法，也是形意拳术的基本形态载体，但宋氏形意拳的绝特之处不在拳术的形态套路，而是蕴含在拳术的"气法""功法"和"劲法"之中。对此，车润田先生曾做过详尽的论述。

一、气法

（一）真气解

气者，古人称之为"炁"（qì）。"炁"乃人体先天之真气。真气本在怀胎中蕴生而成，是人之五脏六腑适应自然界变化的先天整体能力。先天之气旺盛，人之精、气、神俱强。拳术之劲力源于人体真气的充盈，真气足则拳力强。人之真气伏于肾阴之中，先天真气依后天之气调膳。习练形意拳术，须依"气法"培植养护真气。

---

① 编者注：宋氏形意拳之"气法""功法"和"劲法"并非相互独立之法。"气法"通过"功法"来修炼，"功法"通过"劲法"来展现，"劲法"以"功法"为基础，"功法"以"气法"为根本，三者实为一体。宋氏形意拳将三法之内在联系，应用在习练和实战之中，形成了融合、融通、融顺和自然、自如、自发的拳术特色。

（二）调气解

调气是"气法"的基本要义。调气，即通过调整气息的运行，整合五脏六腑之间的阴阳关系。脏器自身的功能为内、为阴，其他器官功能的支持作用为外、为阳。调气的实质是促导五脏六腑功能的有效发挥，整合五脏六腑之间功能的配合能力。在调气的过程中，人体气血的运行得以通畅、协调，进而达到气血为一、强壮肾阴、培植真气之目的。

（三）丹气解

丹气是"气法"的调气主体。丹田之气，是呼吸时意守丹田，虚灵下沉，阳既收缩，由内所生的"真息"。其实质是在意念作用下，人体下腹随呼吸而涨缩产生的波动能量。出现"真息"的感受是下腹发热。这个过程便是气沉丹田的过程。

气沉丹田是在意念作用下产生的生理现象。在整合气血、增强内脏功能上有奇特之功效。丹田之气的培植不仅需要专门习练培气，更须在日常生活的行、立、坐、卧之中坚持腹式呼吸，培植丹田内气，将内气精缩聚积于丹田，以增强人体在运动、搏斗时发劲能力。

（四）通络解

通络是"气法"的行气手段，其目的是领引丹田之气打通经络。经络为人体器官通过气血相互发生作用的联络通道。不同脏器联络路线的交汇之点和敏感点便是穴位。打通经络就是在意念的作用下，引领丹田之气沿着一定穴位线路运行。以丹田之气畅通经络，可达到整合气血、消除瘀滞、协调内外、调动真气、聚势而发的效果。这种功力在硬气功中表现得更为直观。

（五）气道解

气道是"气法"的循气之路，引丹田之气打通经络，其循路以"大周天"用气法为佳。"大周"，即大循环之意。行此功法应持腹式呼吸。首先静心定意，均细呼吸，气沉丹田。气定片刻，尽吸一气，气自涌泉升于两肋，然后于耳后升于泥丸；随之降气下至印堂，过鼻至喉，喉至夹背，透于前胸，下至丹田，由裆下于涌泉，再由涌泉上翻于外胯，升于脊背，经腹内各脏下于丹田。此"大周天"法，侧重调整任督二脉之内气运行。用此功时，须静心定神，周身放松，勿努憋气，以鼻呼吸，以意领气，气随意行，序序循环，收功时气沉丹田。

循路"大周天"调气，以意领气为基本功夫。"意领"，古称"神转"，即"思而转之"的意思。"思转"的能力须不断习练。以意领气要做到有意而无念，即不着于意也不着于领。意起气即动，意行气即随，意止气即止。有意无念的"有"与"无"，可用"有而不经心，无而有意现"去体悟其中之真妙。

（六）朝元解

朝元是"气法"的归功之综。朝元，即三花、五气朝元。

三花是指人的精、气、神三宝，五气即心、肝、脾、肺、肾五气。朝元的实质是将三花、五气皆聚顶于百会，在调气中相合为一。这是修炼"气法"必须要达到的基本功夫。三花、五气朝元是在大周天循气中修炼的。循气时，丹气一升一降，一出一入，并行无悖。

身不动，则精固而肾水气朝元；心不妄，则气固而心火气朝元；真情寂，则魂藏而肝木气朝元；妄情忘，则魄伏而肺金气朝元；四大安，则意锁而脾土气朝元。

三花、五气均聚于顶沉于田，周而复始，精养真元，气力合一。

得此功夫的关键是，循气时精不可外驰，气不可外散，神不可外溢，此乃三宝合一。而身不动、心不妄、真情寂、妄情忘、四大安，则是五气相合。所有这些，就是要做到循气时耳不外闻，目不外视，意不外思，达到一浑元整的自然状态。三花和五气在调气中相合，在相合中融为一体，即可筑成气蓄于内、护养元气、培基练己的大乘内功之基础。

二、功法

（一）三体解

三体式为站桩功法，也是学习形意拳的入道之门。形意先师李能然曰："万法出于三体式，凡百运动基于此。""欲进形意之妙用，必先至于三体式。"三体式站则为桩，行则为拳，是形意之母。三体式取天、地、人三才之象，俱天、地、人三才之理，合古人"天人合一"之道。

习练三体式桩功，要明三体阴阳之理。古人说："阴在内阳之守也，阳在外阴之使也。"其基本思想是，在内之阴靠在外之阳的护守，而在外之阳又须依靠在内之阴的支持，此乃阴阳对立统一、互以为根、相互依存之道理。依此理，站桩时要内外相合，上下相随，周身一气。

习练三体式桩功，要准三体规格之式。宋氏形意拳首推中架，意取古人中庸的思想。中架为中正之势，两肋横开，沉肩坠肘，气贯上下，重心取中，抗压抗冲，不飘不钝，上肢刚强，下肢稳定，腰中坚韧。

习练三体式桩功，要集三体桩法之功。三体式功法须天天练习，日日不断，寒暑无阻，持之以恒。"宁可三年不练拳，不可一日无桩功"，坚持练习才能积累桩法之功力。

（二）盘根解

盘根为行桩功法，由宋世荣先生习练《内功四经》体悟其妙独创而得。盘根功法是宋氏形意拳的秘传功法。盘者，旋也；根者，基也。盘根即盘旋之功。此功法无高难动作，易学易练，是习练内功的归功之法，可使人气血畅通，下盘稳固，步步为桩，闪转腾挪，变化莫测。

盘根行功的方法是，手成三体式，足以圆旋行。先左旋数圈后转身换掌右旋数圈，此为任脉左右式；再转身换掌左旋数圈后转身换掌右旋，此为督脉左右式。

旋任脉式时，下腭要向前微突。左旋时，左手屈肘向前，手心向上或向内（向上为阳掌阴劲、向内为混沌状态），右手屈肘于左肘之下，右旋时左右手互换；旋督脉时，下腭要向里微收，左旋时，左手屈肘前伸推劲，手心向下或向外（向下为阴掌阳劲，向外为混沌状态），右手屈肘于左肘之下，右旋时，左右手互换。行此功法，侧重点是增强人体下盘功力。下盘的主要部位是腰、胯、膝、腿、足。古人云："上以下为基。"下盘稳固，站如落地生根，动则上体轻盈，这是交手决胜的重要因素。

在盘旋中增强下盘功力，关键是修炼下体各部位的合协。其要点是腰为胯主、胯为膝主、膝为腿主、腿为足主。练功时腰要催胯、胯要逼膝、膝要促腿、腿要携足。催、逼、促、携均为后者与前者协调和顺。在腰、胯、膝、腿、足中，腰为其中之首，腰活是下盘功夫稳固之核心。

（三）纳卦解

纳卦是形体功法，是三体式站桩和盘根行桩功法的体态要诀。纳即吐纳，吐出浊气，纳入清气；卦为八卦的总称，即乾、坤、震、巽、坎、离、艮、兑。行功时纳卦的要领是，身体各个部位要合于卦象之意、内气之运行要合于卦象之理。这是人与自然合一思想的具体体现。习练桩功若不达卦象之形、之理，则人体气行状态难以畅通无滞，无法获得桩功调气合血、培植真气的功效。

乾象为天，头纳乾卦。头正而竖，前额上提，项颈竖正，后夹下塌。

坤象为地，足纳坤卦。两足趾抓地，足尖里扣，两腿形夹剪，膝外曲内直，涌泉上缩。

巽象为风，肩纳巽卦。沉肩助坠肘，背平身而正，贴背活而顺，气息畅勿滞。

兑象为泽，裆纳兑卦。裆宜圆紧，内外相挣，胯之上下，骨缝相催，外柔内刚。

艮象为山，胸纳艮卦。含胸正提，出而不高，开而不束，提胸气不涨，塌腰气不滞。

震象为雷，肋纳震卦。肋手身，以气之呼吸为开闭、为出入、为纵横，气随意而行而止。

离象为火，心纳离卦。心火宜下，提胸肋翻龟尾，下气聚劲练步，意领心气下肾。

坎象为水，肾纳坎卦。肾水上交于心，心气下达于肾，上下依序循环。

（四）腾膜解

腾膜是内壮功法。宋氏形意拳功法以内功为主，内功以调气为重，调气以腾膜为助。腾者，起离也；膜者，骨膜也。腾膜就是将内气引入骨与骨膜之间。炼气不练膜，则膜泯不起，气血难以流串于经络，这是筋骨不能坚固之因也。

腾膜之法有二：一为揉法，二为拍捣。

揉法分坐揉与卧揉两式。坐揉为双盘而坐，左手掌心贴于心下脐上，右掌扶于左掌之上，双手相贴，由右向左，横揉腹部，推气入血，时须半小时以上。卧揉为仰身平卧，两腿伸直，揉法与坐揉相同。揉腹时，鼻呼鼻吸，意守丹田，气血相合，一呼一吸与揉腹相应，不急不缓，尽呼尽吸。

揉腹久持数月后，可感胃觉宽大，气觉凝聚，腹旁两肋坚而有实，便可加用第二个方法，即拍捣。用小粒卵石装一小布袋，从心口到两肋梢密密拍捣，软凹之处，兼以揉法。坚持拍捣数月后，两肋气满筋坚。随后可自心口拍捣至前颈，自肋梢拍捣至肩，周而复始。再后由肩拍捣至后颈，上循至玉枕，中行至夹脊，下直到尾闾，周而复始，不可倒行。

通过揉拍二法，可助内气盈满，筋骨磨砺，骨膜腾醒，气循入膜，成就内壮。施行揉拍二法时，应意守丹田，专于积气，固守中道，一念冥心，所积之气，充而自周，切不可将气导入四肢，以防外溢。

三、劲法

（一）劲源解

解形意拳术之劲法，应首先知晓力由何来。形意拳的劲力并非来自努气憋力，其劲力源于内聚丹田之气。努气憋力，劲无源基，三五招式气即虚无，而丹田内气由气血相融而生，意领随机而发，劲力源涌无断。宋氏形意拳培植劲源的主要方法为内外双修。外修肩与胯、肘与膝、手与足外三合。身呈鸡腿、龙身、熊膀、虎抱头四象，成就起望高，束身而起；落望低，居身而落的轻灵身法。内修心与意、意与气、气与力内三合。调理气息，培植真气，气聚丹田，融合气血，气通八脉，形成一发动全身，一动无不动的上乘功夫。宋氏形意拳三体、盘根等各种功法，均以融气血聚丹心为基本目的。这是形意拳术培植劲源的要法之宗，此乃劲源于内聚丹气之中。

（二）劲起解

任何拳术的发劲，都有一个劲力初起的过程，劲力并非执意而起。宋氏形意拳术发劲的独特之处是，劲力在有意无念中生起，在随机顺势中而达。有意无念中生起，是指吸气时意领丹田内气聚力；随机顺势中而达，是指呼气时劲力在拳式顺势中爆发。宋氏形意拳术的这种起劲之法，在实战中表现为上体轻灵，下体稳固，起劲发力不伤内气，周身上下无僵无滞。无念领气，气运通畅，无耗内精，这是形意高手久战不疲的关键所在。此乃劲起于无念领气之时。

（三）拔力解

拳术的发劲过程虽然时间短暂，但均有拔力阶段。拔力，就是将气转化为劲道。宋氏形意拳发劲的上乘功夫为自然拔力，其要法是，拔力于曲住伸行之间。曲住者，回缩也；伸住者，进式也。曲住为虚、为阴，伸行为实、为阳。在实战之中，拳式由曲转伸换式、身法由闭转腾变身时，胛骨里裹，骤然伸筋，力随突发拔出。这是形意名家转气为力的拔法之要。此乃拔力于曲住伸行之间。

（四）起落解

拳术的劲力有柔有刚，柔与刚均在招式起落的阴阳之中。起式时手动为阴柔，手在胸部出手时为阳刚；落式时含胸为阴柔，拳到落点时发劲为阳刚。拳式起落中阴阳的变化，也是劲力由柔变刚的转变。宋氏形意拳柔中出刚的劲法，是劲力在招式一起一落的阴柔中起拔，在转阳刚中爆发。招式起如水之翻浪，落如霹雳击地，这是形意大家柔中出刚的绝妙之法。此乃劲爆于一起一落之中。

（五）相合解

前述劲源、起劲、拔力、起落各解，属劲法的分段分述之说。宋氏形意拳的劲法之要，妙在形、意、气、力相合。合者，即整体为一。劲力自丹气由生至起，由起至拔，由拔至爆，是一个相续的整体过程。其要义简概是：在吸气时收腹提气，两肋开张，曲往起式，出手拔力；在呼气中顺势沉气，收胸为合，伸行落式，爆力而达。整个过程是：意起气即动，气动力即生，力生劲即起，劲起力即拔，力拔劲即爆。这个过程是在气之一吸一呼式、之一起一落的瞬间完成的。在起式中，要气通肩臂，低身矮架，肘向里裹；在落式时，要柔意筋长，周身放松，出手直前。若要达此功法相合之妙，应在实践中细心品悟，不断提高。

（六）化虚解

化虚，即化虚之劲。形意拳的劲力分为明刚、暗柔和化虚三种形态。化虚之劲是劲力的最高境态。"化"为变化之意，即将明刚、暗柔之劲变化为"虚劲"。"虚"并非虚无，其意是指"精"与"灵"。通俗而言，就是将明刚之劲升华为"精"，将暗柔之劲转化为"灵"。"精"与"灵"便是虚中有实，实中带虚，虚实相兼，变化无穷。化虚之劲与明刚、暗柔之劲在身形及手足动作上是相同的，不同之处在于用劲上的区别。明刚、暗柔带有"划"力之劲，而"化虚"在用力上是有而若无，实而若虚，周身内外，真意用力。"真意"用力的实质是：在发力时，有意无念不着意，神意内外皆贯通；在身形上，三回九转是一式，拳打三节不见形；在发劲中，起手落式皆为用，曲转伸进无空回。化虚之劲即拳谱中讲的

"拳无拳，意无意，无意之中是真意"。因此，"化虚"的关键是用意和用劲的转化，也是劲法功夫的升华。

三法融一，不是单纯的技艺问题，需要深刻领悟形意拳拳学理论的要义，正确认识形意拳文化思想的渊源，深入研究形意拳历史发展的过程，认真探求形意拳名家典籍的真谛，这是掌握宋氏形意拳特色不可忽视的问题。

第二节　车润田谈内功要义

一、形意拳拳理之源

形意拳拳学理论之源研究，是发展形意拳的一个重要课题。车润田认为，形意拳的拳学理论，源于中国古圣先贤的宇宙观思想。其主要观点如下。

古人的宇宙观是形意拳拳学理论的重要思想基础，其精髓是学好形意拳的一把钥匙。古贤伏羲认为，宇宙由"无极"而生，黄帝认为由"太易"而生；儒家认为宇宙出于"理者"，佛家认为出于"真气"，道家则认为宇宙出于"道零"。古人对宇宙的这些认识，在表述上虽各有所异，但在实质意义上讲的都是一个意思。概括起来都是讲宇宙产生于"虚无"。"虚无"是古人宇宙观的核心之处，也是形意拳拳理的中心之点。古人所讲的"虚无"，并非"无有"之义，而是"混沌"之态，虚无之中藏"一点生机"，此即"虚无生一气"。"一气"是物之原始形态，是"先天之气""天地之根""阴阳之宗"。"一气"不是死气，而是精气、活气。"气"是宇宙"造化"之源。古人认为，宇宙由虚无的混沌演变而成。

　　伏羲描述为：无极生有极，有极生太极，太极生两仪，两仪生皇极。
　　黄帝描述为：太易生太初，太初生太始，太始生太素。
　　道家的描述是：道零生一易，一易生二气，二气生三和。
　　儒家的描述是：理者生气者，气者生象者，象者生物者。

佛家认为：真气生无色界，无色界生色界，色界生欲界。

古人的这些认识，是一种推理性的判断。古人的"虚无而生"与现代的宇宙爆炸似有异曲同工之妙，当世之人不可简单地视之为迷信和玄学，其中至少包含了古人原始朴素而又极为重要的、认识上的方向性。

形意拳前辈将先人的宇宙观转化为方法论，把形象与心意结合起来，融入形意拳的桩功学之中，成为形意拳技艺、劲法的基础性指导理论。形意拳万法出于三体式，三体式是形意拳的总机关。形意桩功学中的无极学、有极学、太极学、两仪学、三体学等，就充分地再现了古人对宇宙形成的全部推演和认识过程。

形意无极学，在三体式中体现在身体直立时的预备阶段，此时应无思无意，无形无相，内心空如混沌，无所向意，顺行自然，此谓之"无极"。

形意有极学，体现在三体式起式的转身阶段。此时形机未露，虚无逆运，其理已备，转乾坤，扭气机，揽阴阳，奇造化，此谓之"太极一气"。

形意太极学，体现在屈肘上抬之时。心在内而理周乎于形，形在外而理具乎于心。意为心之发，象为形之用，心诚于中，象表于外，内外皆一气流行，此谓之"一气含四象"。

形意两仪学，体现在左手前推右手后拉之时。心气要稳定，手动如撕棉，阴阳且相合，内外如一体，此谓之"六合"。

形意三体学，体现在三体成形之时。心气镇静，三体重生，三才之象，万式之始，此谓之"阴阳相合成三体"。

《丹书》中"道自虚无生一气，便从一气产阴阳，阴阳再合成三体，三体重生万物张"便是经典之说。形意拳拳理源于"虚无"，拳式出于"三体"，内气发于"六合"，劲法归于"化虚"。这是研究形意拳理论的基本思路和要点，习学者应用心体悟，以明其精，始得其妙。

二、调气之义

形意拳修炼内功的基本方法是调气。车润田先生在继承宋门先师调气方法的基础上，对调气的内涵要义不断进行研究和探讨。现将车润田先生对调气的理解和体会，摘要整理如下。

（一）

掌握调气之法，必须正确理解内功所讲"气"的概念。古人将人体之"气"用"炁"字表示。其中含有深刻的意义。古人认为，"炁"是人体先天之真气。所谓先天，即在娘胎中生蕴而成，真气指的是五脏功能适应自然界变化的整体能力。先天真气旺盛的人，其外在的表现就是精、气、神三宝俱强。

（二）

形意拳调气，所调的是人体五脏之阴阳。古人认为，脏器自身的功能在内，为阴；其他器官功能的支持作用在外，为阳。这种相互关系就是脏器之间的阴阳关系。因此，调气的实质是促导五脏自有功能的有效发挥，整合五脏之间功能的协调能力。古人认为，肾是人生命之本，肾阴充足，肾水上交，心火下降，水火既济，是调气培元的重点。

（三）

古人有多种调气之术，不同门派的拳师各有自己的调气之法，而打通经络是必用的基本方法。经络是人的肢体与脏器发生相互作用、通过气血联络的通道，不同脏器联络路线的相交点便是穴位。打通经络就是通过意念的作用，意领丹田之气，延一定经络穴位运行。以丹田之气畅通经络，消除瘀滞，调动真气，整合内外，聚势而发。

（四）

所谓丹田之气，并非吸入之气，而是呼吸时意守丹田，虚灵下沉，阳即收缩，由内所生的"真息"。这种"真息"是在意念作用下，人体下腹随呼吸而伸缩产生的波动能量。人出现"真息"的感受是丹田发热，这个过程也就是气沉丹田的过程。

（五）

以意领气是调气的基本功夫，所领之气即丹田之气。所谓"意领"，古称"神转"，实质上是"思而转之"的意思。这种"思转"的能力是不断练习的结果。以意领气要做到有意而无念，既不着于意也不着于领，意起气即动，意行气即随，意止气即止。有意而无念的"有"与"无"，在度上的把握，难以用语言和文字准确地描述清楚，可以从"有而不经心，无而有意现"的表述中加以体悟。

（六）

气沉丹田和以意领气是人的心理作用产生的生理现象，在调动和整合人的内在功能上，心理作用能产生奇特之效。因此，习练调气，练功时的心态要平和，心意要稳静，姿势有立有坐，有动有静，动静结合，皆可受益。调气本身也是形与意的完美结合，不练功时，仍可进行调气的训练，在走路、工作、行止、坐卧等日常生活中，均可用练功时的呼吸方法培植内气，增强调气时无念无意的虚无能力。

三、下盘功夫

宋氏形意拳之内功，对下盘功夫极为重视。车润田先生生前练功，纳卦盘根是每日必修之课。先生曾讲，无论徒手还是器械，在实战中下盘功夫是决定胜负的重要因素。车润田先生谈下盘功夫的体悟时，强调了三个重点方面。

（一）

掌握调气是基础。下盘功夫深厚的表现是下盘稳固而上体轻灵，而在习练盘根功夫时，掌握调气法是基础。调气的目的，是要周身气息平和，气血不逆不滞，体质充实精神，这是下盘稳固的基础。不同门派的拳师有各自不同的调气方法，但习练调气法要注意两点。一是切不可鼓气或憋气，要舌顶上腭，鼻呼鼻吸，不急不缓，呼吸自然，气不外散，气循任督二脉，畅通无滞；二是以意领气，但切不可着意于领气。所谓"意领"，是"有意无念"之领。把握其中的含意，需要在实践中不断体会，可借"闪念"之意品味其中之妙。

（二）

习练合协（即协调合一）是重点。下盘功夫的习练，以修炼下体各部位的合协为重点。即腰、胯、膝、腿、足合协的修炼。其相互关系是，腰为胯主、胯为膝主、膝为腿主、腿为足主。下体合协，下盘必固。练功时腰要催胯，胯要逼膝，膝要促腿，腿要携足。催、逼、促、携均是后者与前者协调合一。在腰、胯、膝、腿、足中，腰又是其中之首，腰活是下盘稳固的核心之处。

（三）

把握心态是关键。下盘功夫的积聚，在交手实战中会得到检验，但在实战中，人的注意力集中在观察和应对上，不可能考虑什么调气、合协等问题。一些人练功多年，在实战中仍出现下盘不稳的败象，乃由心态不佳所致。实战中把握心态的要点是不急不躁，不恼不怒，这样气血才不会上浮，上体不沉重，下盘必稳固。这样才能做到招式不变形，步伐不走样，内转不呆滞，腾挪不僵体。因此，在实战中要树立自信、有一个良好的平常心态。

四、内劲之法

在如何发出内劲的问题上，车润田先生有自己独到的见解，并曾多次谈到自己的体悟。现根据其生前在《内功经》上的批注，将先生的体会整理如下。

内劲的发出，是心与意、意与气、气与力、肩与胯、肘与膝、手与足内外六合能力的综合体现，而下盘的功夫极为重要。六合的能力需要坚持不断地苦练和体悟。发出内劲的基本要诀是"以柔而用刚，以缓而用疾"，对此应全面理解。

发内劲的基本功有四条。

一为"气血为一"，这是调气培元的功夫。凝气血为一体，聚内气于丹田，发劲才能得心应手。此即习练纳卦盘根功法所得的真实功夫。劲源于内聚丹气之中。

二为"随机而生"，这是无念领气的功夫。领气发力是在有意而无念之中随机完成的。此即吸之气聚，呼之力达，无念而领，无意而成，力行于无念领气之时。

三为"曲住伸行"，这是自然拔力的功夫。曲住要身低式小，伸行要伸筋拔力。此即曲住为阴、为虚，伸行为阳、为实。曲回伸进，闪转腾挪，拔力于曲住伸行之间。

四为"柔中出刚"，这是起落发劲的功夫。起式时手动为柔，手在胸时出手为刚；落式时含胸为柔，落点时发劲为刚。即柔中发力，刚出柔中。起如水之翻浪，落如霹雳击地，劲发于一起一落之中。

总之，劲源于气，力行无念，曲伸拔力，劲发起落。此乃宋氏形意拳发出内劲的要旨。车润田先生强调，以上四条，述之为四，用之为一，不可分割，需用心体悟，解其妙意。

五、化虚之劲

形意拳的劲法有三，即"明刚之劲""暗柔之劲"和"化虚之劲"。一些初练者对"化虚之劲"很难理解其中的真实意义。

"化虚之劲"是形意拳"炼神还虚"所得到的劲法功夫。"炼神还虚"其原理出于《洗髓经》。所谓炼神，实际上指的是人的心态修养。人在世间不可贪得无度，"净心"是"炼神"的真谛。所谓"还虚"，就是要回归自然的本体，一切顺乎于自然规律。

"炼神还虚"也就是"顺其自然"。因此，"炼神还虚"是心态、观念的一种修养。形意拳前辈将这种人生理念运用到拳术之中，总结出一套更优于"明刚之劲""暗柔之劲"的劲法,这就是"化虚之劲"。

"化虚之劲"是形意拳最高层次的劲法。拳谱中所讲的"拳无拳,意无意,无意之中是真意",就是"化虚之劲",其特点有三:

其一,拳不见形。拳打三节不见形,若见形影不为能。此乃拳无拳之义。

其二,随时而发。伸进曲回,起手落式皆为劲用。此乃意无意之义。

其三,寂然不动。无入而不自利,无住而不自得,有感而自遂通。此乃无意之中是真意。

"化虚之劲"的"虚",并非"虚无",而是指"精"的本体。"虚",也不是无力于彼,而是对方产生的一种无法破解的感受。"奇无不正,正无不奇,奇中有正,正中有奇,奇正变化,无端不穷",讲的就是虚中有实,实中有虚,虚虚实实,变化无穷。虚即为精,实则为灵。这是"用虚"的真实意义。在拳术中达到"拳去不空回"的水平,即已进入化虚之境。"化虚之劲"的习练,与明劲、暗劲的练法不同。明劲和暗劲带有"划"劲的力法,故拳之起落俱短。而化劲形式上手足的动作与明、暗之劲相同,但用劲上不同。练习化劲,在用力上是"有而若无,实而若虚,周身内外,真意用力"。这里所讲真意用力的实质,是用力时用意不着意,神意皆贯通,化至虚无时,还于纯阳处。暗柔之极即化劲之始,达到三回九转是一式,即可达到"虚空无滞"的境界,练成出神入化的"化虚之劲"。

六、三体式站桩注意事项

三体式站桩,是形意拳的基本功法。三体式功法包含了形意拳的主要特点,形意拳万法皆出于三体式。车润田先生对三体式站桩的习练方法，有全面、详细的专题论述。先生对初学者解疑释难时，曾谈到三体式站桩的几个值得注意的问题。

（一）呼吸用气

三体式站桩用气，以自然呼吸为佳。一呼一吸，和缓无声，心稳气静。但这种状态不应刻意而为，而是"虚成"，即站桩时，下颏微微内收，自然形成挑顶之势，舌轻顶上腭，松肩下沉，自然虚成。其中有站桩炼神之意。

（二）气沉丹田

气沉丹田十分重要，站桩调气若不能沉于丹田，必定不会练出劲来。气沉丹田不能硬压下气，下气的时候要收龟尾，提会阴，气才能下沉于丹田。切记须无念而行，和顺相合。

（三）站桩动静

三体式站桩，看上去身体不动，但死死地站桩是不对的。站死死的桩会使人肌肉酸痛，心情受挫。站桩之动是"暗动"，隔一时候微微抖擞，旁人看不出来。双臂与下裆均为内圆外抱之势，四肢舒展，无意自动。

（四）桩功出劲

站桩出劲力，是习练桩功的重要目的之一。拳的劲力起始于腰，因此三体式站桩要生腰力。腰力不生，站桩便无实效。站桩时必须要注意，头要虚顶，腰须下坐，膝应下蹲。三点皆俱，日久腰力自足。

（五）站桩收功

站桩收功十分重要，应以归气法收功。收功时，回左腿成马步，两手左右分开，手心向内旋绕至腹前向上直伸，高与头平，手心向内，眼观两掌中间。然后，双手下翻，缓缓落于两腿外侧，手心向下，成三盘落地之式。随之，左脚收于右脚内侧立正，两手下垂，手心向里，平视前方，气经丹田由两腿内侧达于涌泉。收功完毕后，还应散步片刻，可使人气爽神清，增长功力。

七、气充于内，光形于外

宋铁麟大师生前在谈及宋门内功的真绝之处说，气沉于海且充于内，光聚于心且形于外，这两点宋门内功的真谛，源于《内功经》。

一般人只重视气沉于海和光聚于心，忽视了气还应充于内，光还要形于外。气沉于海若不能充于内，则气运不足；光聚于心若不能形于外，则神气不盛。

车润田先生潜心体会宋铁麟大师的指点，终有所悟。车润田先生说，气沉于海较好理解，即气沉丹田。充于内，是指沉于丹田之气，不能散于肢体，更不可散于体外。

许多人不知如何使气不散。车润田先生说，若使气不外散，必须在气沉丹田时，收尾提肛，以提肛之力托住下沉之气，聚于丹田。光聚于心，光指的是人内在气质、心态、胆识的精神表现。聚于心就是把升顶之气倾注于天心穴。而形于外，则是将天心之气通过双目四射而发，形成无敌天下的精神状态。

光聚于心且形于外不是表演而是神志。形于外的方法不可言传，须用心去悟。气沉于海且充于内，光聚于心且形于外，两者相辅相成，互为基础，相融为一。这是习练内功应达到的绝佳境地。

八、要围之意

《六合拳谱》在"五行合一处法"一节中强调"万势只要围"，围是形意拳"五行合一"的要点之法。车润田先生对"要围"简述分为三个要点。

一是在神势上，要以凝神为宗旨。围视对方，精神贯注，以静待动，任凭势险，心平体顺。

二是在体位上，要以自身为中心。视周围为圆形，并顾四面八方，进退皆可保势，攻守均得良机，转化均得气、式。

三是在身形上，要以围圆为要点，走则化为圆，攻则转为方。圆则为柔，方则为刚。圆者以应其外，即以圆形之势化解对方拳式；方者以定其中，即打击对方时的落点角度适宜，发出刚强的威力。

总之，围即圆也，圆便是"五行合一"所造就的"势"。奇招妙式皆在圆中。圆为万法之母，是习练形意拳达到上乘功夫的精髓。

九、宋氏形意拳寻劲要诀

车润田先生在与徒弟的一次通信中，谈到宋氏形意拳的寻劲方法，摘录如下：

前臂伸出时，要沉肩坠肘，后大臂向肋部贴挤，后肘向下按劲，不可向后拉开，后膀不可翘起，瞬间随着腰部的拧动，将后背膀的力传导至前背膀，其气可顿觉贯于掌拳，切记不可努气、憋气；两肘在肋部要灵活，两手伸缩、出入皆在心口前交搓，犹如在微小的洞口之间一出一入；两足之气要随着足趾抓地而稳固如桩。此乃"出洞入洞""吸胸活肩"的功夫。须下苦功方可达到随身柔化的境界。

第三节　车润田谈形意拳要诀

形意拳的基本拳法是五行、十二形拳。拳为"形"，功为"本"。练拳必须练功。功是拳术的核心、基础和精髓。练功，就是寻找出调动、发挥身体能量的方法和绝技。

一、三体式站桩实为站意

三体式站桩是形意拳的功法，是基本功的必修之课。形意拳师教徒，一般都先从练三体式站桩起步。这是因为形意拳"万法出于三体式"。

三体式站桩的规格，呼吸的方法，阴阳的道理，纳卦的要领等都是十分重要的，必须明白。但是，站桩不是形式，不是摆摆架势，而是体练功力。怎样站桩才能体得功力呢？其实，站桩的真正要义是"站意"，"站意"才能得功力。何为"站意"？"站意"即站桩时心意要净，净即无意。站桩时，目视前掌，耳闻鼻息，心气沉稳，无思无念。站桩意不清净，十害而无一益。试想，站桩时东张西望，耳听八方，心意杂乱，怎么能体得功力呢？

站桩有一个要点，即下盘要稳。初练者心杂意乱，易犯憋气、努气的毛病，站不多久便会体力不支。因此，站桩时气息要平稳，气息平稳了，身体就能放松，下盘就可稳当。这是保证站桩意净出功力的重要之处。

二、起松落实方称为良

有人打拳时，深猛呼气，以便出拳用力。这不符合形意拳的打法。形意拳出拳时不是强努气力。正确的打法是，起式出拳身体要放松，松则出拳快，落拳瞬间要实，实则发劲足，劲要发在落式之时，落拳发劲之后，身体又要放松。

如何做到发劲实而又不努气呢？这就要求调整好气息和节奏。落式呼气并非简单的向外呼出气息，而是气沉丹田，气向下行，劲往上返。因此，练拳要练下气返劲的功夫。下气返劲可调动内气化为劲力，而不伤内气。需要注意的是，落式发力要以腰腿肩胯相助，内外合顺。落式时脚要踩实，气贯于拳，这便是内劲。

三、五行拳术精在一诀

五行拳劈、崩、钻、炮、横，打法不同，各有一诀。明白了它的诀处，就能较好地掌握五行拳的精华。

劈拳似斧，其打法诀在一"措"。劈拳打出时，前小臂屈肘向里裹劲，促使小臂和掌发出向上的措撞之力。

崩拳似箭，其打法诀在一"坐"。崩拳打出时，腰胯有下坐里裹之形，逼臀、屈膝、脚踩实，力自达于拳，发出通透的穿力。

钻拳似闪，其打法诀在一"翻"。钻拳打出时，拧身向前蹬出，裹肘打出向上的钻翻之力。

炮拳似炮，其打法诀在一"挑"。炮拳打出时，肩、腰、胯要带有拧劲，前臂肘里裹，沉肩坠肘，无论直斜都要有向上的冲挑之力。

横拳似弹，其打法诀在一"拧"。横拳打出时，腰胯拧动，前脚踩劲，这样便能打出向前冲击同时又含有横格之劲力。

五行拳的一措、一坐、一翻、一挑、一拧，其功夫多在脚下。劈拳以撒步练肩的推力。崩拳以垫步练拳的驰力。钻拳以旋步练肘的翻力。炮拳以虚步练臂的挑力。横拳以斜步练拳的横力。

以上精诀为五行拳基本要领，亦有其他多种练法和打法，各有精微之处，在此不做过多讲述，习练者应在日常锻炼中细心体会磨炼。

四、三节协调要靠整合

形意拳讲"三节"。体有三节：手臂为梢节，腰胯为中节，腿足为根节。这"三节"又各有"三节"。

梢节中，手为梢节，肘为中节，肩为根节。

中节中，胸为梢节，心为中节，丹田为根节。

根节中，足为梢节，膝为中节，胯为根节。

"三节"包括了人体运动的主要之节。形意拳强调"三节"要协调，运动中成为一个整体，协调性要很强。练拳的过程，实际上就是锻炼"三节"的协调性。

怎样练成"三节"协调一致的功夫呢？其实并没有什么绝技妙法。"三节"的协调性是在练拳的过程中不断整合而自然形成的。形意拳讲"六合"，"合"则顺，顺了也就协调了。这个"顺"，是在练拳发劲中不断体悟才能逐步形成。当你练到发劲自然有力，得心应手时，"三节"必定是协调一致的。

五、套路不是实战打法

形意拳的习练套路与交手实战的打法是有区别的。不能把套路当成打法，照搬到实战当中，但是我们要明白，套路中的每一个动作在实战中是如何运用和变化的。这需要用心去琢磨，并在长期的训练中去体悟。

套路是练习功力的载体，通过套路来提高身体的灵活性、协调性，进而增强拳法的劲力。而交手实战，变化万千，如何实战这是打法的问题。

交手实战是不能用套路战胜对手的。形意拳有很多种打法，头、肩、肘、拳、胯、膝、腿、足都是打击的方法。

习练套路，要形成自己的打法特技之术，通百技而精一绝，以一技破万招。郭云深就有"半步崩拳打天下"的美誉。交手实战中，避开对方的攻击，抓住有利时机，施展自己的绝技。一招制对手，一手定乾坤。

六、节奏才是交手之魂

武术是搏击的技艺。掌握了形意拳的技法，有了自己的绝技，并不等于掌握了交手的精髓。形意拳交手之魂是实战中的"节奏"二字。形意拳所讲交手的节奏，是一个整体的概念。这不仅仅是速度的快慢，还包括进退的虚实、步伐的大小、体位的高低、击拳的轻重、呼吸的缓急，等等。节奏的核心是交手"不乱"。"虚出实收"是节奏不发生乱局的根本。"虚出"即出手时要轻、要松，这样易于变化；"实收"则是落拳时要急、要重，这样发劲坚实。

七、伸筋拔力技似投石

伸筋拔力是形意拳练习发劲的绝妙之法之一。伸筋和拔力讲的是形意拳练法和打法的两个方面。伸筋是练法，拔力是打法，这一点必须要明白。日常练习拳法，以肩催肘，以肘推拳；以胯催膝，以膝推足。做到活身形、通脉络、顺气息、合周身，这便是伸筋。而实战中交手发出的劲，是拔出来的，不是推出来的，推出来的是力，拔出来的才是劲，才能收到制敌的效果。拔劲的方法犹如"投抛"。形象地说，"投抛"就好像投石头。以拳带肘，以肘带肩；以足带膝，以膝带胯。这种抛劲，与肩催肘、肘催拳，胯催膝，膝催足相融合。这种拔出来的劲便是有功之劲。

八、练劲诀窍在于练转

形意拳发劲，分明劲（或称刚劲）、暗劲（或称柔劲）和化劲（或称虚劲）三种劲法。一般的理解，明劲强中有刚，暗劲柔中有坚，化劲虚中有实。有一点必须明白，劲和力是不同的。力是局部的，劲是全身的。练拳就是练劲，锻炼掌握调动全身之力的方法。劲是什么？劲是打击的能量。这种能量蕴积在身体之中。练劲不是练用力。练用力不会把周身之力充分调动出来。练劲的诀窍在于练"转"，练转就是练身法。在拳术中，拳起拳落，身体的形态会发生变化，劲就是在体态转变之时拔出来的。所以，练拳要在起落转化时，体悟身形转变对发劲的影响。当掌握了"转"的妙意时，用刚则为明劲，变柔则为暗劲，自如转变明与暗便是化劲了。

九、脚上功夫忌抬高足

形意拳的功夫不在手而在足。步法是脚上功夫的核心。步法决定拳法的发挥。形意拳的步法大体上可归为横、纵、斜、转四个大类。细分就很多了。

形意拳的步伐有一个基本原则,即趟地而行,足不高抬。这是因为发劲是由下体支持的,脚离地高了,步子、身形、拳法都会受到影响,动作就会变形失真,劲力得不到充分释放。

形意拳虽忌抬高腿足,但却又十分注重对腿足的训练。锻炼脚上的功夫,要练腿。其方法主要是踢腿和站桩。各种腿的踢法,是为了抻筋开胯;站桩出腰力,腰力出腿功。腰腿功力深,下盘就稳定,步法不乱,进退展转就自如了。

十、交手实战身法在势

交手实战中,身法是十分重要的。身法灵活具体表现在低、扑、拧。这是形意拳交手中必须遵循的"大势"。

低,是指进攻时体态要低。狮子、老虎捕食前都是向后缩低身体,随后向前蹿出。形意拳交手要低进身。

扑,就是向前蹿,拳就是在前扑的同时打出去的,这样才能拳出有力。

拧,就是拧转身体及腰胯,快速改变攻击的方向。

以"势"压人、打人、胜人。这就是身法在"势"的要点。

十一、形意练精五行化一

形意拳高手，实战中无论使用何种拳法，都能"五行化一"。这就把形意拳练精了。形意拳练到精处的关键是要把五行拳练"通"。五行拳是相通的，劈拳生钻拳，钻拳生崩拳，崩拳生炮拳，炮拳生横拳，横拳出劈拳。这是五行相生之理。把五行拳练通，"通"什么呢？练通就是把劲法练通，不管劈拳还是崩拳，钻拳还是炮拳，一出手便是带劲的形意拳。交手中下劈、上挑、平冲、横出，随意而发。把五行拳的劲练到相通时，一个动作各种劲力尽在其中。这是练形意拳必须达到的高端境界。把五行拳练通，没有什么特殊的方法，靠的是在练拳中的悟性。悟即体悟，体会五行拳发劲的特点，体会发劲与拳架之间的联系。实战中五行化一，在于发劲的转变。转变的要点在于"抖"。这个"抖"不是手的抖动，而是体态"抖转"。身形抖转的变化，改变发劲的形态。

十二、成就功夫重在上身

什么叫功夫？功夫就是本领、造诣。拳术功夫说到底是交手搏击制胜于敌的本事。功夫是经过不断练习、摸索、总结逐步成就的。没有什么捷径可走。

功夫的成就，最终要能"上手"，也就是在实战中能通过肢体上发挥出来。功夫上手有个前提，即功夫要"上身"。你的体能强化了，身形灵活了，打法精巧了，便可以说功夫基本上身了。"功夫上手身上出"，这话道出了成就功夫的核心之处，功夫上身是练出来的。

第四节　车润田谈内功修炼法

在武林之中，许多门派都重视内功的修炼。何为修炼内功？换句话说，修炼内功的主要内容是什么？古人认为，人体有精、气、神三宝，三宝有先后天之分。修炼内功就是培养人体先天的精、气、神，使人强健、气壮、劲足、力大。

何为精、气、神？

精者，指的是人之先天元精，也即指人的灵性。元精发于人体之肾。元精从虚极静净而生，这种精为清精；从妄念淫邪中来的是浊精。意净则元精不散，精则渐旺；杂妄之念若动，元精则败、则耗。

气者，指的是人之先天元气，也即指人的质性。元气由无极中来，伏于肾阴之中。气静不动，人体无疾。后天呼吸之气又为先天元气所用，即先天元气依于后天之气而调膳。

神者，指的是人之先天元神，也即指人的心性。元神寓之于心，人的先天本性即为真神、真意。人之神意要清清朗朗，空空洞洞，无一邪虑，五蕴皆空，四体皆假。此实为人生观的一种清凉境界。

精、气、神三者之中，除气为先后天并用外，精与神专用先天。人后天之精、气、神都由先天之精、气、神所发，而先天之精、气、神均由后天之精、气、神所固。精、气、神三者，神安则气损，气损则精败，神为一身之主宰。

怎样修炼内功呢？古人认为，虚生神，神生气，气生精，三者本相为一。古人提出四步功程，即练体化精、炼精化气、炼气化神、炼神还虚，四步功程实为一体，绝非分步而炼。体在精中，精在气中，气在神中，神意皆应为虚。精、气、神三宝皆为无形之态，唯气是先后天并用。因此，修炼内功四步功程，首先要树立正确的世界观、人生观和价值观，在此基础上，通过调整呼吸之气在体内的运行之态，培养人体的元气。所以，修炼内功的核心内容就是调息培气。

调息培气之功夫，关键是"有""无"二字。"有"，切不可用力，用力必伤元本，有作有为皆是病。"无"，并非真无，无作无为自能抽填。

"有""无"二字并非为二，而是辩证统一关系。此意实指调息培气要持不无不有、顺其自然的心态，这即是说调息培气切不可着相。不着相于有，不着相于无；不着相于助，不着相于忘。要似有似无，似忘似助，似动非动，似静非静，神行气行，神住气住，神气相注，心念不动，无去无来，不出不入。此乃实指人之意念的一种自然常住的状态。

调息培气，修养精、气、神，在形上有动修和静修之分。先强外体，练体化精为动修。自净其意，收放神心为内修。两者不宜顾此失彼，当以动静兼修为佳法。这是因为动在静中，静中有动。心之根为性，性之根为神，命之源于肾，精之本为气。动与静、性与命同为一体。即动修静在其中，静修动与同存。修性，命自相行，修命，性与并进。

本节摘选几种功法，简单易行，实际上只为领引入门。只要明了精、气、神的真实意义，掌握了三者的辩证关系，平时立卧行住均可调息培气。这才是上乘自在的内功大法。

一、站桩功炼气法

武林各门各派的桩功各有所异，但无论何种桩功，均有炼气调息的方法并合其中，现介绍几种桩功的炼气方法。

（一）马步桩功炼气

体形为马步桩，两足趾抓地，气沉于丹田，双手掌心朝天，自小腹向上提气至乳下，又覆掌向下推之。同时气自鼻中压出，如此数十余次，功成气可充盈两肋，能经铁络石。

（二）丁步桩功炼气

体形为丁步桩，两掌向前平伸，向回收臂时吸气，向前推掌时出气。推收均丹田呼吸，鼻出鼻入，如此推收数十余次。此功为活气功法，功成不畏刀枪。

（三）三体桩功炼气

体形为三体式桩，舌顶上腭，龟尾上提，意领顶、手、足三心之气沉于丹田，意至涌泉，呼吸和缓，任其自然，神意虚空，似有似无。站桩时间由短渐长，功成身如盘石。

（四）无极桩功炼气

体形为自然站立，双脚平行，略比肩宽，两手下垂，手心向内，气沉丹田。行功时，意领百会有水流出，经面、胸、腹、腿、脚下至涌泉，此复为三次。然后再意领百会有水流出，分经脸外侧、肩、肋、腿外侧、足外侧至涌泉，亦复为三次。再意领百会有水流出，由中脉下行至会阴，再经两腿骨中下行至涌泉，同复为三次。此时，意感两足涌泉内热，收热于两踝。再意领足热提升至百会，意念"呼放"，再使之下降到踝骨，复又上升，循环三次。久练此功，内劲充足，绵中有刚，浇水不断。

以上四功，意念领气时，均不可着相偏执，意念应轻灵，似有似无，不无不有。桩功炼气，只是内功的炼气方法，目的是使习武之人掌握调气的基本方法。日久形成自然，才能在拳术套路的技击中自然调气，运用自如，达到意行气随的上乘功夫。

二、大周天用气法

大周天用气法是形意拳各支门中的内功要法。大周天即大循环之意。

行此功法，首先尽吸一气，气下丹田，由丹田翻于脊背，下于两肋，然后于耳后升于泥丸，下至印堂，过鼻至喉，再从背达于胸，下至丹田，经由裆下于涌泉，再由涌泉上翻于外胯，再升于脊背，经腹内六腑，下于丹田。

此大周天用气法，侧重于调整内气运行状态。用此功时，须静心定神，周身放松，勿努憋气，站立自然，以鼻呼吸，以意领气，意行气随，意至气到，顺序循环。久用此法必能培养精、气、神之元，百疾皆除。

三、藏龙握固功

藏龙握固功是古人创编的一种调息养身的功法，功法简单易行，健身效果明显。此法在流传过程中，演变出多种不同习练方法，命名各有不同，但其中的要点基本是一致的。

习练藏龙握固功，分为三步进行。

第一步：正面仰卧，自然闭目，两手握拳，大拇指曲于四指之下，握力不浅不重，然后缓缓尽呼尽吸，默计双百，吐出浊气一口。

第二步：随之静心息虑，意守丹田，以意领气，推于双手。丹田呼吸，鼻出鼻入。握手吸气，松手呼气，一吸一握，一呼一松。如此同计双百。

第三步：收功时放开双拳，双掌搓擦，干洗双手，略感发热时，再缓缓尽吸一气，吐出浊气。

习此功法，可调节人体阴阳，久习畅通气血运行，有明目安神、强髓固精、祛病消疾的作用。

四、静坐调息功

静坐调息功亦属内家功夫，是通过静坐调整气息，除去杂念，定神养气，达到健身益体的效果，久之自可除疾去病。此功法依佛家参禅入道之法简化而成，现今流行多种静坐功法，但均以除虑精心调息为宗旨，大可不必拘于形式。握固形象，静坐调息是其中之要义。下面介绍的静坐调息功法，简单又易行。

（一）择选静地

选一安静清洁之地，如无专门的静坐之室，在卧室床榻亦可。床榻以硬板加褥垫为佳。早晨行坐要开窗通风，冬季通风后闭窗再坐。

（二）凝神定意

双腿单盘而坐，两手按在膝头，气息缓缓出入，舌尖轻抵上齿，脊柱自然正直，臀部平稳自正，收敛杂虑清心。

（三）双盘调息

单盘凝神片刻之后，杂念已除，可将两腿双盘，双手改为金刚手印（即右手放在左手之下，手心向上，微曲，两大拇指尖轻轻相触），置于丹田之处。先由口中吐出浊气一口，随之自鼻缓缓吸入新气，徐徐咽下均入丹田。呼气时要稍快，吸气时要稍慢，必须尽呼尽吸，如此行三呼三吸。

（四）意守丹田

调息之后已冥心息念，即可闭口合齿，由鼻中出气一口，沉肩下气，轻合双目，略留线光，意守丹田，切勿抑意，似有似无，鼻呼鼻吸，自然为优。

（五）放足收功

意守丹田一刻钟左右，可轻放双腿，两足心相对，再以双手扶助两膝，合而相并，缓缓伸直。双手轻揉面部七次。如在地上跌坐，揉面后可缓缓站起，身体自然直立收功，如在床榻之上，揉面后可坐在床边，双腿自然下垂，然后直立收功。

行此功法，可一早一晚各行一次。早晨行功应在大便后为宜，行功时要宽解腰带。单盘坐时左脚在下右脚在上。双盘坐则左脚后跟抵在右睾丸处，右脚放在左脚之上，抵在左睾丸处。女子则相反。如不能盘坐，不盘亦可。初习时，行功时间由短渐增，切记不可强求。

五、揉腹祛邪功

揉腹祛邪功是修道之人的一种练功方法。此功在夜间入寝之前进行。主要作用是将一日三餐于腹中的邪气祛除，以净身心，畅通肠胃。

行此功法，须双盘而坐，肩平背直。静心调气片刻，将左手侧掌，掌心横贴于丹田之下，右手掌扶于左掌之前，双掌相贴一齐横向由右向左横揉腹部，横揉二十一或二十八、三十五、四十二、四十九次。揉腹次数可随自定，然后再由左向右横揉，次数同前。此为行功一次，如此三次，行功可毕。

行功时，呼吸由鼻出鼻入，意自丹田呼吸，一呼一吸与手揉腹相应，切勿过急，亦勿过缓，尽呼尽吸。行功完毕后双掌相合，擦掌数次，当感觉掌心发热时，以热掌心贴于脐处，温脐片刻，即可宽衣安寝。

六、舌抵上腭功法

舌抵上腭即舌头抵住上腭部位。气功学中认为这是沟通任督二脉的桥梁，俗称"搭鹊桥"。中医学认为：督脉循背，总督周身阳脉，为阳脉之海；任脉沿腹，总任一身阴脉，为阴脉之海。两脉各断于上腭和舌根。舌抵上腭即可沟通任督二脉，使全身经络接通，上下之气通畅。常练此功，可疏通气血，条达经络，清爽头脑，强健体质。舌抵上腭时，要自然合口，不松不紧。舌体直而不僵，弯而不卷，抵力适度，不软不硬。舌抵上腭还要配合呼吸，一呼一吸，鼻出鼻入，自然有序，意在似有似无之间。平时，除开口讲话外，都可舌抵上腭，口中唾液积多时，可徐徐咽下。

七、水火既济功

俗话说"水火不相容",此为天地表象之说。古人在健体修身过程中发现,人体之中也有水火之象,但人体之水火若不相济,则生病疾。水火既济功即是古人总结的一种调节人体水火两相既济的功法。习此功法,可使人体真气乃萃,精神渐长,聪明目开,增长气力。古人认为,人体之肾纳象为水,水宜上升;而心纳火象,火应下降,此乃水火既济。行此功,身体直立,两手自然下垂,舌抵上腭,提胸肋,塌肩井,反龟尾。吸气时,意想肾气上升交于心地,呼气时,意想心气下交于肾,如此反复上升下降。行功时间一刻钟即可。收功时,将口中咽津徐徐咽下,至中脘而回。

第五节　形意拳要法探微

一、三体式桩

三体式是形意拳的基本桩功，属站桩功法，是学习形意拳的入道之门。形意拳先师李能然指出："万法出于三体式，凡百运动基于此。""欲进形意之妙用，必先致力于三体式。"三体式站则为桩，行则为拳，是形意拳之母。

三体式桩功之名有着深刻的涵义。古拳论曰："天，为一大天地；人，为一小天地。天，以阴阳相合而生'三才'。'三才'者，天、地、人三才之象也。"《黄帝内经·太素》阴阳篇曰："唯贤人上配天以养头，下象地以养足，中傍人事以养五脏。"这表明，形意拳桩功三体式之名，取天、地、人三才之象，表拳中为头、手、足三部之用。

《易经》中也有三才之道的意义："立天之道，曰阴曰阳；立地之道，曰柔曰刚；立人之道，曰仁与义。"不难看出，三体式桩功之名，也是"天人合一"之道的应用。

三体式头、手、足各部为三节，三节之中又各有三节：
就头而言，头为梢节，背为中节，腰为根节。
就手而言，手为梢节，肘为中节，肩为根节。
就足而言，足为梢节，膝为中节，胯为根节。

三体式桩功之名又符合洛书中的九数之意，其中包含着丰富的传统文化的内涵。练习三体式桩功，必须掌握基本要领。形意拳在数百年的传承中，许多先辈名师积累了丰富的经验和体会。不同门派又形成了各自的特点。

习练三体式的基本要领，归纳起来主要有五点。

（一）要明三体阴阳之理

形意拳含纳了中国古代自然科学观点，朴素哲学思想和中医阴阳理论。古人运用这些理论和思想，将其转变为技法的基本准则，达到强身健体的目的。其中阴阳学说尤为重要。《黄帝内经·素问阴阳应象大论》中指出："阴阳者，天地之道也。万物之纲纪，变化之父母，生杀之本始，神明之府也，治病必求于本。"这里所讲的"变化""生杀"，是指事物产生、发展、衰落、灭亡的过程，而阴阳是决定"变化""生杀"的根本所在。

形意拳中的内外相合、上下相随、周身一气、一动皆动，均依于阴阳结合的理论。阴在内，阳之守也；阳在外，阴之使也。这告诉我们，在内之阴靠在外之阳的护守，而在外之阳又须依靠在内之阴的支持。即阴阳是对立的统一，互以为根，相互依存。阴阳相合则通、则顺。因此，练习三体式，必须明了阴阳相合的重要意义。

（二）要准三体规格之式

三体式有规范的格式，学习三体式必须严格按规格去做。传统三体式常见的一种格式为中架势。这是古人主取中庸之道思想的反映。中架势可谓中正之势，两肋横开，气贯上下，重心取中，抗压抗冲，不飘不钝。

在形意拳中，还有两种格式，即高架势和低架势，各具特点，也各有所弊。中架势既涵盖了高低架势之优，又避其之弊。

中架势三体式，左手屈肘前伸护外，右手屈肘腹前守内，两足前后相距二尺左右，后腿曲度在 130~150° 之间。重力分配前轻后重，重心落点在后足前多半尺处。

中架势三体式在外功上有三个主要特点：一是有利于增强上肢的刚强性；二是有利于增强下肢的稳定性；三是有利于增强腰肾的坚韧性。

中架势在内功上也有三个好处：一是有助于通行气血；二是有利于增加储气；三是有利于贯通经络。

因此，中架势三体式对于使人外坚而内壮更为得效。

（三）要纳三体八卦之象

《易经》中的八卦，是古人对自然界变化所归纳的八种形象。从人是一个小宇宙的观点出发，形意拳三体式要求人体各部位要符合自然变化之象，这是人与自然合为一体思想的突出体现。

八卦即乾、坤、巽、兑、艮、震、离、坎。乾为天，坤为地，巽为风，兑为泽，艮为山，震为雷，离为火，坎为水。八个方位八种自然现象，相互交织并互为转化，对立统一又相为依存。

乾象为天，三体式头纳乾卦。头正而起，前额上提，项颈竖正，后夹下塌。

坤象为地，三体式足纳坤卦。两足趾抓地，左足尖里扣，两腿形如夹剪，两膝外曲内直，涌泉尽力上缩。

巽象为风，三体式肩纳巽卦。沉肩助坠肘，背势平而身正，拔背活而且顺，气畅自然勿滞。

兑象为泽，三体式裆纳兑卦。裆宜圆紧且内外相挣，胯之上下其骨缝相催，外柔内刚且不偏不倚。

艮象为山，三体式胸纳艮卦。含胸正提，胸出而不高，胸开而不束，提胸气不涨，塌腰气不滞。

震象为雷，三体式肋纳震卦。两肋两手和身体均以气之呼吸为开闭、为出入、为纵横，气从于意而行止。

离象为火，三体式心纳离卦。心火宜下，提胸肋，翻龟尾，下气聚劲练步，意领心气下达于肾。

坎象为水，三体式肾纳坎卦。肾水上交于心，心气下达于肾，上下依序循环。

三体式中各部位所纳之象，必须整体协调，神形一致，即在意念上要清无杂念，形体上勿僵身架势，身内中应气畅行通。

（四）要行三体气运之规

形意拳桩功三体式属静练之功，但静中有动。三体式静中之动是指气运之动，气运之动是形意拳真劲之源。拳经中说"静中之动谓之真劲，动中之静谓之真静"。这说明动在静中、静在动中是辩证的统一。三体式中的气运之动，即通过呼吸和意念调整体内气血的运行，其中有规范性的要求，气运之规的关键之点在于呼吸要自然流畅。

具体要求是：心气稳静，无思无念；自然合口，舌抵上腭；鼻呼鼻吸，不急不滞；先呼后吸，吐故纳新；先升后降，一起一伏；升如龙飞，降如虎伏。

在自然呼吸的同时，要以意领气，依任督二脉有序循行。呼气时，气沉丹田，自会阴顺两腿下至涌泉；吸气时，气由涌泉提起，沿腿上至肛门，经尾闾由脊柱上于百会，沿耳两侧交于舌尖。依此上下升降，周而复始，精气自萃。

以意领气时，要似有似无，不偏虚实，即"虚无"之意。形意拳谱上讲"道自虚无生一气，乃从一气产阴阳，阴阳再合成三体，三体重生万物张"，即三体式内外相合形成的内劲功夫。

(五) 要集三体桩法之功

三体式桩功是形意拳的基本功法，桩功不是可有可无。

拳谚中说"宁可三年不练拳，不可一日无桩功""练拳无桩功，房屋无顶柱""欲求技击有妙用，必得练好站桩功""学武先习站桩术，站足三年再练拳"。这些都明确强调了桩功的重要性。

因此，三体式桩功必须天天练习，日日不断，寒暑无阻，持之以恒。站桩时间，初学可由短渐长，循序渐进。只要坚持练习，善于总结，自有体会，必集桩法之功，使精、气、神三宝得到培植与锻炼。

二、气沉丹田

丹田是习武练功时经常提到的一个重要问题。自东汉以来，内丹术兴起。丹田被内丹家视为修炼人体精、气、神的成"丹"之处，同时对其赋有田野生阔之意，故以"丹田"名之。

丹田的别名很多，如丹房、丹元府等。丹田在修炼内功中占有极其重要的地位。气沉丹田就是内功调养元气的重要方法之一。气沉丹田能使真气充盈，打拳时化气为劲。因此，习练内功必须学会气沉丹田，这是内功的基础和根本。

(一) 丹田在人体中的位置

晋代葛洪在《抱朴子内篇》中指出："上丹田在两眉间，中丹田在心下，下丹田在脐下。"仙经中进一步描述了丹田的位置："脑为髓海上丹田，心为绛火中丹田，脐下三寸为下丹田。""下丹田藏精之府也，中丹田藏气之府也,上丹田藏神之府也。"气沉丹田所指的是下丹田。

关于下丹田在脐下的具体位置,历代名家说法不一,无法确定其准确之处。这是因为练功人意守丹田的部位有所差异,"得气"感应的部位也会有所不同,而且"得气"是一种感觉,这种感觉忽隐忽现,很难把握准确位置。《三丰全集》《仙佛合宗》以及《内丹三要》等书均对此有明确的细述。

由此可以看出,气沉丹田的位置不是一个点,而是一个区域,大体在脐下一寸至三寸之间。

(二)气沉丹田的实质含义

人的呼吸是由肺进行的,吸入的空气进入肺中,那么气又是如何沉于丹田呢?其实,气沉丹田是一种意念作用产生的生理现象。

首先,练功人要净思清念,由入静开始,形意称之为"无极"。当入静至极之时,下丹田会"无中生有",练功人会感到丹田似有气生成,此即"虚无含一气"。

随着"虚无至极"状态的延续,通过"意守丹田",在意念的作用下,呼入肺中的气变为"内气"聚于丹田。

当"内气"充盈之后,丹田所聚之气会产生热感,这就是气沉丹田的实质意义。形意拳将这种现象称为"太极"。不难看出,能否练成气沉丹田之功,首要基本的功夫是要学会"无极入静"和"意守丹田"。

(三)气沉丹田的重要作用

历代拳谱、拳经及中医学文献指出,下丹田处于人体的中心。这个区域有许多重要的穴位,而且又是任督二脉经气运行的起点,是气运升降的开阔之地。《养生肤语》中讲"丹田为气禀之源""气之升降以此为基地"。所以炼丹家都以下丹田为"积神生炁""积炁生精""炼精化气"的重要部位。气沉丹田这种由意念作用产生的感觉在体内能产生奇特的作用。当自感丹田热气充盈后，采用"舍气从脉""神奇合一"的方法，即将意念缓缓移开丹田，引领丹田内气循于血脉之中，延"小周天"诸穴位贯通任督二脉，畅其气血，这在形意拳中称为"两仪"。由"小周天"再循"大周天"各脉，贯通头、手、足中的奇经八脉，即是形意拳中的"三才"之称。中医学认为：气为血之帅，气行则血畅，气滞则血凝，气血通无疾，气血阻病生。可见，气沉丹田，贯通八脉是自我健身的极好良方。在武术的实践中，则能瞬间使内气贯于拳掌，爆发出巨大的劲力，同时实战中身体前后左右招式相连，都是源于内气之功。

（四）气沉丹田的习练形式

练习气沉丹田的形式，形意拳主要通过三体式站桩实现，因此站桩决不能走过场、摆架势。许多人习武练拳多年，但站桩坚持不到几分钟便体力不支，拳无神形，掌无劲力，上体不灵，下肢不稳。其根本原因是站桩不得内功，徒有虚形，未得要法，气血不畅，僵身混体。身体在运动时，气沉丹田则转为"丹气内动"。形意拳盘根功法以及太极、八卦等旋转功法，都是丹气内动的极好练习方法。丹气内动也称丹田内转，其功法均以腰为轴，与身法、步法相合，多采用旋圈运动，是在运动中培足内气形成爆发劲力的基本功法。

总之，在内功中，由无极而入静，是意念控制产生的作用，而"虚无含一气""内气聚丹田"以及"丹气外贯""内气升降"都是意念引领的结果。有人说，一天之中杂念纷飞，难以静心息虑，无法"虚极入静"，更谈不上"意守丹田"。这种情况不是生理上的原因，而是观念、心态上的问题。

一个人如果对世间人情世故、财色名利不能看破放下，过于执着追求，会成为心理上的一种障碍。达摩祖师当年在少林寺传艺留下《易筋经》《洗髓经》两部内功经典。"易"者坚其外，"洗"者净其内。说明修炼内功，离不开修养观念和心态，对此切不可轻而视之。

三、调息培气

调息培气是内功中的重要基础功夫。培气也即内练一口气。内练培气，外练神形，以意运气，以气师形，形气合一，才能趋于上乘内功。形意拳中要求"心与意合、意与气合、气与力合"的原则，均以调息培元为基本功。调息培气主要包含三个要点。

（一）调整呼吸方式

一般的呼吸方式是口呼鼻吸，胸部起伏。炼气的呼吸方式有以下几种：

一是将胸式呼吸变为腹式呼吸。即呼吸时调动腹部的功能，以腹部的起伏为呼吸的主动力，增加肺的呼吸量，并促进腹腔内器官的蠕动，增强血液流量，使身体从整体上得到平衡和协调。

二是将顺式呼吸变为逆式呼吸。顺式呼吸在吸气时腹部外鼓，呼气时腹部回收。逆式呼吸则与此相反，吸气时腹部内缩，呼气时腹部外鼓。逆式呼吸对增加肺活量、促进腹腔器官的蠕动效果更佳。

三是将肺呼吸变为丹田呼吸，也称胎息。这种呼吸实际是意念引领丹田呼吸，是呼吸的"虚无实有"状态。没有一定的调息功夫，很难体悟到呼吸"虚无实有"的真实意趣和独特功效。

（二）培植养护元气

调息的目的是培植和养护元气。元气也就是真气、内气、正气，是先天之气。先天之气并非呼吸的空气，而是人在胎中发育时形成的肾功能的强弱之力。在外则表现为人的气质状态。先天的元气，随着后天的生活、运动必然受到损耗。改善饮食、环境、情绪、心态、生活习惯，对培植养护元气十分重要，而运用调息的方法打通经脉，对于培植养护元气更能产生绝妙的作用。运用调息培养元气的要点有以下几点。

一是鼻呼鼻吸。无论是胸式、腹式呼吸，还是顺式、逆式呼吸，均以鼻呼鼻吸，舌抵上腭，气息细匀，无风无喘，这是"真息"的呼吸之态。

二是气贯丹田。一呼一吸，腹起腹落，气贯丹田，聚气勿散。呼气时全身放松，体随气降，重心下沉，意呈大雁落地之意。吸气时则感身起，悠然上升，随风飘荡，意现苍鹰起飞之念。

三是畅通八脉。气贯丹田且丹田气热之后，即可行"五吸五呼通八脉"的功法。气通八脉即通督脉、任脉、带脉、阴维脉、阳维脉、冲脉、阴跷脉、阳跷脉。此功由会阴穴起气，循后终归会阴。经常练习此功，八脉通畅，内浊散出体外，外精集于体内，元气逐充，充而化精。

（三）调息培元姿势

调息培元所采用的姿势多种多样，归纳起来为动、静两大类。

静类以站桩式和静坐式为多。在静坐式中，也有动静结合的姿势。无论采取哪种姿势，其中的基本要点是一致的，差别之处并不大，可根据个人的情况，依老师的指点练习。无论采取哪种姿式，有三个问题切不可忽视。

一是身体肌肉要放松，不可僵身紧体。肌肉和身体要随意念提气而紧，随放气而松，这是调息培元的重要关键之处。

二是意不起气不动。即气随意动，意行气随，意止气止，这是调息培元的基本功夫。

三是收功时要"气息归根"。各种姿势和不同门派归气方法有所不同，但此功是必须要做的，目的是使气归于丹田。静坐姿势收功时以擦搓丹田为收功，另有以搓掌复脐为收功的，也有以搓面揉目为收功的，等等。不论哪种收功方式，均应以意领气，气归丹田，这是必须要做到的。

四、净意虚空

"净意虚空"是历代内功家修炼内功所共同强调的一个问题。内功家把"净意虚空"作为内功的基本功，提出了特殊要求，并作为内功诸法的第一步功夫。

（一）"净意虚空"的内涵

"净意虚空"的实质，是人心理上的一种状态，也可称为人的一种思想境界。

"净意虚空"出于儒道佛之家，许多人对此有很多误解。其实，这种思想境界并不是消极、迷信、被动的，而是积极、现实、向上的。

"净意虚空"的境界源于对自然、社会、文化、价值观、人生观、世界观的准确把握，对世间财、色、名、利的本质意义有正确的理解和认识，不无度追求，不固守执着，一切顺其自然，这是中华民族传统精神文化的集中体现。

"净意虚空"又是人对自然界的理性回归。自然界的资源是有限的，人的生命也是有限的。人在思想境界上"净意虚空"，为人类有度地利用自然资源提供了正确、和谐、可持续性方式的认识基础，这是天人合一思想的具体表现。

内功中"大道无形"的真实表述便是"净意虚空"。

内功家把"净意虚空"的思想认识境界，转化为练习内功时的精神状态。练功时思想要"净意虚空"，这是训练以意领气的基本前提，一个人在思绪万千的状态下，根本无法进行内功的训练。

（二）"净意虚空"的训练步骤

"净意虚空"大体经过三个步骤，或称三个阶段。分说为三，实练为一。

第一步，息念入静。各种内功功法，都将息念入静作为第一步。即要求练功人全身放松，身心镇定，清思息念，排除外界的干扰，进入无意状态。这便是内功中所说的入静，是在意念作用下的一种生理过程。

第二步，浑元一体。在入静的基础上，摒除自身本能的意识，把思想集中到"虚"字上，做到目不外视，耳不外闻，视而不见，听而未闻，神不外溢，进入一种"浑元"自然的状态，此即"净意"。

第三步，回返先天。就像胎儿一样无意无识，虚虚静静，空空洞洞，物我皆无，意无一尘，念无一物，这就是"离形脱意"后的神意相契，即为"虚空"。

在达到"净意"和"虚空"，净而灵、空而妙的意境后，便可按照调养生息的要求，意领内气循行，或升或降，起伏依序，此时，意念完全与气相合，进入意与气合的状态。"净意虚空"的训练要日日进行，不可间断。内功上乘之人排除内外干扰达到入静的过程用时极为短暂，这是日积月累形成的绝妙功力。

（三）"净意虚空"的练功方法

自古以来，内功家的练功方法有动有静，有站有坐。动站者有式，静坐者有形，可根据本人的实际情况选择。从前人的经验看，动与站的方法得气较快，气感较强，适合初学者选用。而静与坐的方法对有一定内功基础者而言，是进一步提升功力的重要方法。无论哪种练功方法，都要把握进入"净意虚空"状态的要点。即从控制思维入手，放缓思维节奏，放缓情绪的强度，放缓心态的变化，使思维由杂入静，由静入虚，由虚入空，由空入妙，渐入"净意虚空"的境界，不断提高"意入即入"的能力。

五、力发丹田

武术在实战中克敌制胜的重要手段是爆发力。徒手相搏要发力至手，持械格斗要力达器械尖头。身动如疾风，出手似刀箭，身起如龙腾，体落似虎伏。这些都是以劲力相支持。"力发丹田""化气为劲"是修炼内功的主要课目。

（一）丹田发力的过程

力自丹田发出，其概略过程是：丹田聚积的内气，在意念的引领下，按拳法套路的招式贯于周身，抖发爆出。这个发力的过程是在瞬间完成的。"意领内气"在实战中则是在"无念"中实现的。这个"意领"是"有意无念"之领。实战中若"意执发力"，有"念"出现，则难以发出爆发之力，这一点必须认真注意。这是因为丹田发力的过程是内功的自然形化过程，是上乘内功的真实表现。

（二）丹田发力的修炼

形意拳修炼丹田发力的方法是内外双修。就外修而言，主要是修炼身法。身法的基本要求是肩与胯合，肘与膝合，手与足合，此为外三合。身体要呈四象，即鸡腿（取独立之功）、龙身（取束骨之法和三曲之才）、熊膀（取膀力内蓄和竖项之力）、虎抱头（取欲扑之形）。在四象之中，把起、落、进、退、反、侧、收、纵八种要法融贯其中。八种要法在"起望高，束身而起；落望低，展身而落"中尽展其能。形意拳的身法朴实无华，但内涵极深，唯认真习练才能掌握。身法不展，丹田力则难以修成。就内修而言，主要是修炼"内气"。其要点在前面"气沉丹田""调息培元"等文中有所介绍。

修炼内气的核心是调气息，培元气，畅经络，通八脉。做到心与意合、意与气合、气与力合，形成"一发动全身""一动无不动"的上乘功夫。形意拳内外双修以内为主侧、为基础、为核心、为精髓。身形灵，内功精，才能做到变化奇正，五行相合，三才一体，四梢整齐，力发丹田，一气呵成。这就是神形合一的基本要旨。

（三）采纳日月之精华

丹田发力依靠的是调动内气之力。古人在实践中总结出"采天地之精华、日月之阴阳"以壮内气的功法，用以养气、养血、补心、补肾、强体、壮内。

很多人很难理解"采天地之精华、日月之阴阳，以壮内气"的说法，其实，这是古人对练习功法的一种形象描述。其真实的意义是在特定的时间和地点（天地日月磁场力强且干扰少），在天地日月磁场与人体磁场的交合之中，在意念的作用下，使人与自然磁场相协调，达到益神智、消凝滞、长清灵、强身健体的目的。这个过程就是"意与气合"的过程。

采精的方法是：选择一个环境好、无人迹的地方，在每月初一，当日初出之时（寅卯时），居高默对，调匀气息，意吸光华，合满一口，闭息凝神，细细咽下，以意送之，至于中宫，此为一咽。如此七咽，静守片刻，采精即毕。若初一阴雨，可于初二、初三再采，过此三日不可妄采。

取华的方法与采精相同，时间应在每月十五，圆月当空，戌亥之时，采吞七咽。若十五天阴无月，可于十六、十七再取，过此三日切不可强取。采精取华，纳天地日月之阴阳，是内功中的一部大功。月月采取，持之以恒，必见奇效。

需要指出的是，意念的作用在采精取华的过程中十分关键。吸气时要存想日月精华无限美好，咽入体内精气倍增，周身轻灵，心情畅悦，纳气入内，气沉丹田，均以意引之。

注：以上前面介绍的各种阶段的内功：三体式桩、气沉丹田、调息培气、净意虚空、力发丹田，需有一定内功基础之人在明师指导下方可练习，否则，如果方法掌握不当，会有害身体。慎重！

六、五行合一

形意拳是依据中国古代阴阳五行的理论所创立的。古代阴阳学讲的是对立统一的法则，五行说讲的是矛盾变化的规律。形意拳的五行拳，就是内含五行相生相克论的典型代表。形意拳的技法要则十分丰富，"五行合一"是基本要则之一。掌握"五行合一"的要义，对于学习形意拳有着重要的意义。

（一）"五行"之取意

"五行"是古人对自然物质形态的抽象概括。古人认为，金、木、水、火、土是一切物质的基本元素形态。"五行"相生相克反映的是物质变化的基本规律。

相生的关系是：金生水，水生木，木生火，火生土，土生金。

相克的关系是：金克木，木克土，土克水，水克火，火克金。

在相生相克的关系中，土滋生万物为主本，可生其他四行，而万物皆归根于土，土又能克制诸形。

根据五行相生相克的理论，形意拳先辈编创出劈、崩、钻、炮、横五拳，即五行拳。又依中医学理论将心、肝、脾、肺、肾五脏以及目、耳、鼻、舌、人中五官与五拳相匹配。这样内与五脏，外与五官相匹配，便成为五行拳的基本理论。

五行拳与五脏、五官的对应关系是：

劈拳属金与肺、鼻相对应，崩拳属木与肝、目相对应，钻拳属水与肾、耳相对应，炮拳属火与心、舌相对应，横拳属土与脾、人中对应。

五行拳与五脏、五官的对应，不是随意安排的，而是含有深刻的拳理。劈拳顺则肺气充，崩拳顺则肝气舒，钻拳顺则肾气足，炮拳顺则心气壮，横拳顺则脾气健。又依五行相生的关系，劈拳生钻拳，钻拳生崩拳，崩拳生炮拳，炮拳生横拳，横拳生劈拳，横拳为其他四拳之母。依据五行相克的关系，则劈拳破崩拳，崩拳破横拳，横拳破钻拳，钻拳破炮拳，炮拳破劈拳，由于横拳为诸拳之母，所以横拳又能破诸拳。形意拳的单练和对练套路，就是以五行拳为基本式编排而成的。

（二）"合一"之要点

五行相生相克的理论是矛盾的对立统一。"五行合一"，合则拳路顺，顺则五脏盛，盛则气血盈，盈则内气壮，壮则发力强。所以，习练五行拳要求"五行合一"。"五行合一"，即内五行相动，外五行相随；内五行外发，外五行相连；内外要一致，运动要协调。如劈拳与肺对应，劈拳中主要运用肺气，打劈拳的动作要与鼻之呼吸、肺气升降相合为一，此为"五行合一"的要点之一。

"五行合一"，又要与"四梢"相周全。"四梢"即发为血梢属心，齿为骨梢属肾，指甲为筋梢属肝，舌为肉梢属脾。五行于四梢相周全，即拳式为动、为阳、为实、为正；四梢为静、为阴、为虚、为斜，两者要相合而一，也就是要将动与静、阴与阳、虚与实、正与斜相济相合，相辅相成。

周全的要义是：打拳时，发要警直，舌欲催齿，切齿紧扣，指如鹰爪。四梢助力于发气抖劲。此为"五行合一"的要点之二。

"五行合一"是在日常习练中逐步形成的功夫，实战中这种能力存于意中，自然而成。动不见其形，静不见其机，一切均在"虚无实有"之中。此为"五行合一"的要点之三。

（三）"相合"之修炼

"五行合一"不是技巧所成，若得此功夫，须内修气壮，外练身法，内外双修。

外练身法，一招一式要全神贯注，特别是手、足、身三者要协调。手高不过眉，手低不下脐；动足不偏踏，侧体不偏身；手起足也起，手落足亦落，尽展五行拳中的踏、扑、裹、束、决之功妙。

内修气壮，气由心生，起于鼻息，落于丹田，着力聚气。气聚则充，气充则盈，气盈则壮。"五行合一"，意为主导，存意为根本法则。要做到神不露意，意不露形，形不破体，气贯周身，力不出峰。练至神意相合、意气相合、气力相合、力形相合、神形相合的境地，即成"五行合一"的上乘功夫。

七、气通八脉

气通八脉是内功中修炼行气的一种重要功法。形意拳等许多拳种都十分重视行气功法的习练。脉学源自中医学，脉是人体气血运行的轨道路线。气通八脉，就是调动内气沿八脉路线运行，打通阻滞的穴位，使气血运行通畅，优化人的体质，增强人的体能。

（一）八脉在人体中的位置和作用

八脉，即督脉、任脉、带脉、阴维脉、阳维脉、冲脉、阴跷脉、阳跷脉。其中任督为主脉。八脉包含了人体大部分的重要穴位，对人体的健康关系极大，特别是任督二脉，是人身之子午，元气之所由生，真息之所由起。

任脉在体前，循前身，为阴气之海。

督脉在身后，循体背，为阳气之海。任督二脉相合可见混沌无间，两脉相分可呈阴阳不离。任督二脉实为一源二支，又是人体坎水离火交媾之乡。

带脉横腰腹，宛如玉带，总束各经。

冲脉挟脐直上，居一身之要。

阳维于两臂外侧，主一身左右阳气。

阴维于两臂内侧，主一身左右阴气。

阳跷于两腿外侧，连全身之阳经，主一身在表之阳。

阴跷于两腿内侧，主一身之里。

（二）气通八脉的循行路线和方法

气通八脉取坐姿和立势均可。坐姿，两腿伸直，两手放在两膝之上。立势，两足分开，与肩同宽，两手自然下垂。坐、立均须两目垂帘，净虑息念，神不外驰，调匀呼吸，定静守中。此为气通八脉的预备形式。

气通八脉以"鼻息意领"为法。五吸五呼为一功。

第一吸：循督脉，吸气时，意由会阴穴提气，意领升尾闾，经夹脊至玉枕达百会。随之呼气，循任脉，领气由百会下行至会阴。

第二吸：循带脉，吸气时由会阴提气，至气穴分开双行走背两侧带脉升至两肩窝。随之呼气，循阳维脉，气由两肩窝双行于两肩外侧，至两手心劳功穴。

第三吸：循阴维脉，气由两手劳功穴沿两臂内侧行至两乳处。随之呼气，气由胸前双下于带脉气穴并相归并下至会阴。

第四吸：循冲脉，气由会阴直上督前任后之中间冲脉，上至绛宫。随之呼气，循阳跷脉，气由绛宫下气穴至会阴分走两腿外侧，达两足心涌泉穴。

第五吸：循阴跷脉，气由两足涌泉上行两腿内侧，于会阴相合升于气穴。随之呼气，气由气穴下归于会阴。

此即五吸五呼，气通八脉。道家把五吸五呼称为十口呼吸，名曰"十口呼吸开八脉"。说法有异，功法相同。

（三）练功时应注意的几个问题

一是练功时间。此功法早晚均可练习。环境以静幽为佳，以助排除外界干扰。"五呼五吸"循八脉一遍为一功，可根据本人的情况而定，一般以三至五功为宜。

二是呼吸要细缓。要不急不滞，呼吸有序，鼻呼鼻吸，呼吸相连。

三是要熟悉行气通脉的路线。经常习练即可逐步掌握，形成自然。

四是要明确"以意领气"的实质。"以意领气"是一种心理活动。"意"即"念头"，由"念头"控制气的运行，引领气的运行。这种能力同样需要锻炼。但是，在"以意领气"时，"念头"又不能着实执固，意领是一种若虚若实的状态，即念、气、形、神相合为一的状态。

八、虚无而发

形意拳发力，古传"虚无而发"。这是先人对形意拳形、意、劲三者关系的形象之说。"虚无而发"的要义有三个方面。

（一）虚而意之虚，发而形之发

形意拳发力"虚无而发"，其秘义有二：

一是"虚而意之虚"。实战中的发力之"意"，只是瞬间的一念，意念一起劲已发出，此为"意之虚"。

二是"发而形之发"。即以身形的灵柔之妙合内气功力，化领对方劲势而形成的化劲，此为"形之发"。

在实战中，"意之虚"就是不着意于发力，而是贯注于身形招式。"形之发"则身如流水，连绵不断，无僵无滞。

（二）虚是实之用，实是虚之体

意念之"虚"并非虚无。"虚"是内劲发出之前意念的逆象状态。看似无意，内存爆劲，此乃"有形之动出于无形之意"，也即古人所说的

"虚是实之用,实是虚之体"。形意拳所谓"拳无拳,意无意,无意之中是真意"便是"虚无而发"。其微妙之处就在于"有以无现,实以虚现,刚以柔现"。

(三)虚而在于气,实而在于膜

"虚无而发"的真实功夫,乃修炼而得。虚的基础在于炼气。形意拳之力,以气行事,而非以动于势,这是必须要明确的。而炼气首先从炼静入手。"静极生真气",这一点决不能忽视。能在极短的时间内万念皆息,进入混沌空洞、无形无象、无物无我的境地,才能得"极静之功"。静至极点,真气即生,意守丹田,不执不妄,便会真气充盈。

勤练静功,真气长存,一触即发。而实的基础在于练膜。炼气入膜能强健筋髓,气血两足,力生弹劲,身形灵妙。《易筋经》是一部炼气入膜、强筋健骨的经典古论。按其要义,坚持习练,必得其妙。

九、气出抖劲

抖劲是形意拳中十大劲节之一,有绝劲之称,是形意拳中重要的劲节技法。

(一)抖劲的主要特点

抖劲运行距离极短,故又有"寸劲"之称。抖劲的速度极快,来去若风,出在瞬间,势如闪电。抖劲"震抖"之力极强,故又有"颤劲"之称。抖劲有劲力余波,抖劲一发,颤力相随,犹如余震。抖劲冲击力量极大，劲力急刚，其爆发力极猛，力能摧山，击伤率高，不易防守。抖劲以柔用刚极足，冷萃之劲在柔之中，以柔用急，刚在柔间，外柔内刚。

（二）抖劲的发力基础

抖劲不是蛮力所出，而是由气所发。抖劲之力源于丹田气聚，丹田气聚出抖劲之刚；抖劲之速则来自龟尾剧转，龟尾剧转现抖劲之疾。因此，抖劲是丹田气聚与龟尾剧转相合而发。而抖劲之余波，又与周身三节合一、四梢齐起、五行俱闭、六合为一有密切的关系。

（三）抖劲的发力方法

抖劲源于气，但在实战中并不是边战边聚气发力。名师高手的抖劲是在日常的艰苦练功中积累起来的真功夫。实战中只是瞬间意引而发，没有日常的苦修实练，在实战中决不会发出抖绝之劲。因此，抖劲的发力方法就是苦练形意拳的基本功。

丹田聚气的能力由调息培元、气沉丹田、贯通八脉形成的功力而来。龟尾剧转是在身法、步法的习练中提肛翻尾，在意念指领下形成的内转功夫。而三节合一、四梢齐起、五行俱闭、六合为一则主要来自于三体桩法形成的能力。抖劲是形意拳内外双修功夫的综合体现，没有捷径可循。

第六节 《易筋经》《洗髓经》要意

《易筋经》和《洗髓经》相传是由印度高僧达摩祖师传入中国的。此经先传至敦煌，后入少林，武林中历来有很多人研究和习学《易筋经》和《洗髓经》。据传，南宋岳飞十分荐举此经。"易筋"和"洗髓"是古人强健身体的重要理论依据和方法。各派名师、大德对"易筋"和"洗髓"都有习练和深刻的体会。宋氏形意拳宗师宋世荣先生以及宋虎臣、宋铁麟等列位大师，对"易筋""洗髓"都有独到的见解，从中获益匪浅。

《易筋经》《洗髓经》的主要观点如下：

第一，佛教本师释迦牟尼曾讲："谓登证果者，其初基有二。一曰清虚，二曰脱换。能清虚则无障，能脱换则无碍，始可入定出定矣。"这里所谓之"清虚"，就是"洗髓"，"脱换"即指"易筋"。

何为"易筋"？"易筋"即"欲坚其外"，也就是强身健体，以适应自然环境的变化。

何为"洗髓"？"洗髓"即"欲清其内"，也就是消除人们对世间情欲、物质的无度追求，使人的心态平净清和。一个人内"清虚"则心无障，外"坚筋"则体无碍。"清虚"是"坚筋"的基础，心不清则体不坚也。

第二，"易筋"（健体）的核心，是要掌握阴阳的变化，适应阴阳的变化。古人云：易者乃阴阳之道，易即变化之易。这里包含着科学思想。"壶中有日月，掌上有阴阳""二竖系之于人也"，这就是说"易"的真实含义是自然界的变化，是永恒的，而这种变化是可以被人所掌握的。按照自然阴阳变化的规律，净其心意，强其身体，即可达到"内无心障""外无体碍"的金石之体。

第三，《易筋经》《洗髓经》强调健身以培养气血为主。气血充分表现在人的精气神上，而体健又是养气生血的基础，即有形辅佐无形也，二者为一，是一而二。

《易筋经》中指出，练筋必须练膜，练膜必须炼气。什么是"膜"呢？这里所说的"膜"，并不是人体腔中的脂膜，而是指人的筋膜。筋膜是人体骨外之物，筋连络肢骸，膜则抱贴骸骨。筋比膜硬，肉比膜软。所谓练膜，就是使气至于膜间，气至则膜起，气行则膜张，膜与筋齐坚并固。

所谓炼气，即养真气、守中气、保正气、护肾气、舒肝气、调肺气、理脾气、升清气、降浊气、勿逆气、忌伤气。通过炼气才能周身灵动。由此看来，炼气与净心是紧密相连的。

第四，养气炼气必须明了脉络通道。体虚多病皆由人体自身之血脉、气脉、经脉不通所至。《易筋经》中对人体的任督二脉的穴位以及行气之方法皆做了说明，并示图解。不通脉络之道，强身健体徒有其形。

第五，《洗髓经》宣传人与自然为"形异体同"的"一体论"观点。人是自然界的一部分，"万物非万物，与我同一气"，此论是一种朴素的自然世界观。同时，人在世间，不要被名、利、生、死所束缚，对物质的追求不宜无度，这是一种社会的人生价值观。在现实生活中，净心与健体是密切相关的。《洗髓经》中提出了"洗髓还原"的观点，即日常生活要养成合于自然规律、有利身心健康的正确生活习惯。

下面摘选一些经文中的描述：

须照洗髓经，少食多进气；搓摩干沐浴，按根多按鼻；磨面又旋耳，不必以数计。

乜眼常观鼻，合口任鼻息；勿去鼻中毛，切戒唾远地；日日五更起，吐浊纳清气。

开眼即小便，切勿贪酣睡；厚褥趺跏坐，宽解腰中系；右膝包左膝，调气舌柱腭。

肋腹运尾闾，推肾手推搦；分合按且举，据固按双膝；鼻中出入绵，丝棉入海底。

有津续咽之，以意送入腹；叩牙鸣天鼓，两手俱掩膝；伸足扳其趾，出入六六息。

两手按摩竟，良久方拳立；右脚亦如然，按摩功之毕；徐徐方站起，站稳步方移。

忙中恐有错，缓步为定例；三年并九载，息心并涤虚；浃骨更洽髓，脱壳飞身去。

渐几浑化天，未后究意地。

总之，口中言少，心头事少，腹中食少，自然唾少，即可心净体健，益寿延年。

《易筋经》列出了健体调气之"易筋经十二图"。以图常习，按理调气，身必强健。

第七节　易筋经（上卷）

《易筋经》序

后魏孝明帝太和年间，达摩大师自梁适魏，面壁少林寺。一日谓其徒众曰，盍各言所知将以占。乃诣众曰，各陈其进修。师曰，某得吾皮，某得吾肉，某得吾骨，惟于慧可曰，尔得吾髓云云。后人漫解之，以为入道之深浅耳。盖不知其实有所指，非漫语也。迨九年功毕，示化莽熊耳山脚，乃遗双履而去。后面壁处碑砌坏于风雨，少林僧修葺之，得一铁函无封锁，有际会百计不能开。一僧悟曰，此必胶之固，宜以火，函遂开，乃蜡满注，而四着故也。得所藏经二帖，一曰洗髓经，一曰易筋经。洗髓经者谓人之生，感于爱欲，一落有形，悉皆浑灰。欲修佛谛，动障真如，五脏六腑，四肢百骸，必先一一洗涤净尽，纯见清虚，方可进修，入佛智也。不由此经，进修无基，无有是处。读至此，然后知，向者所谓得髓者，非譬喻也。易筋者，谓髓骨之外，皮肉之内，莫非筋连络周身通行血气。凡属后天，皆其提挈，借假修真，非所赞勖，立见颓靡，视作泛常，曷臻极至，舍是不为，进修不力，无有是处。读至此，然后知，所谓皮肉骨者，非譬喻，亦非漫语也。洗髓经，轶归于慧可附衣钵，共作秘传，后世罕见。惟易筋经留镇少林，以永师德。第其经字，皆天竺文，少林诸僧，不能编译。间亦译得十之一二，复无至人口传，密秘遂各逞己意，演而习之，竟超旁径，落于枝叶，遂失作佛真正法门。至今少林僧众，谨以角艺擅场，是得此经之一斑也。众中一僧，具超绝识念，惟达摩大师，即留圣经，岂为小技。今不能译，当有译者，乃怀经远访，遍历山岳。一日抵蜀，登峨眉山，得悟西竺圣僧般剌密谛。言及此经，并陈来意。圣僧曰，佛祖心传，基先于此，然而经文不可译，佛语渊奥也。经义可译，通凡达圣也。乃一一皆指陈详译其义，且止僧于山，提挈进修百日而凝固，再百日，而充固，再百日而畅达，得所谓金刚坚固地驯此入佛智地，洵为有基筋矣。僧志坚精不落世务，乃随圣僧化行海岳，不知所之。徐鸿客遇之海外得其秘谛，即授于虬髯客，虬髯客复授于予尝试之，辄奇验，始信语真不虚。惜乎未得洗髓之秘，观游佛境又惜立志不坚，不能如僧不落世务，乃尽六花小技，以勋伐终，中怀愧歉也。然则此妙义，世所未闻，谨序其业也。若各能作佛，乃不负达摩大师留经之意。若曰勇足以名世，则古之以力闻者多矣，奚足录哉。

唐贞观二载三月三日　李靖药师甫序

《易筋经内外神通》序

予武人也。目不识一字，好弄长枪大剑，盘马弯弓以为乐。值中原沦丧，徽钦北狩，泥马渡河，江南多事，予因应我少保岳元帅之幕署为裨将，屡上战功，遂为大将。忆昔年奉少保将令出征，复旋还鄂。归途忽见一游僧，状貌奇古，类阿罗汉像。手持一函入营嘱予至少保，叩其故。僧曰："将军知少保有神力乎？"予曰："不知也，但见吾少保能挽百石之弓耳。"僧曰："少保神力天赋之欤？"予曰："然。僧曰，非也，予授之耳"。少保少尝从事于予，神力成功，予嘱其相随入道，不之信去，而作人间勋业事，名虽成，志难竟，天也，运也，命也，奈若何，今将及矣，烦致此函，或能返省获免。予闻言不胜悚异，叩姓氏，不答，叩所之，曰，西访达师。予惧其神威，不敢挽留，竟飘然去。少保得函，读未竟泣数行下，曰："吾师神僧也，不吾侍吾，吾其休矣。"因从襟袋中出册付予，嘱曰："好掌此册，择人而授，勿使进道法门斩焉，中绝负神僧也。"不数月果为奸相所构。予心伤于少保冤愤莫伸，视功勋若粪土，因无复人间之想矣。念少保之嘱，不忍负恨，武人无巨眼，不知斯世谁具作佛之志。堪传此册者，择人既难，妄传无益，今将此册，传于嵩山石壁之中，听有道缘者得之，以衍进道之法门，庶免妄传之咎，可酬少保于天之上矣。

宋绍兴十二年　鄂镇大元帅少保岳麾下宏毅将军阴阳牛皋鹤九甫序

总论

译曰，佛祖大意，谓登证果者，其初基有二：一曰清虚，一曰脱换。能清虚则无障，能脱换则无碍，无障无碍始可入定出定矣。知乎此，则进道有其基矣。所云清虚者，洗髓是也；脱换者，易筋是也。其洗髓之说，谓人之生感于情欲，一落有形之身，而脏腑肢骸悉为浑秽所染，必洗涤净尽，无一毫之瑕障，方可步超凡入圣之门，不由此，则进道无基。所言洗髓者，欲清其内，易筋者，欲坚其外。如果能内清静、外坚固，登圣域在反掌之间耳，何患无成。且云，易筋者，谓人身之筋骨由胎禀而受之，有筋弛者，筋挛者，筋靡者，筋弱者，筋缩者，筋壮者，筋舒者，筋和者，筋劲者，种种不一，悉由胎禀。如筋弛则病，筋挛则瘦，筋靡则痿，筋弱则懈，筋缩则亡，筋壮则强，筋舒则长，筋劲则刚，筋和则康。若其人内无清虚而有障，外无坚固而有碍，岂许入道哉。故入道，莫先于易筋以坚其体，壮内以助其外，否则道亦难期。其所言易筋者，易之为言，大矣哉。易者乃阴阳之道也，易即变化之易也。易之变化，虽存乎阴阳，而阴阳之变化实有存乎人。弄壶中之日月，抟掌上之阴阳，故二竖系之在人，无不可易。所以为虚为实者，易之。为寒为暑者，易之。为刚为柔者，易之。为静为动者，易之。高下者易其升降，先后者易其缓急，顺逆者易其往来，危者易之安，乱者易之治，祸者易之福，亡者易之存，气数者可以易之挽回，天地者可以易之反复，何莫非易之功也。至若人身之筋骨，岂不可以易之哉。然筋人身之经络也，骨节之外，肌肉之内，四肢百骸，无处非筋，无处非络，联络周身，通行血脉，而为精神之外辅。如人肩之能负，手之能摄，足之能履，通身之活泼灵动者，皆筋之挺然者也，岂可容其弛挛靡弱哉，而病瘦痿懈者，又宁许其入道乎。佛祖以挽回斡旋之法，俾筋挛者易之以舒，筋弱者易之以强，筋弛者易之以和，筋缩者易之以长，筋靡者易之以壮，即绵泥之身可以立成铁石，何莫非易之功也，身之利也，圣之基也，此其一端耳。故阴阳为人握也，而阴阳不得自为阴阳，人各成其人也，而人勿为阴阳所罗，以血气之躯而易为金石之体，内无障，外无碍，始可入得定去，出得定来。然此着功夫，亦非细故也，而功有渐次，法有内外，气有运用，行有起止。至药物器制，火候岁年，饮食起居，始终各有征验。其入斯门者，务宜先办香信，次立虔心，奋勇坚往精进，如法行持而不懈，无不立跻于圣域者云。

般刺密谛曰，此篇就达摩大师本意，言易筋之大概，译而成文，毫不敢加以臆见或创造一语。后篇行功法则具详，原经译义，倘遇西竺高明圣僧，再请琢磨可也。

膜论

夫人之一身，内而五脏六腑，外而四体百骸。内而精气与神，外而筋骨与肉，共成其一身也。如脏腑之外，筋骨主之，筋骨之外，肌肉主之，肌肉之内，血脉主之，周身上下动摇活泼者，此又主之于气也。是故修炼之功，全在培养气血者为大要也。即如天之生物，亦无不随阴阳之所至而百物生焉，况于人生乎，又况于修练乎。且夫精气神，虽无形之物也，筋骨肉乃有形之身也。此法必先练有形者为无形之佐，培无形者为有形之辅，是一而二、二而一者也。若专培无形而弃有形则不可，专练有形而弃无形则更不可。所以有形之身必得无形之气，相倚而不违，乃成不坏之体，设相违而不相倚，则有形者亦化而无形矣。是故炼筋必须练膜，练膜必须炼气。然而练筋易而练膜难，练膜难而练气更难也。先从极难极乱处立定脚跟，后向不动不摇处认斯真法，务培其元气，守其中气，保其正气，护其肾气，养其肝气，调其肺气，理其脾气，升其清气，降其浊气，闭其邪恶不正之气，勿伤于气，勿逆于气，勿忧思悲怒以损其气，使气清而平，平而和，和而畅达，能行于筋，串于膜，以至通身灵动，无处不行，无处不到。气至则膜起，气行则膜张，能起能张，则膜与筋齐坚齐固矣。如练筋不练膜，而膜无所主；练膜不练筋，而膜无所依。练筋练膜而不炼气，而筋膜泥而不起；炼气而不炼筋膜而气痿，而不能宜达流串于经络。气不能流串，则筋不能坚固，所以谓参互其用，错综其道也。俟练至筋起之后，必宜加倍功力，务使周身之膜皆能腾起，与筋齐坚，始为子当。否则筋坚无助，譬如植物无土培养，岂曰全功也哉。

般刺密谛曰，此篇言易筋，以炼膜为先，炼膜以炼气为主。然此膜人多不识，不可为脂膜之膜，乃筋膜之膜也。脂膜，腔中物也。筋膜，骨外物也。筋则连络肢骸，膜则包贴骸骨。筋与膜较，膜软于筋，肉与膜较，膜劲于肉，膜居肌之内骨之外，包骨衬肉之物也。其状若此，行此功者必使气串于膜间，护其骨壮其筋，合为一体，乃曰全功。

内壮论

内与外对，壮与衰对。壮与衰较，壮可久也。内与外较，外勿略也。内壮言坚，外壮言勇，坚而能勇是真勇也，勇而能坚是真坚也。坚坚勇勇，勇勇坚坚，乃成万劫不化之身，方是金刚之体矣。

凡炼内壮，其则有三。

一曰守此中道，守中者，专于积气也。积气者，专于眼耳鼻舌身意也。其下手之要，妙于用揉，其法详后。凡揉之时，宜解襟仰卧，手掌着处，其一掌下胸腹之间，即名曰中。惟此中乃存气之地，应须守之。守之之法，在乎含其眼光，凝其耳韵，匀其鼻息，缄其口气，逸其身劳，锁其意驰，四肢不动，一念冥心，先存想其中道，后绝其诸妄念，渐至如一不动，是名曰守，斯为合式。盖揉在于是，则一身之精气神俱注于是，久久积之，自成其庚方一片矣。设如杂念纷纷，驰想世务，神气随之而不凝，则虚其揉矣，何益之有。

二曰勿他想。人身之中，精气神血不能自主，悉听于意，意行则行，意止则止。守中之时，意随掌下，是为合式。若或驰意于各肢，其所凝积精气与神，随即走散于各肢，即成外壮，而非内壮矣。揉而不积，入虚其揉矣，有何益哉。

三曰持其充周。凡揉与守，所以积气，气即积矣。精神血脉悉皆附之。守之不驰，揉之，且人气惟中蕴而不劳溢，气积而力自积，气充而力自周。此气即孟子所谓"至大至刚，塞乎天地之间者，是吾浩然之气也"。设未及充周，驰意外走，散于四肢，不惟外壮不全，而内壮亦属不坚，则两无益是处矣。

般刺密谛曰，人之初生，本来原善，若是为情欲杂念分去，则本来面目一切抹倒，又为眼耳鼻舌身意，分损灵犀，蔽其慧性，以致不能悟道。所以达摩大师面壁九载者，是不纵耳目之欲也。耳目不为欲纵，猿马自被其锁缚矣。故达摩得此真法，始能只履西归，而登正果也。此篇乃达摩佛祖心印先基真法，在守中一句，其用在含其眼光七句。若能如法行之，则虽愚必明，虽柔必强，极乐世界亦可立而登矣。

揉法

夫揉法之为用，意在磨砺其筋骨也。磨砺者，即揉之谓也。其法有三段，每段百日。一曰揉有节候。如春月起功，功行之时，恐有春寒，难以裸体，只可解开襟。次行于二月中旬，取天道渐和，方能现身下功，渐暖乃为通，便任意可行也。二曰揉有定式。人之一身，右气左血。凡揉之法，宜从身右推向于左，是取推气入于血分，令其通融。又取胃居于右，揉令胃宽，能多纳气。又取揉者右掌有力，用而不劳。三曰揉宜轻浅。凡揉之法，虽曰人功，宜法天义。天地生物，渐次不骤，气至自生，候至物成。揉若法之，但取推荡，徐徐来往，勿重勿深，久久自得，是为合式。设令太重必伤皮肤，恐生癜痹，深则伤于肌肉筋膜，恐生热肿，不可不慎。

采精华法

太阳之精，太阴之华，二气交融，化生万物。古人善采咽者，久久皆仙，其法秘密，世人莫知。即有知者，若无坚志，且无恒心，是为虚负，居诸而成之者少也。凡行内炼者，自初功始，至于成功，以至终身，勿论闲忙，勿及外事，若采咽之功，苟无间断，则仙道不难于成。其所以采咽者，盖取阴阳精华，益我神智，俾凝滞渐消，清灵自长，万病不生，良有大益。其法曰：日取于朔，谓与月初之交，其气方新，堪取日精。月取于望，谓金水盈满，其气正旺，堪取月华。设朔望日，遇有阴雨或值不暇，则取初二、初三、十六、十七，犹可凝神补取。若过此六日，则日昃月亏，虚而不足取也。朔取日精，宜寅卯时，高处默对，调匀鼻息，细吸光华，合满一口，闭息凝神，细细咽下，以意送之，至于中宫，是为一咽。如此七咽，静守片时，然后起行，任从酬应，毫无妨碍。望取月华，亦准前法，于戌亥时，采吞七咽。此乃天地自然之利，惟有恒心者，乃能取用之。亦惟有信心者，乃能取用之。此为法中之一部大功，切勿忽误也。

服药法

炼壮之功，外资于揉，内资于药。行功之际，先服药一丸，约药入胃将化之时，即行揉功，揉与药力两相迎凑，乃为得法，过犹不及皆无益也。行功三日服药一次，照此为常。

内壮药法

野蒺藜（炒去刺）、白茯苓（去皮）、白芍（火煨酒炒）、熟地（酒制）、炙甘草（密炙）、朱砂（水飞）（以上各五两）。

人参、白术（土炒）、当归（酒制）、川芎（以上各一两）。

共为细末，炼蜜为丸，重二钱，每服一丸，汤酒任下。一云多品合丸，其力不专，另立三方任用。

一方：蒺藜（炒去刺）炼蜜为丸，每服一钱或二钱。

一方：朱砂（水飞）三分，蜜水调下。

一方：茯苓去皮为末，蜜丸或蜜水调下，或作块浸蜜中，久浸愈佳，约服一钱。

汤洗方

行功之时，频宜汤洗，盖取其盐能软坚，功力易入，凉能散火，不致骤热。一日一洗，或二日一洗，以此为常，功成则止。地骨皮、食盐各宜量入煎水，乘热汤洗，则血气融合，皮肤舒畅矣。

初月行功法

初揉之时，拣择少年童子，更迭揉之。一取力小揉推不重，一取少年血气壮盛。未揉之先服药一丸，约药将化时，即行揉法。揉与药力一齐运行，乃得其妙。揉时当解襟仰卧，心下脐上，适当其中，按以一掌，自右向左揉之。徐徐往来均匀，勿轻而离皮，勿重而着骨，勿乱动游击，斯为合式。当揉之时，冥心内观，着意守中，勿忘勿助，意不外驰，则精气神皆附注一掌之下，是为如法火候。若守中缚熟揉推匀净，正揉之际，意能睡熟，更为得法，愈于醒守也。如此行时，约略一时，时不能定，则以大香二柱为则，早午晚共行三次，日以为常。如少年火盛，只宜早晚二次，恐其太骤，致生他虞。行功即毕，静睡片时，清醒而起，应酬无碍。

二月行功法

初功一月，气已凝聚，胃觉宽大，其腹两旁，筋皆腾起，各宽寸余，用气努之，硬如木石，便为有验。两筋之间，自心至脐，软而有陷，此则是膜较深于筋，掌揉不到不能腾起也。此时应于前所揉一掌之旁，各揉开一掌，仍如前法，徐徐揉之。其中软处，须用木杵，深深捣之，久则膜皆腾起，浮至于皮，与筋齐坚，全无软陷，始为全功。此揉捣之功，亦准二香，日行三次，以为常则，可无火盛之虞矣。

三月行功法

功满二月，其间陷处，至此略起，乃用木槌轻轻打之，两旁所揉各宽一掌处，却用木槌如法捣之，又于其旁至两筋稍各开一掌，如法揉之，准以二香为则，日行三次。

四月行功法

功满三月，其中三掌，皆用槌打，其外两掌，先捣后打，日行三次，准二香，功俞百日，则气满筋坚，膜亦腾起是为有验。

行功轻重法

初行功时，以轻为主，必须童子，其力平也。一月之后，其气渐盛，须有力者，渐渐加重，乃为合宜。切勿太重，以致动火，切勿游移或约伤皮肤，慎之慎之。

用功浅深法

初功用揉取其浅也，渐次加力，是因气坚，稍为增重，仍是浅也。次功用捣，方取其深。再次用打，打外虽尚属浅，而震入于内则属深，俾内外皆坚方为有得。

两肋内外功夫

功逾百日，气已盈满，譬之涧水，平岸浮堤，稍为决道则奔放，他之无处不到，无复在涧矣。当此之时，切勿用意引入四肢。所揉之外，切勿轻用槌杵捣打，略有引导则入四肢即成外勇，不复来归，行于骨内，不成内壮矣。宜入内之法，为一石袋，自从心口至两肋稍骨肉之间，密密捣之，兼用揉法，更用打法。如是久久，则所积盈满之气循之入骨。有此则不外溢，始成内壮矣。内外两支，于此分界，极当辨审。倘其中稍有夹杂，若轻用引弓弩拳打扑等式，则气趋行于外，永不能复内矣。慎之慎之。

木杵木槌说

木杵木槌,皆用坚木为之。降真香为最佳,文楠紫檀次之,花梨、白檀、铁梨又次之。杵长六寸,中径五分,头圆尾尖,即为合式。槌长一尺,围圆四寸,把细顶粗,其粗之中处略高少许,其高处着肉,而两头尚有间空,是为合式。

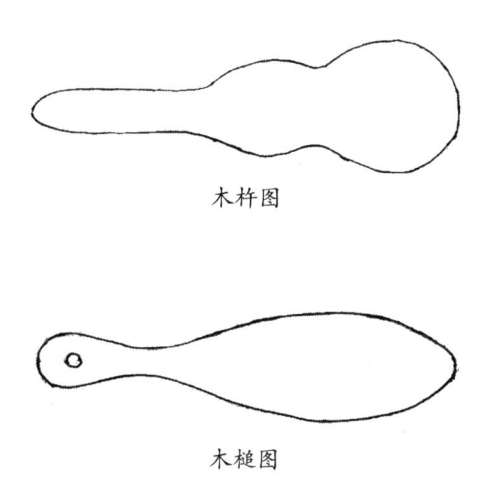

木杵图

木槌图

石袋说

木杵木槌用于肉处,其骨缝之间,悉宜石袋打之。取石头要圆净,全无棱角,大如葡萄,小如榴子。生于水中者乃堪入选。山中者燥,燥则火易动,土中者瘀,瘀则气不畅,皆不选也。若棱角尖硬,定伤筋骨,虽产诸水,亦不可选。袋用细布,缝作圆筒,如木杵形样。其大者,约长八寸,其次六寸,再次五寸。大者石用一斤,其次十二两,小者半斤,分置袋中以指挑之。挨次扑打,久久行之,骨缝之间膜皆坚壮也。

五、六、七、八月行功法

功逾百日，心下两旁至两肋之稍，已用石袋打而且揉矣。此处乃骨缝之交，内壮外壮在此分界。不于此处导引向外，则其积气向骨缝中行矣。气循打处遂路而行，宜自心口打至于颈，又自肋稍打至于肩，周而复始，切不可逆打。日行三次，共准六柱香，勿得间断。如此百日，则气满前怀，任脉充盈，功将半矣。

九、十、十一、十二月行功法

功至两百日，前怀气满，任脉充盈，则宜运入脊后，以充督脉。从前之气已至肩颈，今则自肩至颈，照前打法，兼用揉法，上循玉枕，中至夹脊，下至尾闾，处处打之，周而复始，不可倒行。脊旁软处，以掌揉之，或用槌杵随便捣打，日准六香，共行三次，或上或下，或左或右，揉打周遍。如此百日，气满脊后，能无百病，督脉充满。凡打一次，用手遍揉，令其均润。

配合阴阳法

天地一大阴阳也，阴阳相交，而后万物生。人身一小阴阳也，阴阳相交，而后百病无，阴阳互用，气血交融，自然无病。无病则壮，其理分明，然行此功，亦借阴阳交互之义，盗天地万物之元机也。如此却病，凡人身中，其阳衰者多患痿弱虚怠之疾。宜用童子少妇，依法揉之，盖以女子外阳而内阴，借取其阳，以助我之衰，自然之理也。若阳盛阴衰者，多患火病，宜用童子少男，盖以男子外阴而内阳，借取其阴，以制我之阳盛，亦是元机。至于无病之人，行此功者，则从其便。若用童男少女相间揉之，令其阴阳各畅，行之更妙。

下部行功法

积气至三百余日，前后任督二脉，悉皆充满，再行此下部功夫，令其通贯。盖以任督二脉，人在母胎时，原自相通。出胎以后，饮食出入，隔其前后通行之道。其督脉自上龈循顶行至食间，至尾闾。其任脉，自承浆循胸行腹，下至会阴，两不相贯合。行此下部之功，则气至可以通接而交旋矣。行此功夫，其法在两处，其目有十段。两处者，一在睾丸，一在玉茎。

在睾丸，曰攒，曰挣，曰搓，曰拍。在玉茎，曰咽，曰摔，曰握，曰洗，曰束，曰养。以上十字，除咽洗束养外，其余六字用手行功，皆自轻至重，自松至紧，自驰至安，周而复始，不计其数。日以六香，分行三次，百日成功，则其气充满，超越万物矣。凡攒、挣、拍、摔、搓、握六字，皆手行之，渐次轻重。若咽，则初行之始，先吸二口清气，以意咽下，默然送至胸，再吸一口，送至脐间，又吸一口，送至下部行功处。然后乃行攒挣等功，握字功皆用努气至顶，方为有得，日以为常。洗者，用药水逐日荡洗一次，一取透和气血，一取苍老皮肤。束字者，功毕洗毕，用软帛做绳，束其根茎，松紧适宜，取其常伸不屈之意。养者，功成物壮，百战胜人，是其本分，犹恐其嫩，或至他虞，先用旧鼎，时或养之。养之者，宜安闲温养，切勿驰骋，务令贯战，然后能无敌矣。行满百日，久久宜佳，弱者强，柔者刚，缩者长，病者康。居然烈丈夫，虽木石铁槌，亦无所惮。以之鏖战，应无敌手，以之采取，可得元珠，以之延嗣，则百斯男。吾不（知）天地之间，更有何药，大于斯法。

行功禁忌

自上部初功起至此，凡三百余日，勿多进内。盖此功以积气为主，而精神随之。初功百日内，全宜忌之，百日功毕后，方可进内一次，以疏通其留澄，多不过二次，切不可三次，向后皆同此意。至行下部功时，五十日间，疏放一次，以去其旧，令其生新。以后慎加保守，此精乃作壮之本，万勿浪用。俟功成气坚，收放在我，顺施在人，进内则其道非凡，不可以价值论也。

下部洗药方

行此下部功，当用药水日日荡洗，不可间断。盖取药力通气和血，苍老皮肤，又且解热退火，不致他变也。

法用：蛇床子、地骨皮、甘草。

以上各量用煎汤温热，缓缓荡之，日一二次，以为常则。

用战

精气与神炼至坚固,用立根基,希仙作仙,能勇精进也。设人缘未了,用之临敌对垒时,其切要处,在于意有所寄。气不外驰,则精自不狂,守而不走。设欲延嗣,则按时守候,应机而射,一发中的,无不孕者。设欲鏖战,则闭气存神,按队行兵,自能无敌。若于下炼之时,加吞剑吹吸等功,相间行熟,则为泥水采补最上神锋也。

内壮神勇

壮有内外,前虽言分量,尚未究竟,此再明之。自行肋打揉之功,气入骨,分合至任督二脉,气充遍满,前后交接矣。尚未见力,何以言勇,盖因气未到手也。法用石袋,照前打之。先用右肩,以次打下,至于右手中指之背。又从肩背后,打至大指食指之背。又从肩前打至食指之稍。又从肩外打至掌内中指无名指小指之稍。打毕用手处处搓揉,令其匀和,日限六香,分行三次,时常汤洗,以疏气血。功毕百日,其气自透,乃行左手,仍准前法,功亦百日。至此则从骨中生出神力,久久加功,其臂腕指掌迥异寻常。以意努之,硬如铁石,并其指可惯牛腹,侧其掌可断牛头,然此皆小用之末技也。

炼手余功

行功之后,余力炼手。其法常以热水频频荡洗。初温次热,最后大热，自掌至腕，皆令周遍。汤毕不用拭干，即乘热摆撒其掌，以至自干。摆撒之际，以意努气至于指尖，是生力之法。又以黑绿二豆拌置斗中，以手插豆，不计其数。一取汤洗和其血气，一取二豆能去火毒，一取磨砺坚其皮肤。如此功久，则所积之气行之于手而力充矣。其皮肤筋膜两坚，着骨不软不硬。如不用之时，与常人无异，用时注意一努，坚如铁石，以之袭物，莫能当此。盖此力自骨中生出，与世俗所外壮迥不相同。内外之分，看筋可辨。内壮者，其筋条畅，其皮细腻而其力极重。若外壮者，其皮粗老，其掌与腕处之筋，尽皆盘结状如蚯蚓，浮于皮外，而其力虽多终无基本，此内外之辨也。

外壮神勇八段锦

内壮即得骨力坚凝，然后可以引达于外。盖以其内有根基，由中达外，方为有本之学。炼盈外之功，概以八法。曰提，曰举，曰推，曰拉，曰揪，曰按，曰抓，曰盈。依此八法，努力行之，各行一遍，周而复始，不计其数。亦准六香，日行三次，久久成功，力充周身。用时照法取力，无不相应，骇人听闻。古所谓手托城闸，力能举鼎，俱非异事。其八法若逐字单行，以次相及，更为精专，任从其便。

神勇余功

内外两全，方称神勇。其功即成，以后常宜演炼，勿轻放逸。一择园木诸树，大而且茂者，是得木土旺相之气，与众殊也。有暇之时，即至树下，任意行功，或槌，或挖，或推、拉、踢、拔，诸般作式，任意行之。盖取其生气，以生我力，而又取暇以成功也。一择山野挺立大石，秀润完好殊众者，时就其旁，亦行推按种种字法，时常演之。盖木石得天地之钟英，我能取之，良有六用，稽古大舜与木石居，非漫然也。

贾力运力势法

其法，用意蓄气，周身处处。初立运之，立必捉直彻顶，踵无懈骨卷肱，掌指稍屈，两足齐踵，相去数寸立定。两手从上如按物难下状。凡至地，转腕从下迂物难上，过其顶，两手则又攀物难下，而至肩际，转腕掌向外微拳之，则卷肱立如初。乃卷两肱开向后者三。欲令气不匮膺间也，却舒右肱拦之。欲右者，以左逮于左之爪相向矣。如将及之，则左手撑而极，左右手拉，而却右左射引满，右肱卷如初矣。则舒左肱拦，右手撑，左手扯，且满以右法左右互者各三之，则卷两肱立如初。左手下附左外踝，踝掌兢劲相切也，则以右手推物使左倾顷矣。顾曳之使右倚肩际，如是者三之。则右手以下，以左法左推曳之。以右法者三之，则卷两肱立如初。平股掇重者，举势极则拔，盖至乳旁而攀矣。握固腹，则左右间不附腹也。高下视脐之轮，则劈右拳，拒右肩旁一强物至左足外踵，转腕托上托尽，而肱且右，则扳而下至右肩际，拳之右拳拒右腰眼左右互者各三之。徐张后，两拳而前交，又指上举势极则转腕。举者，掌下十指端上也。扳者，掌上十指端下也。又掌上拱手，顶负筐，腋下皆为举扳焉。就其势倒而左几左足外地，以前势起倒而左右互者各三之。凡人倒左者，左膝微诎也。倒右者，右膝膝微诎也。不诎者，法也。乃取盐汤壮温者，濯右手皆指濡之平直，右肱横挥之而燥，则濯左、左挥右燥，复左右互者各三之，挥且数十矣。自是两肱不复卷矣。乃蹬右足数十次，乃其期蹬，以其踵，则抵之颈，以其趾或绊之也，则屹立敛足，举前踵顿地数十已。而两足蹲立，相去以尺，乃挥右拳，前击数十左之，乃仰卧复卷肱如立时，然作振脊。欲起者，数十而工竣焉。凡用势，左右必以其脊，但凡蓄气，必迄其功。凡工日二三，必微饮后及食后一时行之。行之时，则以拳遍自捶，勿使气有所不行时，揸五指头捣户壁。凡按久而作木石声，为作屈肘前上之屈拳，前上之卧，必侧面上手，拳而杵席作卧，因其左右其拳指握固。

第八节　易筋经（下卷）①

十二式图解

一、韦驮献杵第一式

图解：自然呼吸，两腿直立，两足跟内侧相抵，脚尖外撇，成立正姿式，躯干正直，百会穴与裆下的长强穴要成一条直线；两掌自然下垂于体侧；目平视，定心凝神；然后双手向前分抬，合十，停于胸前膻中穴外，式定后静立约一分钟。

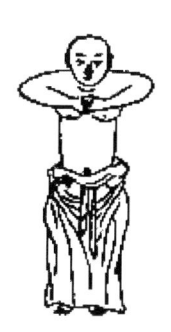

要点：立身期正直，环拱手当胸。气定神皆敛，心诚貌亦恭。

解义：定心息气，身体立定，两手如拱，心存静极。

二、韦驮献杵第二式

图解：接上式，自然呼吸，两掌从胸前向体侧平开，手心朝上，成双臂一字状；同时两足后跟翘起，脚尖着地，两目瞪睛平视；心平气和。式定静立约半分钟。

---

① 《易筋经》下卷的经验药方和经络穴位从略。

要点：足趾柱地，两手平开。心平气静，目瞪口呆。

解义：足柱要稳，两臂平直，目张口开，手顶气匀。

三、韦驮献杵第三式

图解：接上式，逆呼吸，两掌分别上抬，至双臂成U字状时，双肘微弯，掌心朝上，尽力上托；同时咬齿，舌抵上腭，气布胸际。式定后静止约半分钟。

要点：掌托天门目上观，足尖着地立身端。力周腿肋浑如植，咬紧牙关不放宽。

舌可生津将腭抵，鼻能调息觉心安。两拳缓缓收回处，用力还将挟重看。

解义：眼往上看，气循周身，鼻调心气，力重心安。

四、摘星换斗势

图解：右式，接上式，逆呼吸单吸不呼法，两脚后跟落地，全脚掌着地。左掌收回于背后，掌心朝下，尽力下按；同时扭颈，目视右掌。式定后要气布胸际，深长鼻吸自由鼻呼，静立约半分钟。

左式，左右手势互换，右掌下落于背后，掌心朝下，尽力下按，同时左掌自体后擎天而起，扭颈，目视左掌。式定后用逆呼吸单吸不呼法，静立约半分钟。

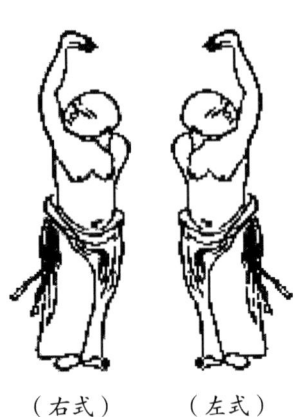

（右式）　（左式）

要点：只手擎天掌复头，更从掌内注双眸。鼻端吸气频调息，用力收回左右侔。

解义：单手高举，掌须下覆，吸气调匀，左右同之。

五、倒拽九牛尾势

图解：右式，接上式，逆呼吸；右脚跨前一步，成右弓步，同时右掌从体后向体前变握拳，翻腕上抬，拳心朝上停于面前。左掌顺式变拳，拳心朝上停于体后，两肘皆微屈；力在双膀，目视右拳。式定后静立约半分钟。

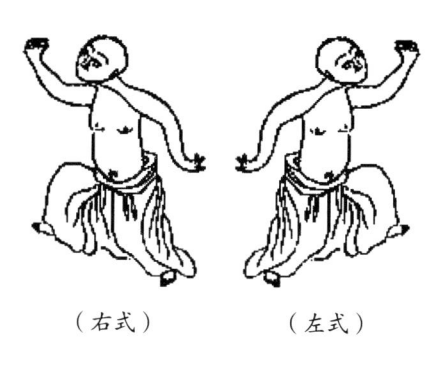

（右式）　　（左式）

左式，左右手腿势互换，左腿蹬力，身体随之前移，重心落于右腿，继左脚提起跨前一步，成左弓步，同时左拳从体后向体前翻抬，右拳从面前向体后翻落，成左式。式定后静立约半分钟。

要点：两腿后伸前屈，小腹运气空松。用力在于两膀，观拳须注双瞳。

解义：前屈似跪，后退直伸，两膀用力，小腹运气。

六、出爪亮翅势

图解：接上式，逆呼吸，左腿蹬力，提左脚落于右脚内侧成立正姿式；同时双拳回收于腰际，拳心朝上，继而鼻吸气，挺身，怒目，双拳变立掌，向体前推出，掌心朝前，掌根尽力外挺；然后鼻呼气，双掌再变握拳，从原路回收于腰际，拳心向上；再鼻吸气，双拳变五掌前推。如此反复七次，意在天门。

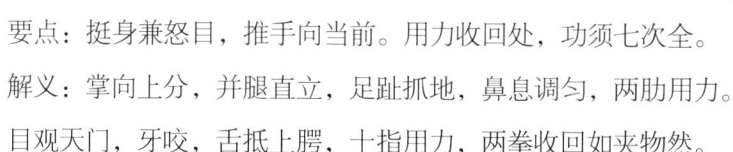

要点：挺身兼怒目，推手向当前。用力收回处，功须七次全。

解义：掌向上分，并腿直立，足趾抓地，鼻息调匀，两肋用力。目观天门，牙咬，舌抵上腭，十指用力，两拳收回如夹物然。

七、九鬼拔马刀势

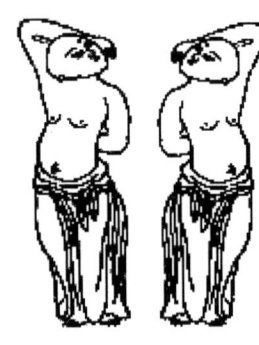

图解：右式，接上式，顺呼吸；右拳变掌从腰际外分上抬，至大臂与耳平行时，拔肩，屈肘，弯腰，扭颈，右掌心朝内停于左面侧前，如抱头状；同时左拳变掌，回背于体后，尽力上抬。式定后静立约半分钟。

左式，左右手势互换，左臂伸直，左掌从体后向体侧上抬，同时右臂伸直，右掌顺式从头后经体侧下落，成左式。式定后静立约半分钟。

（右式） （左式）

要点：侧首并弯肱，抱顶及颈项。手自头收回，弗嫌用力猛。
左右要相轮，身直气亦静。

解义：两膝直立，单膀用力，鼻息调匀，左右同之。

八、三盘落地势

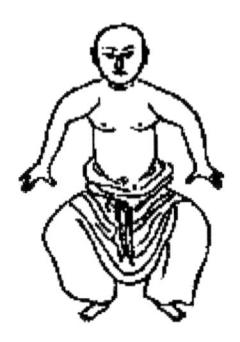

图解：接上式，自然呼吸，左足外开成马步，同时左掌下落，右掌从体后往体前上抬，至两掌心朝上于胸前相遇时，继外分，双肘微屈，掌心朝下按力于双膝之前外侧。式定后舌抵上腭，瞪睛，呲牙，静蹲约三十秒至一分钟。然后双腿起立，两掌翻为掌心朝上，向上托抬如有重物；至高与胸平时，再翻为掌心朝下，变马步，再成三盘落地式。凡三起三落，共蹲桩静立约一分半至三分钟。

要点：上腭坚撑舌，张眸意注牙。足开蹲似踞，手按猛如挈。
两掌翻齐起，千劢重有力。瞪睛兼闭口，起立足无斜。

解义：两腿分跪，手力抓地，反掌托起，两腿收立。

九、青龙探爪势

图解：右式，接上式，顺呼吸；两目平视，左足回收于右足内侧，成立正姿式；鼻呼，左掌自胸前变拳，顺式回收于腰际，右掌自胸前变爪，五指微屈，力周肩背，向体左伸探。

左式，左右手势互换，鼻吸，俯身，腰前屈，右爪从左至右经膝前围回；鼻呼，直身，变握拳停于腰际，同时左拳变爪，从腰际向体右伸探。左右式姿式反复做三遍。

（右式） （左式）

要点：青龙探爪，左从右出。修士效之，掌平气实。

力周肩背，围收过膝。两目注平，息调心谧。

解义：肩背用力，平掌探出，至地围收，两目平视。

十、卧虎扑食势

图解：右式，接上式，逆呼吸；两目平前视，上式结式为双拳停于腰际。右脚向前迈一大步。左脚跟掀起，脚尖着地，成右弓步；同时俯身、拔脊、塌腰、昂头，两臂于体前垂直，两掌十指撑地，意在指尖。式定后静立约半分钟。

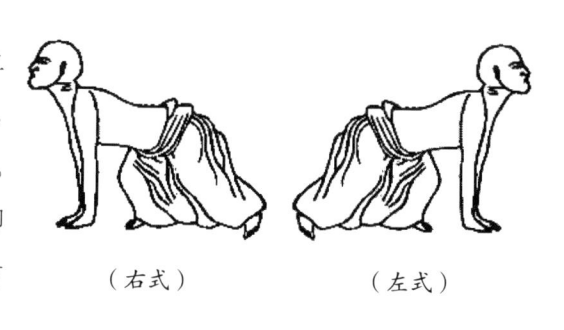

（右式） （左式）

左式，身体起立，左足向前跨一大步，成左弓步，做卧虎扑食左式，凡动作相反，为左右互换。式定后静立约半分钟。

要点：两足分蹲身似倾，屈伸左右腿相更。昂头胸作探前式，偃背腰还似砥平。

鼻息调元匀出入，指尖着地赖支撑。降龙伏虎神仙事，学得真形也卫生。

解义：膀背用力，十指柱地，蹲开两足，前跪后直。

腰平头昂，胸向前探，鼻息调匀，左右同之。

十一、打躬势

图解：接上式，顺呼吸，上右足平行于左足内侧，距离约与肩宽，然后变为弓腰、垂脊、挺膝。头部探于胯下，同时两肘用力，两掌心掩塞两耳，两掌夹抱后脑，意在双肘尖。式定后随意停留片刻。

要点：两手齐持脑，垂腰至膝间。头惟探胯下，口更齿牙关。

掩耳聪教塞，调元气自闲。舌尖还抵腭，力在双肘弯。

解义：两肘用力，挟抱后脑，头前探出，鼻息匀调。

十二、工尾势

图解：接上式，顺呼吸，挺膝，十趾尖着地，两手下落，微屈，两掌相附，手心拒地；同时瞪目视鼻准，昂头，塌腰垂脊，凝神壹志，意存丹田。式定后脚跟落地，再掀起，三次后即伸膀挺肘一次；共脚跟顿地二十一次，伸膀七次。然后起立，成立正姿式。

要点：膝直膀伸，推手至地。瞪目昂头，凝神壹志。

起而顿足，二十一次。左右伸肱，以七为志。

更作坐功，盘膝垂眦。口注于心，息调于鼻。

定静乃起，厥功维备。总考其法，图成十二。

谁实贻诸，五代之季。达摩西来，传少林寺。

有宋岳侯，更力鉴识。祛病延年，功无与类。

解义：两手交推，头昂目注，左右膀伸，鼻息调匀，

收功盘膝，静坐小息，闭目调气，定静后起。

此功仿自释门，以禅定为主。将欲行持，先须闭目冥心，握固神思，屏去纷扰，澄心调息。至神气凝定，然后依次如式行之。必以神贯意注，毋得徒具其形。若心君妄动，神散意驰，便为徒劳其形而弗获实效。初练动式，必心力兼到，静式默数三十，数日渐加增至百数为止，日行三次。百二十日成功，气力兼得，则可日行二次。气力能凝且坚，则可日行一次，务至意念不兴乃成。

搓膀腕法

行功毕，先伸左膀，用人以两手合擎虎口，用力搓之，由渐而增。如初搓以十数把，渐加至百把为度，右亦如之，务使两膀手腕发热透骨。

挞练手足法

初练量力。缝做夹布口袋一个，装米砂五六十斤，悬挂架上。用功毕，常用掌推、拳击、足踢、脚蹬，务致动摇，仍用拳脚踢打迎送，日久渐加砂袋斤重。

练指法

量自力之大小。拣圆净一二斤重石子一个，用五指抓拿，撒手掷下，不令落地，仍用手指赶抓。如是掷抓，初唯十数次，日久渐加次数及石子斤数，则五指自觉有力矣。

又法，每日坐时，不拘时刻，以左右五指着座，微欠身躯，指自出力。无论群居独坐皆可行之，日久自能见效。

玉环穴说

《天录识余》云：铜人针灸图载脏腑一身俞穴，有玉环。余不知玉环为何物，张紫阳《玉清金华秘文》论神仙结丹处曰，心下肾上，脾左肝右，生门在前，密户居后，其连如环，其白如绵，方圆径寸，包裹一身之精粹，此即玉环。医者论，诸种骨蒸有玉房，蒸亦是玉环。其处正与脐相对，人之命脉根蒂也。

言鲭云：一气之运行，出入于身中。一时凡一千一百四十五息，一昼夜计一万三千七百四十息。至入之息，以踵存于至深渊默然之中。气行无间，绵绵若存，寂然不动，与道同体。若盛气哭号，扬声吟诵，吹笛长歌，多言伤气，皆非养生之道。《遵生八笺》曰，凡存心中，有日象大如钱，在心中赤色有光芒，从心中上出至喉，至齿间，即不出起回还胃中。如此长久，临目存见心中胃中分明，乃吐气迄咽液三十九遍止。一日三为之，日出时、食时、日中时行之，一年除疾，五年身有光彩，十八年得道。日中行无影，辟百邪千灾之气。常存日在心，月在泥丸中。昼服日，夜服月。服月法，存月光芒白色，从脑中入喉，又复至齿而咽入胃。一云常服月，一日至十五日以前服十日，以后不服。月减光芒损天气，故即止也。

气血说

休宁汪氏曰，人身之所持以生者，此气耳，源出中焦，总统于肺，外护于表，内行于里，周通一身，顷刻无间，出入升降，昼夜有常，曷尝病于人哉。及至七情交致，五志妄发，乖戾失常，清者化而为浊，行者阻而不通，表失护卫而不和，里失营运而弗顺。气本属阳，反胜而为火矣。人身之中气为卫，血为营。经曰，营者水谷之精也。调和五脏，沥陈于六腑，乃能入脉也，生化于脾，总统于心，藏受于肝，宣布于肺，放泄于肾，灌溉一身。目得之而能现，耳得之而能听，手得之而能摄，掌得之而能握，足得之而能步，脏得之而能液，腑得之而能气。出入升降濡润宣通，靡不由此也。饮食日滋，故能阳生阴长，取汁变化而赤为血也，注之于脉，充则实，少则既涩。生旺则六经持此长养，衰竭则百脉由此空虚。血盛则形盛，血弱则形衰。血者难成而易亏，可不谨养乎。

第九节　洗髓经

翻译《洗髓经》意序

　　易筋、洗髓，俱非东土之文章。总是西方妙谛，不因祖师授受，予安得而识之，又乌自而译之也哉。我祖师大发慈悲，自西徂东食风宿水，不知几经寒暑，登山航海，又不知几历险阻，如此者，岂好劳耶。悲大道之多歧，将愈支而愈离，恐接绪之无人，致慧根之淹没，通观诸教之学者，咸逐末而妄本。每在教而泥教，谁见流而溯源。忽望霞且白光灼天，知有载道之器，可堪重大之托，此祖师西来之大义也。

　　初至陕西敦煌，遗留汤钵于寺。次及中州少林，西壁趺跏九年，不是心息参悟，亦非存想坐功，总因因缘未至，姑静坐久留，以待智人参求耳。及祖师示人为第一义谛。闻者，多固执宿习，不能领略再请。予何人。斯幸进，至人耳提面命，顿超无上正传正觉，更有教外别传《易筋》《洗髓》二帙。惟《洗髓》义深精进，无基初学难解，其效亦难至，是为末后之究竟也。及其成也，能隐能显，串金透石，脱体圆通，虚灵长活，聚而成形，散则为风，然未可一蹴而至也。《易筋》义浅而入手有据，初学易解，其效易臻，堪为筑基之初起。是必易筋之功竟，方可因之而《洗髓》。予得师传行《易筋》已效，将《易筋》原本一帙，藏之少林壁间，俟有缘者得之。惟《洗髓》一帙，附之衣钵，远游云水。后缘行至，果获奇应，曾不敢轻以告人。又恐久而失传，辜负祖师西来之意。于是不揣鄙陋，翻为汉语，止求不悖经文，不敢致饰于章句，依经详译于后，并为序言于前，以俟智者之玩味，而有得也。

释慧可　谨序

翻译《洗髓经》总义

如是我闻时，佛告须菩提。易筋功已竟，方可事于此。此名静夜钟，不碍人间事。

白日任匆匆，务忙衣与食。运水及担柴，送炭与送尿。抵暮见明星，燃灯照暗室。

晚夕功课毕，将息临卧具。大众咸鼾睡，忘却生与死。默然独警醒，黑夜暗修持。

抚体叹今夕，过了少一日。无常来迅速，身同少水鱼。显然如何救，福慧何日足。

四恩未能报，四缘未能离。四智未现前，三生未皈一。默视法界中，四生三有备。

六根六尘连，五蕴并三途。天人阿修罗，六道各异趋。二谛未能融，六度未能具。

见见非是见，无明未能息。道眼未精明，眉手未落地。如何知见离，得了涅槃志。

若能见非见，见所不能及。蜗角大千界，蟭眼纳须弥。昏昏醉梦间，光阴两俱失。

流浪于生死，苦海无边际。如来大慈悲，演此为洗髓。须俟易筋后，每于夜静时。

两目内神光，鼻中微运息。腹中宽空虚，正宜纳清熙。朔望及两弦，二分并二至。

子午守静工，卯酉乾沐浴。一切惟心造，炼神竟虚静。常醒醒不昧，莫被睡魔拘。

夜夜常如此，日日须行持。惟虚能容纳，饱食非所宜。谦和保护身，恶历宜谨避。

假惜可修真，四大须保固。柔弱可持身，暴戾灾害逼。渡河须用筏，到岸方弃之。

造筏生成理，从微而至著。一言透天机，渐进细寻思。久久自圆满，未可一蹴企。

成功有定限，三年九载余。从容在一纪，决不逾此期。心空身自化，随意任所之。

一切无罣碍，圆通观自在。隐显度众生，弹指趋无始。待报四重恩，永灭迷途苦。

后人得此经，信授可奉行。后人于授受，叮咛莫轻视。

无始钟气篇第一

宇宙有至理，难以耳目契。凡可参悟者，即属于元气。气无理不通，理无气不着。

交并为一致，分之莫可离。流行无间滞，万物依为命。串金与透石，水火可与并。

并行不相害，是曰理与气。生处伏杀机，杀中有生意。理以气为用，气以理为体。

即体以显用，就用以求体。非体亦非用，体用两不离。非理亦非气，一言透天机。

百尺竿头步，原始更无始。悟得其中意，方可言洗髓。

四大假合篇第二

元气久氤氲，化作火水土。水发昆仑巅，四达注坑井。静坐生暖气，水生有火具。

湿热乃蒸腾，为雨又为露。生人又生物，利益人世间。水久澄为土，火乃气之焕。

人身小天地，万物莫能比。具此幻化质，总是气之余。本来非我有，解散还太虚。

生亦未曾生，死亦未曾死。形骸何可留，垂老后天地。假借以合真，超脱离凡数。

参透洗髓经，长生无可期。无假不显真，真假浑无隙。应作如是观，真与假不二。

四大假合形，谁能分别此。

凡圣同归篇第三

凡夫多吃假，美衣饰其体。徒务他人戏，美食日复日。人人皆如此，碌碌天地间。

不暇计生死，总被名利牵。一朝神气散，油尽而灯灭。身尸埋旷野，惊魂一梦愒。

万苦与千辛，幻境无休歇。圣人独认真，布衣而蔬食。不贪以持己，岂为身口累。

参透天与地，与我本一体。体虽有巨细，灵活原无异。天地有日月，人身两目具。

日月有晦朔，星与灯相继。纵或星灯灭，见性终不没。纵成瞽目人，伸手摸着鼻。

通身俱是眼，触着则物倚。此是心之灵，包罗天与地。能见不以目，能听不以耳。

心若能清净，不为嗜欲逼。自知原来处，归向原来去。凡夫与圣人，眼横鼻长直。

同来不同归，因彼多外驰。若能收放心，常提生与死。趁此色健身，精进用心力。

洗髓还本原，凡圣同归一。

物我一致篇第四

万物非万物，与我同一气。幻出诸形相，辅助成生意。有人须有物，用作衣与食。

药饵及器皿，缺一即不备。飞潜与动植，万类为人使。造化恩何洪，妄杀即暴戾。

蜉蝣与蚊蝇，朝生而暮死。龟鹤与虎鹿，食少而服气。乃得享前年，人而不如物。

只贪衣与食，忘却生与死。苟能却嗜欲，物我皆一致。

行住立坐卧睡篇第五

行如盲无杖，自然依本分。举足低且慢，踏实方可进。步步皆如此，时时戒急行。

世路忙中错，缓步保平安。住如临崖马，亦如到岸舟。回光急返照，认取顿足处。

不离于当念，存心勿外务。得止宜知止，留神守空谷。立定勿倾斜，形端身自固。

耳目随心静，止水与明镜。事物任纷纷，现在皆究竟。坐如邱山重，端直肃仪容。

闭口深藏舌，出入息与鼻。息自归元海，气足神自裕。浃骨并洽髓，出神先入定。

卧如箕形曲，左右随其宜。两膝常参差，两足如钩钜。两手常在腹，扪脐摸下体。

睾丸时挣挒，如龙戏珠式。倦则侧身睡，睡中自不迷。醒来方伸足，仰面亦不拘。

梦觉详无异，九载见端的。超出生死关，究竟如来意。行住坐卧篇，只此是真谛。

洗髓还原篇第六

易筋功已毕，便成金刚体。外感不能侵，饮食不为积。还怕七情伤，元神不自持。

虽具金刚相，犹是血肉躯。须照洗髓经，食少多进气。搓摩干沐浴，按眼复按鼻。

摸面又旋耳，不必以数计。乜眼常观鼻，合口任鼻息。勿去鼻中毛，切戒唾远地。

每日五更起，吐浊纳清气。开眼去小便，切勿贪酣睡。厚褥趺跏坐，宽解腰中系。

右膝包左膝，调息舌抵腭。胁腹运尾闾，推肾手推搦。分合按且举，握固按双膝。

鼻中出入绵，丝绵入海底。有津续咽之，以意送入腹。叩牙鸣天鼓，两手俱掩脐。

伸足扳其趾，出入六六息。两手按摩竟，良久方拳立。左脚亦如然，按摩工已毕。

徐徐方站起，行稳步方移。忙中恐有错，缓步为定例。三年并九载，思心并涤虑。

浃骨更洽髓，脱壳飞身去。渐几浑化天，末后究竟地。

即说偈曰：口中言少，心头事少，腹里食少，自然睡少。有此四少，长生可了。

翻译经义后跋

前译经文，后译名义。文言名义，异味可通。梵语达摩，华言法空。空诣所有，不即不离。人若执经，终不通移。分门别曰，我慢自趋。同己则许，异己则毁。在教泥教，者死范卫。如此之人，迂而切鄙。坐井观天，蟪蛄为期。祖师圆通，东游西归。双履独步，熊而灭迹。不惟空度，且并空理。无罣无碍，得大自在。噫嘻吾师，天纵生知。生于默识，幻而颖异。少游欣度，穷有敬谊。不泯言筌，直见渊源。时来东土，直指圣地。解缠出缚，天人师资。感祖洪慈，遗兹妙谛。后之见者，慎勿漠视。

月庵超昱绪欣内典翻译

第六章 《内功四经》论集

据传，清始之初，总宪王公于水底得一石涵，中有二书，一为《内功》，一为《剑丹》。其中《内功》有经文四篇，后称《内功四经》，初无释解。总宪王公之后人王南溪经多年潜悟，终于悟透，方知是健身强体、克敌制胜的宝书，遂传与知己宗景房。

《内功四经》原文仅有几十句，王南溪与宗景房在参悟过程中，悟其精妙，加以注释，分别撰写前序、后序及总论，较为详细地记录了《内功四经》从发现到参透的过程，而且对其功法进行了简要的描述。王南溪、宗景房根据内功要法，参阅增补，集文数篇。名曰《大力全局（十二大力法）》《内功合战（内功合战八门）》《内功散门（散门总局、散门正局、散门变局）》。《大力全局》为内功劲法，《内功合战》为劲法应用，《内功散门》为交手论篇。宗景房对内功散门还单独作了杂说，总计三十条，着重解说如何学习内功散门之法，果行不悖，才能灵活运用。

后经辗转，此书被贮藏于沈阳工部库中，燕都刘晓棠先生得之，赠与宋世荣先生。宋世荣先生得到《内功四经》后，视其为秘籍、习练内功的总纲，并将其功法融入形意拳的习练之中，用心体悟，苦心研练，形成独树一帜拳法的风格，使之成为宋氏形意拳的练功主旨，更是宋氏拳法特色的理论依据。然而，在特定的历史时代背景下，内功真经的传播受到很大限制，先人虽做过初解，但时至今日，后人仍不能全解其义。现流传在武林的《内功四经》，均为清人王南溪、宗景房加注的手抄本，这些手抄本，因各种原因难免出现内容增删或遗漏的现象。

车润田先生在几十年的修习过程中，对《内功四经》要义积悟甚深，为了使后人对其有进一步的了解，车润田先生年过八旬之时，在前人注解的基础上对其进行增释。为了增释准确，车润田先生按经文所示，以身自演，悟其妙处，并结合老师的言授和自己的体悟，将经文各句，特别是难解之处作了增释，冠名《增释内功经》。

多年之后，编者在其祖父车润田先生增释的基础上，又重新撰文四篇，以白话文的形式简要介绍《内功四经》的内容，四篇文章合而为一，

宋铁麟大师79岁时抄写《内功经》赠送给车润田先生

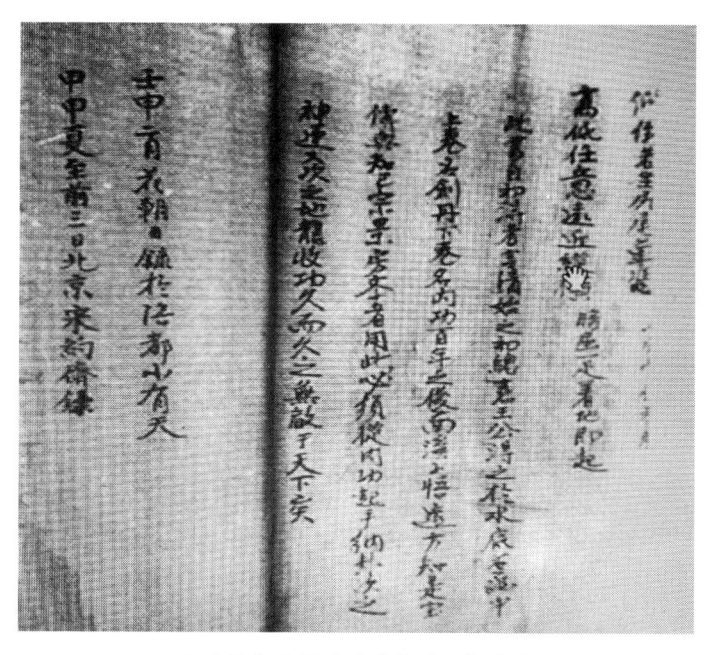

宋世荣先生抄写的《内功经》手稿

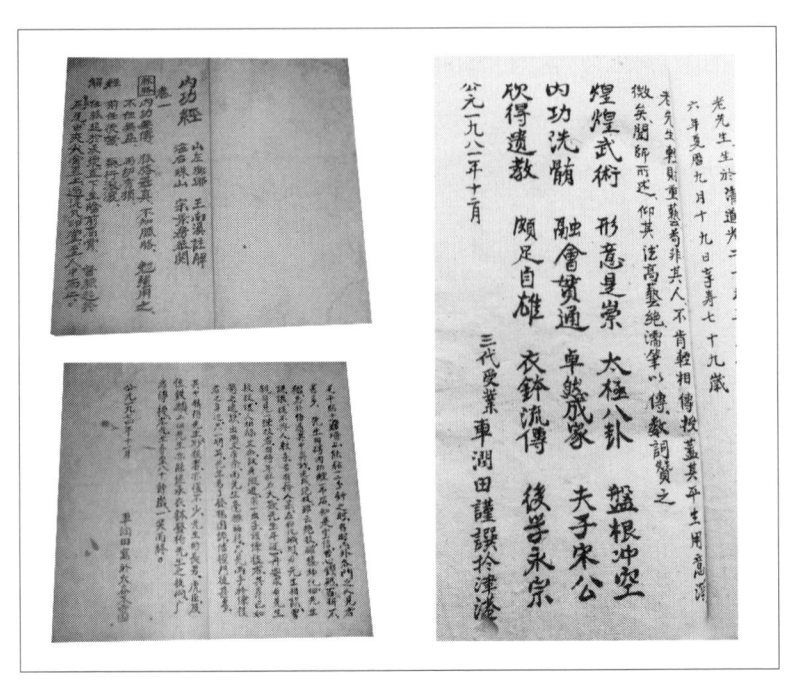

1974年，车润田先生于太谷抄写的《内功经》手稿

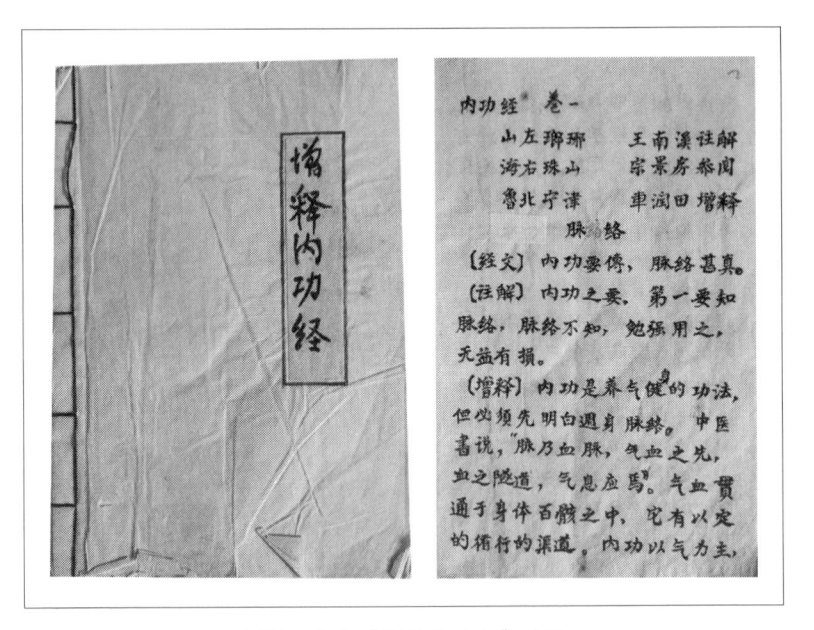

车润田先生《增释内功经》手稿

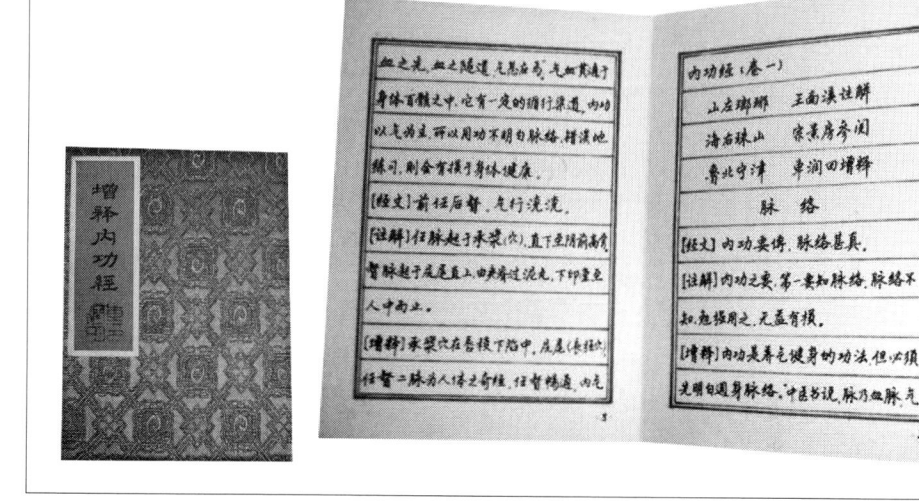

1990年，天津市硬笔书法协会胡革先生抄写的《增释内功经》书法作品

名曰《内功四经简说》。对于《内功四经》的理解，每个人的切入点有所不同，所以认识上有差异是正常的。

编者认为，《内功四经》的要义和精微之处，可分别用四句话和四个字诠释：

内功，是气法论篇，以脉络、气法、规格为主线，讲述劲诀要领。

纳卦，乃拳术身形论篇，讲述身形在拳术中的重要性。

神运，系交手论篇，讲述搏击技艺的基本要诀。

地龙，即底攻论篇，讲述下盘功夫及运用之基本要法。

内功经以"通"字为要，脉络运通，气血行畅。

纳卦经以"合"字为则，形气相合，阴阳为一。

神运经以"顺"字为诀，不滞为顺，劲由顺发。

地龙经以"坚"字为宗，底稳为坚，足固下盘。

作为专门论述武学内功的典籍，本章除根据车润田先生遗留之手抄稿，收录了《内功四经》的《前序》《后序》《总论》《内功真经原文》《内功散门》(内功合战八门、散门总局、散门正局、散门变局、内功散门杂评)、《南溪子战法八诀》等多篇文稿，系统全面地记录了《内功四经》的内容，还收录了车润田先生所著《增释内功经》、车强先生撰写的《内功四经简说》、车铭君先生撰写的《内功散门简说》《简述南溪子战法八诀》等原创文稿，对《内功四经》收录较全面、研究较深入。编者在整理过程中，订正了有据可查的讹漏，存疑之处保留原貌，以待方家探讨。

《神运经》《散门总局》《散门正局》《散门变局》中均有"右某章"多处，用于指代竖排抄写的右侧文字，为总结性陈词，横排后意指上一章，为保留原貌，不做更改，特此说明。

文中内容恐不足以概括内功真经的全貌，亦或有理解不当之处，实为一孔之见，只求对习武者研究《内功四经》有所帮助，仅供武林同仁参考。

第一节　内功四经原文

卷一　内功经

内功要传，脉络甚真。前任后督，行气滚滚。井池双穴，发劲循循。千变万化，不离乎本。得其奥妙，方叹无垠。龟尾升气，丹田练神。气下于海，光聚天心。

既明脉络，次观格式。
头正而起，肩平而顺。胸出而闭，背平而正。足坚而稳，膝曲而伸。裆深而藏，肋开而张。气调而匀，骨松而紧。缓缓行之，久久功成。先吸后呼，一入一出。先提后下，一升一伏。内收丹田，气之归宿。吸入呼出，勿使有声。下收谷道，上提玉楼。或立或坐，吸气于喉。以意送下，渐沉底收。升有升路，肋骨齐举。降有所降，气路俞口。

既明气窍，再详劲诀。通透穿贴，松悍合坚。
曰通，劲之顺也。曰透，骨之速也。
曰穿，劲之连也。曰贴，劲之络也。曰松，劲之渔也。
曰悍，劲之萃也。曰合，劲之一也。曰坚，劲之转也。

按肩以练步，逼臀以坚膝。圆裆以坚胯，提胸以下腰。提颏以正项，贴背以转斗。松肩以出劲，折天柱以下气，瞻合谷以立门。

横劲竖劲，辨之分明。横以济竖，竖以横用。五气朝元，周而复始。四肢元首，收纳甚妙。炼丕炼神，返本还元。天地交泰，水升火降。头足上下，交接如神。静生光芒，动则飞腾。

卷二　纳卦经

头项效法乎乾，取其刚健纯粹。
足膝效法乎坤，取其镇静厚载。
肩背宜于松活，乃是巽顺之义。
裆胯宜于提紧，须现兑泽之情。
胸欲竦起，艮山相似。
肋有呼吸，震动莫疑。
坎离为水火之象，水济火，火济水。
心肾为水火之脏，水宜升，火宜降。

卷三　神运经

总诀四章

练形而能坚，练精而能实，炼气而能壮，练神而能飞。
右第一章，言神运之体。

先明进退之势，复究动静之根。

进因伏而后起，退方一合而即动。

动以静为本，故身虽疾而心自暇。

静以动为用，故气虽结而神自扬。

既知往来闪烁之妙，当明内外呼吸之归。

纵横者，劲之横竖。飞腾者，气之深微。

右第二章，言神运之式。

击敌者，有用形、用气、用神之迟速；

被攻者，有仆也、怯也、索也之深浅。

以形击形，身到后而乃胜。以气击气，手方动而可畏。

以神击神，身未动而得入。形受形攻，形伤而仆于地。

气受气攻，气伤而怯于心。神受神攻，神伤而索于胆。

右第三章，言神运之用。

纵横者，胁中开合之势；飞腾者，丹田呼吸之间。

进退随手之出入，往来任气之自然。

气欲露而神欲敛，身宜稳而步宜坚。

既不失之于轻，复不失之于重。

探如鹰隼之飞腾，疾若虎豹之强悍。

右第四章，合言体用之意。

山不悍则崩，木无根则倒，水无源则涸，功夫亦然也。

内功十二大力

一曰底练，稳步如山。二曰坚膝，曲直如柱。

三曰裆胯，内外凑集。四曰胸背，刚柔相济。

五曰头颅，正侧撞敌。六曰三门，坚肩贴背。
七曰二门，横时用肘。八曰穿骨，破彼之劲。
九曰坚骨，封彼之下。十曰内格，攻敌之里。
十一曰外格，敌彼之外。十二曰撩攻，上下内外。

卷四　地龙经

地龙真经，利在底攻。全身练地，坚固精明。伸可成曲，住亦能行。
曲如伏虎，伸比腾龙。行住无迹，伸曲潜踪。身坚似铁，法密如龙。
翻猛虎豹，转疾隼鹰。倒分前后，左右分明。门有变化，法无定形。
前攻用掌，二三门同。后攻用足，踵膝通攻。远则追击，近则接迎。
大胯着地，侧身局成。仰倒若坐，尻骨单凭。高低任意，远近纵横。

贞观二年三月十五日录

第二节　前序

内功四经，余祖总宪公任江西时所购也。公殁后，迄今百余年，未有知此书作何用也。甲子余于不意中得之于藏之楼，开卷茫然，几于懈怠，后费尽心思钻研数年，乃知此书为武技之宗派，而功夫真传也。故内功已成，随法皆成妙招，谓资之弥而取之左右逢其源者也。然内功真传不求速，须费尽年月，方能有成，其不求速，内功经者顾属上。或有天资迟钝，急切不知之妙，与家道穷迫，不能日日用功，一入门即欲攻经悟道，岂不望洋而收哉。今就内功之见于外者，集为数篇。曰大力全局，曰内功合战，曰内功散门。反背顺逆，总和内功经关窍。由是一入门，经内道理，亦可悟矣。至于间架招数，亦有其一二，然不知内功经，而于横竖骨节顺逆相制之理，往往大相反矣。嗟呼，内功四经埋没于世数百年矣，古人之迹既泯灭而不传，后之学此道者，岂不妄用心乎。

时任午秋，与珠山友人景房话此意后传兰香书室，因草之以序。

琅玡王南溪序

第三节　后序

道自得天地之精髓，阴阳之秘蕴者，必不磨灭于默默之中，非偶然也。天必生奇人以知之，知之必著为书。不行于数百年之前，必行于数百年之后，必生一得书之人，不奇惜，必生一藏书之人，藏书之人不能行，必生人以力行之，不畏艰难，务求讲明古人真迹，以待于后世。又恐一人之力有所不能，尽而又生人以辅翼之，岂偶然哉。呜呼，若此诸人或相待于数百年之后，或相遇于数百年之中，其中，离离合合亦奇矣。余之友南溪子，其祖为清初总宪督抚江西，泊舟清江，见有商人舟覆，拯货水底，获一石函，中有二书，公欲视之。商人呈公阅视之，一曰剑丹，一曰内功。内功之书正四篇，一曰内功经，二曰纳卦经，三曰神运经，四曰地龙经。后记云：贞观二年三月十五日录。公以重价购之。嗟呼，此书作于上古藏于水底，盛之石函，可谓遂年湮矣。数百年埋没，而一旦传之于世，岂非此道之不可磨灭，而特生贾人以得之，总宪公以藏之哉。公得视书简阅良久，见其理元妙，实正好之，然以贮。膺朝廷重命，方欲尽瘁，未暇研究。公殁，遂为世传。公之后人，大抵以功名为重，其不读书者，又留心于身家生计，皆论不及此，间有阅及之者，开卷茫然，遂以为无用之物，甚至王氏之子孙亦有不知家藏有此书者。唯吾友南溪子，生而颖悟，总读书不至功名，玩心于诗书之间，毫无世俗输积之计。一日，忽得此书，见有印迹，叹曰：公神明人也，其不以重价沽无用之物也，明矣！此书必有弥意，但无有能知之者矣。乃细心推测，见其有言卦者，一似易经注解，有言周身经脉者，一似医家脉络，有练神气者，一似道家丹书，推测至二三年，无以对其际。后与管某闲谈，伊言其师拳术精勇，妙艺绝伦等得之于内功经，因询之曰："内功经尚存呼？"管某曰："此书失之久矣，邵师盖得之于口授者，不过经中十之二三。"南溪子忽然有悟，盖明公所得之书也！又取而阅之，忽然略有所醒悟，乃益加钻研，才知可以开人之智慧，其次，亦可以疗病壮身，而遇敌可制胜，犹其功之小者，二年之后出而遇敌，无不制胜。嗟呼，百年以此书为无用之物，不有南溪子以推测之，终属于无用乎！古云："道为知己者传。"良不虚也！百余年之理埋没而一旦发挥其蕴奥，岂非此道之不可磨灭，而特生南溪子以彰明之哉。然此道弥奥无穷，南溪子自以为所能者，不过十中之半。恨无知己者，与之讲明而切究之。欲终不传，又恐古人之宝书自此而没灭，甚为可惜。以此十数年之功，苦蕴于中，未发于外，常忧忧不乐。丙子余至其邑，与之甚者，以年相若而志相得。余之视彼如兄，而彼视之吾如弟。久闻其精于武技，适触所好，因再三致诘，而南溪子以交厚，绝不吝惜，因为余说大概，初闻之，以为拳勇之粗术耳。既而与馆于近村，与之朝夕相见，闻其功夫有壮身疗病之效，因求而用之。南溪子曰："此功夫非一朝一夕之故，恐不能持久，无益而徒劳耳。"余力请之，遂授吾一二，余取用之数月未见功效，暗以为迂调，且将弃之。南溪子曰："吾言此功非朝夕之可及，君不信，而今何如哉？"余愧甚，又用数月，微有功效，甚喜，告南溪子曰："且请再益。"南溪子曰："不可因后用之。"数月之间，忽然得奇效，平时所患结核至是痊愈，气力数倍于常，然后知南溪子不轻以授人者，非吝也，重此道也。因再拜求教，又得纤微，总甚少之，然后知其为人不少以言辞，亦遂不请。南溪子曰："此功用气之处，只有一经，若误入旁门，伤人不浅。"余总闻之而未着意，授而用之，渐有所悟。忽思天地间之术，莫非古人拟造之术，吾独不可杜撰乎？略有所增损，不数月忽得拘挛病窘甚，以告，南溪子曰："此道之为功也，不可贪多，不可太急，不可妄有增损，内所增损多与此正为者耳，不然吾弟岂有受专。"余惶恐无地，立誓悔过。南溪子讲后其端的数月之后，拘挛之病遂已。自此彼以为是者，日夜以求之，彼以为非者，日夜以去之，如是者二年，觉心中大有所悟，而气体间浩浩乎，如曩日矣，余虽不言而心知，然相知之弥，每相忘于形骸。南溪子未以为功，余亦未尝出一言相附也，每谈及此至忘寝食，而南溪子灼论风发，不后如问之与以少矣。如是又二年，南溪子忽授书二卷，而告余曰："此无上之宝书也，久欲传人之，未得其人，今观矣非风尘者，愿以此相赠。其一曰剑书，此仙家之丹经，非夙业有慧根者不可转传；其二曰内功经，此能壮身疗病，多换气力。吾欲传于海内，公诸好可乎？"余惊喜异常，投地再拜曰："此万金不易之术耳，羡之者非能不甚？而吾兄独以教弟，能对弟之弥。劳神以教弟，弟难报大德，今又传以宝书，且以传世，吾兄之力心恕而无所私也，何不可之有因。"备问书之始末，南溪子具告之曰："此书多有不解者，今欲与吾弟细加注解以明之，而后人得而用之矣。"余曰："数百年之埋没，而一旦传于海内，岂非此道之不可没灭哉，天特生一不畏艰辛之人，务求讲明古人真迹，以传后世也哉，弟岂不才，敢竭鄙诚以辅翼吾兄。"共成此于是乎序。

珠山宗景房序

第四节　总论

拳勇之术，古来不下数十家，曰探马、曰鉴子、曰罗汉、曰太祖、曰佛爷、曰武子，一切可惊可骇之名难以尽述。承人陋习，学此则非彼，学彼则非此，纷纷聚讼，日甚一日。而要之不得内功真传，拘家所纵，费尽苦功，终属下乘。犹之读书不能反约、泛览、博务，何能明道？又凡物莫不有其本，得其本而末随之矣。所谓一以御万，简以御繁者也。近来习此道者，忘其本之为一，而逐其末之不同，分门别户，捏造名色，往往自为誉曰："吾之术近路也。"不询其一以御万、简以御繁之道，茫然罔觉，何怪其临敌溃哉。夫宇宙之正道，原未有近路也，不过有本末先后耳。后此变化无方，皆前此循序渐进有以致之也，何有近路之可言哉？然则所谓本者何也？曰劲也。顺进可以制敌，退可以自守，往来上下，无不如意。松、小、背，不足以当敌，退不能自守，备多虚实，无非危机。由此言之，劲固要哉。然不知劲之纲领，不知劲之枢机，不知劲之归宿，虽有劲犹未尝也。

何谓劲之纲领？曰头也。头为诸阳之会，一身之纲领也，譬如物之有柄，事之有始。柄之不正，事之不裹，专望后之等哉？故头之为用也，欲向上提起，不欲向下堆积，欲生旺有神，不宜颓靡无气，一身之劲虽不在头，而头未始无关于劲之得失也。

何谓劲之枢机？曰肩也，肋也。肩为臂之本，肋为气之窟，上以头部之精神，下以足腰胯之威势，周身之大关会也。譬如室之有门，国之有关，门不开不通往来出入。故肩之为用也，其要有八，曰通、透、穿、贴、松、悍、合、坚；肋之为用也，其要有二，曰开张舒展，紧弹聚敛，得此窍诀，中部之妙，思过半矣。

何为劲之归宿，曰足也。足为百体之根，上载全身者也，譬如万物之生于土而履于地，衰旺体态无不因乎地。苟非博厚，何能载物哉？故足为劲之出也。凡一放一松，无不从足底涌泉穴而起，劲之入也，一收一紧，无不从足底涌泉穴而伏，此下路之要诀，而工夫之根基也。知此三者，可以得其大概矣。

犹有要专何者也？曰气也。盖劲之生于气，犹木之生于水，木必待水润而得生，劲必得气养而后出自理也。欲愿养气必开关窍以顺其气，不然而人身之关窍皆为后天之浊气否塞尽矣。虽欲养气可得哉，必伸筋拔力以通之，而后真气自行。行是气可以养劲，可以济气矣。故用之初，气劲尽有交互相济之用，及其久也，有浑然如一之德。后之学者潜心体会，必对予不妄评矣。若夫气之浮沉、劲之松紧、首之开合、手之横竖、身之正侧，当求之内功经与夫十式局内，非一朝一夕之功能明也。

山左琅琊王南溪　注解

海右珠山宗景房　参阅

第五节 内功合战八门

第一门

此门宜左步右手向前侧身而立方妥。

立骑马势：三尖直对如骑马状。内功全局。

飞递右势：用出右步飞上右手击其左肋。右坚骨劲。

左手招上右手骑马势：用左手向外分出彼手去，遂进右腿单步骑马势上右手击当胸。左外格劲。

退步右手勾挂：用小步法退后，以右肘拖其右肘手腕双勾挂。右内掠劲。

进肘：借彼勾挂之力进步，以右肘击其当胸。右二门劲。

左手封挣：先用左手用力封之，然后出右手挣其右手也。右坚骨劲。

翻右手头进右手：彼此挣住，遂翻右手头自外入内击其肋。右内掠劲。

左手堑：彼右手来，须将左手自下而上用力拖之。左穿骨劲。

再翻右手头进右手：彼用左手堑住，仍翻右手自外入内击其左胁肋。右外格劲。

退小步右手挣：用小步拖出彼手，复以右手挣之。右坚骨劲。

吊：彼此挣住，须用右手自上而下击其右肋，招着亦然。右外格劲。

进肘：两人之手皆已下去，须就力进小步以右肘击其腹。二门劲。

左手封：用小步以左手力封其肘，右手上挽其手腕。右坚骨劲。

翻进左肘：右肘既不得进，须将左步一收，翻身进左肘击其心窝。左二门劲亦可。

双手封：来势甚猛，须左手先封其左手头，右手再封其肘，双手用力而彼无失。封拿劲。

封拿劲再回进右肘：左肘既不能进更不得复还旧步，进右肘击其右肋也。右二门劲。

双手封：用右手封其手腕以左手封其肘。右坚骨劲。

挣：彼此挣住。俱右坚骨劲。

进丢手：彼此挣住，遂将右手丢彼手，再单膀子进左手揭颏。左撩攻劲。

左手封：右手被丢，遂用左手自上而下力封其手，使彼不能用力。右内撩劲。

进右手小骑马势：左手彼已封住，须将右手放开挽彼右手而进小骑马势，上右手击其右肋。右坚骨劲。

用身法左手提上右手：须将全身向后一坐，闪出彼手，即用左手提，自上提住彼右手头上，右手击其右肋。右撩攻劲。

提右手遂进右手：将右手用力提出掠彼手，遂上步进右手击右肋。右撩攻劲。

以横劲拍出，再用力挣力：右坚骨劲。

吊肘封挣：手法劲法同上。

第二门

进右手：上右手击其顶门。右撩攻劲。

左手招上右手：用左手向外招之，亦上右手击其顶门。左外格劲、右撩攻劲。

进左手招：左外格劲。

双双退出：彼此皆无得失，只宜两家俱退。

挣、吊肘、挣：手法劲法如前。

进丢手拔快：彼此挣住，须先用右手将彼右手一丢，再用左手代之以右手击其胸。右撩攻劲。

左手搀：将右膝一收，右肘用力向后，左手用力向前，单开膀子以右手搀彼右手而进。左坚骨劲。

丢左手上右手打外门身法：彼左手搀来，即将左手丢彼左手，提起前步收住后步，上右手自其肘底横击其右肋下，用右腿自外入内击其腿，三劲一齐，名曰外身法。右外格劲。

进里门身法上右手：彼右手格来，须用身法将左肘向后用力一拖，拖出彼之右手，将膀子单开，再上右手高骑马势击其腹也。右撩攻劲。

进左手：使拧裆法用左手，出之。左坚骨劲。

提右手招：彼来时，将右手向上一提，即能招出彼手矣。右穿骨劲。

进右手：上右步进右手击心窝。右内掠劲。

左手分提上右手高捷打：将右手自上而下自右而拖住彼手，遂用左手丢彼右手，头向外一分，翻出右手迎顶而进，击其面门。右内掠劲。

进左手拍挣：迎面打来，右手措之不及，须用左手横劲拍出再用右手挣之。左内掠劲、右坚骨劲。

进左手：单开膀子进左手击其右肋。左坚骨劲。

使右手拿胯进左手：将右手右胯向外一拿，拖出彼手再单开膀子进左手击心窝。左撩攻劲。

右手招：将右手分出。右外格劲。

进右手：上右步进右手击心窝。右内掠劲。

右手招：以右手向外拖出之。右内掠劲。

进左手：再单开膀子进右手击面门。左撩攻劲。

右手招：仍以右手向外分出之。右外格劲。

起右腿：先将左步稳住，再飞右腿奔三岔。左底炼劲。

退小骑马势右手招：用小骑马势向后一坐，以右手击其虎胫骨。右内掠劲。

遂上高捷打：彼方欲击时，乘其势将右腿向前稳住步，先用左手丢住彼右手，自上而下使高捷打击其右肋。右撩攻劲。

上高挣：须周身用力以右手底劲向上高挣而起。

吊、肘、封、挣：用法俱如前。

第三门

此门宜二人背面而立，然后变步。

进右手：上右手击面门。右撩攻劲。

右手高挣：变步进右手高挣彼手。右坚骨劲。

起右腿：压住右膝头，飞起右腿撩阴。左底炼劲。

坐小骑马势右手招：用小骑马势以右手击其胫骨。措劲。

进右手：稳住右步进右手击心窝。右坚骨劲。

进右手挣：稳住骑马势以右手挣之。封挣坚骨劲。

吊：用法如前。

肘：亦如前。

封：亦如前。

封右手打右手存坐：先用左手封其右肘，再落右手向外开，其虎眼名存坐。右内掠劲。

拿右胯右手挣：须将右胯向后一拿，右膝避去即能闪出彼手再进左手挣。左坚骨劲。

起左腿：将步一变，起左腿击彼右肋。右底炼劲。

变步左手招：将右腿向后左步向前，闪出彼腿，然后用左手击其胫骨。左内掠劲。

进左手：稳住左步进左手击心窝。左撩攻劲。

进左手挣：用左手向前挣其左手。左坚骨劲。

吊：如前。

挣：如前。

肘：如前。

封左手打左手存坐：先用右手封其左肘，遂进左手向外开其虎眼。左内掠劲。

拿左胯左手挣：将左胯一拿，左膝避出再左手挣起。左坚骨劲。

变步进右手腿上右手：变右步向前，起右腿击左肋，上右手击心窝。左底炼劲、右撩攻劲。

变步右手招挣：亦用变步将左腿还后，右步向前闪出彼腿，然后用右手先击其胫骨，再挣其手也。先用右内掠劲后用坚骨劲。

丢右手上左手打外门腿：彼此挣起，先将右手丢彼右手，再进左手向外击其右腿下，用左步打外门腿。打腿时须上左步自外向右，上下手腿务要三劲一齐。下底炼劲、上左撩攻劲。

拿胯左手搃：将胯一拿，右腿向后一躲，再用左手用力搃去。左坚骨劲。

丢左手上右手打外门腿：彼左手来搃时，即用左手丢住，上右手向外击其左腿下，用跳步转过，右腿自右向外打其外门腿，上下一齐。下底炼劲、上右撩攻劲。

拿胯上右手挣：将胯一拿，左腿向后一躲，再用右手加住力挣住。右坚骨劲。

进丢右手：彼此挣住，上右手丢其右。擒劲。

擒劲使劲拔快：右手被丢，须将左手封其手腕，然后将右手用力翻起，压住彼右手击其左肋。左坚骨劲。

挣：用法如前。

吊：用法如前。

肘：用法如前。

挣：用法如前。

第四门

此门宜二人对面而立。

进右螳螂手：螳螂手者不用捶，单用手掌击其耳根也。右撩攻劲。

退小尖步：用小尖步一退，以右手向外招出。右内掠劲。

进左螳螂手：用法如前。左撩攻劲。

退小尖步：仍用小尖步以右手分出。右外格劲。

进右手大挣：再上右步，以右手大挣面门。右撩攻劲。

进右手骑马势：先将左手分出彼手，再进骑马势上右手击心窝。右撩攻劲。

拿右胯进左手搀：拿去右胯，单开膀子进左手搀其右肋。左坚骨劲。

右手分进左手：用右手向上分出彼手，使拧挡法进左手击前胸。左撩攻劲。

拿左胯进右手搀：拿回左胯单开膀子进右手搀其左肋。左坚骨劲。

左手分进右手：用左手向外分出，进右手揭颏。右撩攻劲。

进左手分：用左手分出。

双退：如前。

大挣：如前。

劲法俱如前。

起左右连环腿：先起左腿攻其右肋，再起右腿直奔脐下。起左腿用右底炼劲，起右腿用左底炼劲。

步左右手招：用骑马势以右手击其左胫，以左手击其右胫，上下齐招。左右俱坚骨劲。

进右手：稳住右步上右手击其右。右撩攻劲。

右手挣丢：用右手竭力挣出彼手然后丢住。右坚骨劲变擒劲。

上劲拔快：彼方丢时，速将左手封其右腕，翻出右手照其心窝打劲拔快。右撩攻劲。

右手挣：将右手加底劲挣出。右坚骨劲。

左手分进右手：将左手分出再上步，进右手击当胸。右撩攻劲，左外格劲。

左手接打：接打须用左手接彼右手向外分丢，再进右手击其当胸。右撩攻劲。

连二进：彼右手来时，亦用左手接住再上右手击当胸。先格劲后撩劲。

如上打法：吾仍接住用上接打之法，彼必变法矣。

上右手小骑马势：彼则变法，将左手接吾右手向外一分进小骑马势上右手击小腿。左外格劲，右撩攻劲。

上高连环：吾亦用变法，用左手擒其右肘，进高步，以右手击其面门。左内掠劲、右撩攻劲。

进右手挣上左手：须用右手加底劲，用力挣出，再上左手搀其右肋。俱坚骨劲。

上左手搀：亦将膀子单开上左手搀之。

进右手：再将膀子单开进右手搀其左肋。

右手搀：亦将膀子单开用右手搀之。

大挣：加底劲自下用力挣出。

第五门

上右手：右撩攻劲。

左手分进右手：左外格劲，右坚骨劲。

上左手分：右外格劲。

双退出挣：对挣坚骨劲。

上左手：左坚骨劲。

上左手搂进右手：左外格劲，右撩攻劲。

上左手招进右手：左外格劲，右坚骨劲。

退左手招：左外格劲。

起右腿：左底炼劲。

左手招：内掠劲。

上双手：如前。俱坚骨劲。

双招双退出：如前。

挣：对挣坚骨劲。

进左手：坚骨劲。

上左手搂进右手：左外格劲，右撩攻劲。

退左手招进右手：左手格劲，右手坚骨劲。

退左手分：左手格劲。

起右腿：左底炼劲。

上右手招：右内撩劲。

上双手双退出挣：如前。劲法如前。

进丢手拔快：右撩攻劲。

左手搀：左坚骨劲。

再进左丢手拔快：右撩攻劲。

提左手招进右手：左格劲，右撩劲。

上左手拍挣：左坚骨劲。

起右腿：左底炼劲。

右手抬亦起右腿：劲法如前。

右手招遂进右手骑马势：先用掠劲后用撩劲。

右手招：内撩劲。

挣：坚骨劲。先翻出右手而后用劲。

上左手招进右手：左掠劲，右撩劲。

进左手接打：先用左手招住彼之右手，再上右撩劲、击胸。

上左手拍挣：进左手十字捶。俱坚骨劲。

左手搀：坚骨劲。

进右手：坚骨劲。

左手搀：坚骨劲。

挣：俱坚骨劲。

第六门

此门宜左步左手向前而立。

立门：将前左步放活而立。

飞递右手：飞递者一人相隔尚远，须一跃而入，名飞递。上右手击其左肋。用神运全局进撩劲。

提左手连递左手：彼已招左手而来，即将左手向上一提，提出彼手，遂自其肘底连递左手击其右肋。左穿劲。

退步右手招：将原步略退，用右手向后一拖即招出。右内掠劲。

上步进右手：再上右步，进右手击其当胸。右撩攻劲。

下步左手搀：须变左步向前平开膀子以左手搀之。左坚骨劲。

提右手连递右手：彼左手搀来即将右手向上一提，提出彼手遂自其肘底连递右手击其左肋。右穿劲。

下步右手招：仍变回右步，向前以右手招之。右内掠劲。

进左手：单开膀子急进左手击其右肋。左坚骨劲。

提右手招：将右手向上一提即能招出。右穿劲。

进右手：再上右步进右手击当胸。右内掠劲。

拖右手招：用右手自内向外贴彼右手向后一拖即出。右内掠劲。

再进左手：再单开膀子进左手击右肋。左坚骨劲。

提右手招：将右手向上提出。右穿骨劲。

再进右手：再上步进右手击其当胸。右内掠劲。

进丢手：如前。

上劲拔快：如前。

右手挣：将右手加底劲用力挣起。右坚骨劲。

起左腿：变右步向前起左腿击其右肋。右底炼劲。

变步左手招：亦变左步向前以左手击其胫。左内掠劲。

进左手：起腿以后遂进左手击其面门。左撩攻劲。

左手挣：击胫后即翻左手挣，向上挣其左手。左坚骨劲。

起右腿：变回右步向前起右腿击其右肋。左底炼劲。

变步右手招：亦变右步向前以右手击其胫。右内掠劲。

上高捷打：用左手封其右肘，提其右手平空自上而下击其胸。右撩攻劲。

退倒身法：须先将右手拖出，遂即倒身向后，若倒而立即便闪出其手。

上小捷打：彼使倒身法闪出其身。更不能稳，遂进右步直闯入内，用左手丢彼右肘，再上右手力击其面门。右撩攻劲。

右手高挣急吊：用右手加底劲连身带步高挣而起，遂进吊捶击其腹。右外格劲。

左手封进右手：左手封其肘腕，进右手击当胸。右撩攻劲。

左手拍挣：法如前。

进左手：单开膀子进左手击其右肋，右坚骨劲。

还左手十字捶：如前。

挣：如前。

第七门

进右手：上右手揭颏。右撩攻劲。

右手拖：用右手向后一拖即出。右内掠劲。

进左手：上左手挂耳。左撩攻劲。

右手挂：将右手向外一挂即出。右外格劲。

上右手骑马势：进右步上右手小骑马势击小腹。右撩攻劲。

进丢手拔快：用身法将左手丢彼右手，再上右手击其当胸，名曰丢手拔快。右撩攻劲。

挣：如前。

进左手：坚骨劲。

还左右十字捶、先左后右挣：如前。

吊：如前。

进左手大穿：大穿者右手方吊时，遂将左手向上一翻，从自己脑后而出击其天门。左撩攻劲。

退步身法右手招：须将步一退，提起右手向上招之。右外格劲。

进右手小骑马势：彼右手向上招时，须进小骑马势上右手击心窝。右撩攻劲。

退倒身法拖右手招：将身而后虚倒而立，右手向外拖出之。内右撩劲。

走外门跪膝：将左步向前提起进外门，上用右手丢彼右肘，下用跪膝顶其虎眼，再以右手横击其头，三劲一齐，上用撩攻劲下用坚膝劲。

进右手高接打：彼来丢时，须先右手向后，亦将左手丢彼手，退出右手将身一跃，用右手击其左名曰接打。右撩攻劲。

上步进右手：先将左手向外挂出彼手，再进右步上右手击心窝。左格劲右撩劲。

左手拍挣：如前。

起右腿：上用右手挣住遂飞击其右肋。左底炼劲。

右手招退右腿：将右手用力招出彼腿，亦遂起右腿击其右肋。左底炼劲。

左手搌进右手骑马势：用左手搌出彼腿再进骑马势上右手击心窝。右撩攻劲。

左手挣：将膀子单开以左手搌出之，左坚骨劲。至右手丢打外门拔快。用左手丢彼左手，下用腿自右向左击其腿，上用右手击其左膀子，三劲一齐。右撩攻劲。

进跪膝上右手：将左手向后力拖，即能拖出彼手。再用跪膝而进上右手击其腹。右撩攻劲。

亦进跪膝左手搌：亦必先跪膝顶住后，再左手搌彼右手。右坚骨劲。

丢左手打外门拔快：亦用左手丢彼左手，上右手打外门拔快如前，只去了腿。右撩攻劲。

上步进右手：亦将左手向后拖出彼手，再上右步进右手击其心窝。右撩攻劲。

左手拍挣：用法同上。

上左手：单开膀子进左手击心窝。左坚骨劲。

还左右十字捶：用法如前。

挣、吊、肘、挣：用法俱如前。

第八门

此门左步向前而立。

立门：后腿稳住，前腿放活。

递右手：进右手击当胸。右撩攻劲。

丢右手上右手：左手丢彼右手，再上右手击其右肋。左手格劲、右撩攻劲。

左手搀：单开膀子进左手搀之。左坚骨劲。

丢左手上右手：用右手向外一丢，遂仍进右手击其左肋。右撩攻劲。

进右手搀：单开膀子用右手搀其心窝。右内掠劲。

上右手搀：亦用右手向其心窝搀去。右内掠劲。

右手拍挣：如前。

上左手十字捶：如前。

还十字捶、左右挣：如前。

上左腿：右手挣住，上左腿击其右肋。右底炼劲。

右手招：将步一退用右手招出。右外格劲。

再起右腿上下连环：先将右步稳住，再飞起右腿自下而上先撩阴，后击其心窝，名曰连环。右底炼劲。

退步法左右手招：领一步以左手招下右手招上，左下撩攻劲，右内撩劲。

进右手：稳住右步进右手击胸。右撩攻劲。

右手挣：如前。

小丢手：小丢手者从以右手丢彼右手也。坚骨擒劲。

进步拔快：如前。

挣：如前。

进左手：进左手击其左肋。

左手领进右手打火轮：先将左手领其左手，再进右步上右手横击其左肋，故名曰打火轮。三门劲。

拧裆身法进右手：将裆一拧，左肘向后一拖即出。右撩攻劲。

右手搀：单开膀子搀之。左坚骨劲。

左手领进右手打火轮：如前。

拧裆身法进右手：如前。

丢左手打小外门拔快：用左手丢彼左手，以右手击其左手，须分有腿无腿，故名。右撩攻劲。

上右手：将膀子一单开即能招出，再上右手击其心窝。右撩攻劲。

左手搀：左坚骨劲。

丢左手打小外门拔快：用法如前。

进右手：单开膀子退出，再进右手击其当胸。右撩攻劲。

左手拍挣：用法如前。

还左手十字捶：如前。挣。

第六节　散门总局

吾进右步撩劲，敌人用左手格劲格出吾手，欲向里进右手击时且不可乱，上左手但合周身全局，以右手掠劲掠之。

右第一章。

倘吾撩劲失机，已被左手击来，可以不必用掠劲，须上左手迎其右手，以双手坚骨劲击之。

右第二章。

吾出右手撩劲，倘敌人以右手封吾右手，欲进左步，左手击吾耳门时，不可乱用左手，但以右手格劲向外格之。

右第三章。

吾出右手撩劲被敌人丢住，欲进左步，以右手击吾面时，吾但用右背上下全局功夫将二门曲回力攻其肋。

右第四章。

吾出右步骑马势劲，无论敌人欲用何法，但彼右手将近吾手即以吾右手丢住，进左手攻其右肋。

右第五章。

吾进右步撩劲，敌人用右手封吾右手，欲起右足击吾肋时，吾但稳住周身全局，翻出右手丢彼足急擎之。

右第六章。

吾出右步撩劲，敌人以左手封吾右手，上右手击吾时，吾亦用左手封彼右手，退出吾右手仍以撩劲击之，但须有全局功夫方妙。

右第七章。

以上诸法皆两敌相近时所用者，若相去尚远，不必待敌人近身即以神运全局飞身而入，左手封住敌人右手，以右手撩劲击之。击之不中，即飞身而出，勿候敌人用法也。飞身出后，稳住周身功夫，敌人来追，乘其未落步时，陡然击之。若击敌人，敌人退出，仍以神运全局急急逐之。相其虚实察其动静，或里门或外门，或上路，或下路。因敌布局以用诸法，不可失时，不可妄进，此临敌之要诀也，必熟练神运功夫，方能知其妙。

第七节　散门正局

第一局

敌进右步撩劲，吾用右手接住彼手，自上而下，顺势向外一摔，其胁自露，急进左底炼封住彼右步，以二门、三门全局，侧身攻之。

右第一章。此法须贴住背以小身法向上提起而用方妙。

敌来攻时，趁其伏身，速以右局步、全局底炼劲用力向外一开，将右手飞起，以掠劲攻其背，三劲齐使胜。

右第二章。此还上之法也。

用时须将两腿极力伸直，运用周身之气向后斜带之，方得。不然，恐敌有底炼之功，不轻易为吾所开也。受敌掠背必倒而伏，遂将左足仍封住彼右足，用地龙倒地起法以左格攻彼右腿胜。

右第三章。此一还二之手法也。

倒身之时须有分寸，若一概落地，则难起矣。一说用三门更妙，敌方用地龙起身法，不待彼起，即将右步稳住底炼劲，提起左膝，攻彼左胁胜。

右第四章。此二还一之手法也。

须乘其将起未起时攻之。见敌起左膝，吾不前进，随其左膝向前而倒，顺势向外翻出全身，仍作伏龙法以胜之。

右第五章。此法须地龙功夫练熟方能用之，不然起倒不明，徒取笑耳，焉能致胜。

又倒后，须聚精会神，伺敌人动机，以施吾之攻击。若敌人见我状，直上步以矮势出撩劲，我即用左格劲，格彼左手，再上右手，当胸攻之胜。

右第六章。此接上之变局也，无甚深意，但须出得坚与疾耳。

第二局

敌上右步撩劲，吾用左格劲，自内向外丢住彼右手手腕，再进右底炼，自外向内封住彼右步，又以右擒劲，丢住彼三门，三劲齐使胜。

右第一章。此法用时，左丢手须极力提之，则彼足自然无根。

又用时，手足齐上方妙。不然，彼必抽腿矣。若被敌人跌倒，遂用右足勾劲缠住彼右足，伏身合住地龙全局，两手按地，加左足底劲，撞彼右胫，敌自败。

右第二章。此法用时，右足极力要曲，左足极力要直，以当运周身之气以用之方妙。

倘敌进撩劲，吾退右步用格劲时，敌右手早已抽出，吾必落空，遂进步缠住彼左手，将身伏下，以左三门攻彼胁下胜。

右第三章。此攻下之变局也，用时须敌人抽退时急攻之，勿令彼步法落实，此乘虚之法也。

第三局

敌进右步撩劲，吾暗上小左步，用左掠劲撩彼右手，按身不动。敌若出左手，借彼出时，急将身一扭，伏于里门，合住劲以左三门攻彼肋下自胜。

右第一章。此法进左步时，已预为攻击之势，勿使敌知觉，方见其妙。

第四局

敌进右高步掠劲，吾用右手格劲，向上丢起，遂进左步拦身擒之。

右第一章。此法须左底炼用的坚实，方能取胜，不然一遇强敌恐与敌俱相仆矣。

敌用左步封吾身，复以拔劲攻吾，吾复将身一扭，用坚膝劲，击敌人膝内。

右第二章。此还上之手法也，同时须趁敌人进左步时，迎而击之。

若敌人擒住，即解之不及矣。敌用坚膝劲攻吾左膝，吾急将左步向外一开，将身一落，栽住项根以项攻彼右胁。

右第三章。此一还二之手法也，同时须要稳住周身全局以小身法攻之，方妙。

第五局

敌上高身法以双手攻吾上路，吾以左手自下向上缠落其左手，以右手自下向上缠落其右手，暗进左步，踊身而入，以胸劲攻敌人前心。

右第一章。此以全身攻敌人之法也，不必拘于胸劲。若敌人自下路而进，亦可用此法，然须向下缠双手。

如将封敌人手时，务要封住，勿使其抽出，得以变法攻吾也。敌以双手封吾双手，以胸劲攻吾，其势不得动手，又不得迟延，略一迟延，即为敌所致矣，须暗起右膝，迎裆攻之胜。

右第二章。此坚膝撩阴也，须斟酌用之，稍重恐伤性命，慎之慎之。

第六局

敌上高右步撩劲，吾用右格劲丢起敌人右手，下用左底炼劲，封敌人右步，将身一扭，用三门劲攻胜。

右第一章。此法须运用周身之气，将肩背贴住，以短劲攻之。

不待敌人用三门劲，以右手按住彼右手，接住彼左步再以左手丢其右手，三劲齐使，向右摔去。

右第二章。此法用时，须不早不晚方妙。盖早则敌必惊疑而退，晚则吾不得其动身矣，须迎其势而攻之也。

敌欲动足，吾急以右手丢其右手腕，以左手丢其右肘，仍用左足封其右步，向左摔去。

右第三章。此一章之所变以攻下也，盖以敌之法变而左用之也。摔时，须曲敌人之手于其胸上。

第七局

敌出骑马势上右撩劲，吾即向右变步，用手合周身全局向地用力扑，借势起身，是小身法以双手击其腹。

右第一章。此法须以侧身之势，向上斜攻其平面，所谓以我之实，乘敌之虚也。

第八局

敌出右步撩劲，吾用左坚骨，接住彼手，自内向外，将全身一转，以左足自外向内缠其右步，以左格劲力格其胸，三劲齐使。

右第一章。此法上下须用短劲，若用长劲，敌虽败，吾亦不能无恙矣。

敌上左步，将欲格时，吾即退出右手，亦左步向后一转，自外向内缠其左步，再以左手抓其右肋向外力掠，二劲齐使。

右第二章。此还上之法也，须要闪得清楚。先立于不败之地，右抓劲时，须运全身大气以用之。

第九局

敌出低势右手撩劲，吾进右手坚骨劲，封住其手，然后左手抓住其发，右手当胸，撮其颏，二劲齐使。

右第一章。此法有真巧存焉，用时勿使大劲，又封手时以右足自外门封其步，令彼不得抽退。

敌上右高步撩劲，吾自外门向内，用右手格劲，格开彼手，顺势进左步，将左手自敌人胸后向前攀住敌人鼻峰，全局功夫向后折其项。

右第二章。此上法之变势，用时务向敌人怀中折其项，不可向左，若向左则敌人则漏出矣。

第十局

敌出右步撩劲，吾进左步底炼封其右足，自外向内再进左手自上而下，丢彼右手，用力下撩，遂进右手自上而下斜击其项。

右第一章。此法丢手时，倘彼用力向上，势难下撩，遂将彼右手自下而上而后翻起，进右手击其面。

敌进右手击时，吾手已被丢住，难于退出，遂伏身向里，进左步跪膝，合坚全局进右手击当胸。

右第二章。此法须落左步时，闪出敌人右手，先立于不败之地，而膝又宜着力。

敌欲击胸，遂将两手退出，退出后，向地而倒，合地龙伏身全局用力向前一纵，以右足带彼右足。

右第三章。纵身时，须将脊骨用力塌下，右足作一步法，左腿伸直，内住后而极力曲之方要。

敌带吾右足，吾必仰地而倒，不须待其起立，遂将身一侧两手按地，意合地龙局起，左足击其左胫。

右第四章。此法宜极力伸直，左足自上而下斫之。

第十一局

敌出右步撩劲，吾即向后而伏，两手按地，合地龙局飞起右腿，自上而下，击其胫。

右第一章。此法用时，要运周身之气，以坚骨劲攻之，若右手不中，即翻身以左足踵自内向外攻之，亦用自上而下之势。

第十二局

敌进右步撩劲，吾上右步自内向外撩出彼手，再倒上左步将两背贴胸下，屈身用双手拔其右足，以中部全局挫其膝。

右第一章。此法用时，务要贴得周密，令彼抽退不得。上左步须有分寸，令其右足适露在面前；挫膝时，令彼膝尖向上有破骨之势，勿使其委中向上令吾不得力也。

敌欲挫吾膝时，吾即顺势抓住其发，左手用力撮其颔，用两背全局力折其项。

右第二章。须伺其抓上未定时用之，盖彼手但奔下路，吾乘其上之虚而攻之，无有不胜之理。但恐其使得飞疾，令吾不得措手耳。

第十三局

敌人持刃迎面而刺，吾且忌不可后退，急侧身进左步，用左手自外向内掠住彼右手腕，上右手击其面门。

右第一章。此法亦有中食二指刺其鼻孔者，亦有用中食二指击彼两目者，但视其势之缓急而用之。

第十四局

敌上右步撩劲，吾进左手采住彼手，伏身以右手捎其右胫骨，捎起时，双手将彼胫骨一扭，合周身全局，向彼一撞。

右第一章。如左手捎起，或左腿右腿，皆用此法。

第十五局

敌上右步撩劲，吾进右步潜身以双手封其右足，以右三门劲攻其虎胫骨。

右第一章。此法用时封双足，务要周密防敌人趁势起足攻吾之面。

敌封吾右足欲以三门攻吾，吾乘其将落未落，急起右膝以攻其右胁。
右第二章。此法若被其擒倒，不得用膝，即飞起右足攻之。

第十六局

敌出右步掠劲，吾以双手自下而上，扭其右手进右足自外向内封其右足，合周身气力向左丢之。
右第一章。此法须竭力扭其右手腕，以破其劲，里外门俱可用，若用之于里门以左足自内向外封之。

第十七局

敌人进右步撩劲，吾亦进右步用格劲格出彼手，顺势而上擒住其肩顶，再进左手抓住其足踵，合周身全局向外一摔。
右第一章。此法用时，右步进在敌人里门，用格劲时，须自下而上从腹内翻出方可。
倘被敌人摔倒，前胸切不可着地，但以双手按地，合地龙侧身局，飞起右手横击其阴。
右第二章。飞足用地龙翻身之势，无甚深意，然必熟地龙之法方可用之。

第十八局

敌进右步撩劲，吾不可前进，不可后退，但用左足底炼稳住周身，飞起右腿合全局直撞其胸。

右第一章。此法有功力者用之方妙，盖左足有底炼方能自守，右足有底炼方能得入，不然，亦胜负相半耳，何能必胜。

敌以右步撞吾肋时，吾亦不可后退，即用双足底炼稳住周身全局，以胸肋功夫，向外撞其足。

右第二章。此法更须有功夫者用之，学者万勿效颦。

第十九局

敌出右步撩劲，吾将全身一侧，漏过彼手，顺势进吾右步，用右手格劲格住其腰，再以左手抓住其发向下力折其项。

右第一章。此法用格时，须自上而下。进步时，进在敌人里门，令彼不得抽退。若有功力莫妙于用横格，格住其右手，逼在腰间，更胜。

第二十局

敌进右步撩劲，吾即伏身先援以左手缚其足踵，再用右手向外力掠其膝。

右第一章。掠膝时，须掠其膝内，若掠其膝尖，必不得矣。

敌来伏身击膝，吾亦伏身进左步跪膝，自上而下用全局以击其背。

右第二章。此亦乘上之虚而击之最妙。

敌欲伏身击背时，不俟其成局，遂合周身全局向上力起，以二三门攻其胸腹。

右第三章。凡伏身入下路，敌来伺吾上路时，皆可用此法。

第二十一局

敌进骑马势右掠劲，吾进右步，自外向内封其右手，用左手丢彼右手，填吾胁下，扭身进右手击其项。

右第一章。进右步，进在里门。若上路被敌人左手格住，下路即可用坚膝劲拿敌人膝内。

第二十二局

敌出骑马势右手撩劲，吾用左手自上而下封住彼右手，侧身进步底炼斩其足背。

右第一章。用底炼时，令涌泉穴有向内之势，方得斩字之义。

第八节 散门变局

一变：敌用一局一章法，吾变十二局一章法破之。

二变：敌用一局二章法，吾变十局三章法破之。

三变：敌用一局五章法，敌来追击，吾变小身法以双手攻之。

四变：敌用二局一章法，吾变左坚骨劲，丢其肩顶，右手向左连身带手一总撞之。

五变：敌用三局一章法，吾变六局二章法破之。

六变：敌用四局二章法，吾急将左步向外一开，伏身以左手丢敌人右膝，以右手擒其足踵二劲齐使。

七变：敌用五局二章法，吾将身一侧提起，右膝迎之，其膝自然向外而去，吾即顺势变起右膝击其阴。

八变：吾用六局三章法或敌人力大急切不可动，吾顺其势伸其肘向右摔之。

九变：敌用七局一章法，吾速进右步，自内向外以坚膝劲折其左膝，变右手格劲，连胸带手一总攻之。

十变：敌用八局一章法，吾若失机为其所跌，急以八局二章法还之。

十一变：敌用九局二章法，吾不可坐待，急变全身向后顺转破之。

十二变：吾用十局一章法，敌人上路已有备时，吾伏身变双手拔其右足，以三门攻其肋。

十三变：敌用十一局一章法，吾急将右步向外一开，变其左足踢敌内裆。

十四变：敌用十二局一章法，吾变右手拦其左肩向后力摔，右足挂彼左足向前力带，二劲齐使。

十五变：吾用十三局一章法，敌用力向上时，吾急变回右手自其肘底攻其肋。

十六变：吾用十四局一章法，敌人力大急切不能挡起，急以左步封其身，彼变吾手自前擒之左足，以全局攻之。

十七变：吾用十五局一章法，敌人退步时，吾急变地龙经纵身法，赶上仍用十五局一章法攻之。

十八变：敌以十六局一章法丢吾右手，吾急用左坚骨劲按吾右斗骨以破之。

十九变：敌用十七局一章法，吾急用周身大力向后落骑马势。

二十变：敌用十八局二章法将吾跌倒，吾急变地龙侧身局进右足，撞敌人胫骨。

二十一变：敌用十九局一章法攻吾，吾用大力格之，用其攻吾之法以攻之。

二十二变：敌用二十局一章法，吾变小身法以双手攻之。

二十三变：敌用二十一局一章法攻吾，吾急仰身跌倒提起右足，自下而上撞其腹。

二十四变：敌用二十二局，吾全周身全局以格劲破之。

第九节　内功散门杂评

一说：南溪子用功十二年余，所纂集之手法不可胜计，唯此内功散门皆其会合诸家手法而衷之于内功经，删烦即简，择其有自然之克之趣者，而后定为法式，以公诸同好。

二说：内功散门其上上下下之格式、里外反正之规矩，皆古人之定法，今人不得移易。至其中斗榫合缝天然凑巧，皆南溪子读内功经有悟，而后自出心裁者也，凡不见内功经者皆不得与知焉。

三说：内功散门正局、变局，皆南溪子亲笔自著。唯正局中注解则景房所著也，然必本于内功经与南溪子平日之论而后敢下笔也。

四说：内功散门后所附之分诀，皆南溪子得之于师傅口授者也，而八诀注解则南溪子所亲著者。

五说：内功散门正局、四十五手变局、二十四手总局、八手，通计七十七法，而上、下、左、右、前、后、里、外遍矣，苟能练熟于身，无论敌从何来，皆有一法以胜之。故亦无取乎再尽也。

六说：内功散门正局，凡微通门路识句读者，细心揣摩之必能有悟。至其中之神功巧妙，还须读内功经以后方能知之。

七说：读内功经有悟，而后学散门尚矣。若不能悟内功经而能得明人亲传内功散门，再费日月精练者亦可制胜，不必尽拘于悟内功经也。

八说：内功散门皆精妙无比手法也，而其神妙不测者，皆在变局中也。然学者不因正局熟娴亦无从窥变局之神化也。

九说：学内功散门第一要知劲之所在。敌人劲之所在，是敌人之所恃也。吾知其所恃而破之，彼焉有不败者哉。

十说：内功散门第二要知其无劲之处。敌人无劲之处是敌人畏人之处也。吾知其畏人而攻之，彼安得不败哉。

十一说：第三要知其立门之处。敌人立门之处，是敌人陷吾之计也。吾知其陷吾之计而避之，彼焉能得胜哉。

十二说：第四要知其无门之处。夫无门之处是敌人无可奈何之处也，吾知其无可奈何而攻之，彼焉能得胜。

十三说：又必先知周身骨节反背顺逆开合横竖之理而后知劲与门也。

十四说：要熟周身骨节反背顺逆开合横竖之理而后能知劲与门无错讹也。

十五说：不知周身骨节反背顺逆之理，虽费尽苦功，是学散门也，非内功散门也。

十六说：学内功散门用底炼而不效，何也？曰：必其用底而不用炼也。若用底炼，焉有不效之理哉。

十七说：内功散门用坚膝而不效，何也？曰：必其用膝而不能坚也。若用坚膝焉有不效哉。

十八说：学内功散门而不知内裆外胯用劲，何也？曰：必其未读内功经也。若读内功经，未有不知外胯、内裆用劲者也。

十九说：学内功散门而不能以肩、背、胸、肋制人者，何也？曰：必其不知贴劲、悍劲。若贴劲、悍劲，未有不能以肩、背、胸、肋制人者也。

二十说：学内功散门不知劲之所以、贴膝之所以、坚底之所以练，何也？曰：此必未深体内功经者也。若深体内功经安有此弊。

二十一说：不知内功经但学散门，亦能取胜否？曰：内功散门中有功局、巧局。功局，非知内功经者不能用也。若夫巧局，但知周身骨节反背顺逆开合横竖之理，即能取胜，不必尽拘于内功也。

二十二说：若用内劲有得而又熟于散门何如？曰：内功加之以散门，刚以济柔，柔以济刚，生克变化，阴阳虚实，望之如好女，提之如猛虎，难以形容其妙也。

二十三说：学内功散门，开卷茫然不知其妙，何也？曰：必其未经明人指示也。凡深奥之书未经明人指示，未有不茫然者。试令景房口说其一二，未有不深获于心者。

二十四说：不得明人指示，亦能悟其一二否？曰：不得明人指示若能熟读精思，二人对局演之，再因聪明过人，至于用力之久，亦能豁然开悟，然较有明人指示须百倍其功。

二十五说：聪明人学内功散门之久必能开悟，不然亦无贵有此书。

二十六说：学内功散门，亦有一见即悟者否？曰：一见即悟者，非欺人即自欺也。景房颇有中人之才，亲承南溪子之等诱导五六年矣，所得者较南溪子万分之一。今有一见即悟者也，景房直断之曰：非欺人即自欺也。

二十七说：学内功散门若是其难乎？曰：以言其精妙诚不易也，以言乎胜敌，则又最宜人者。试取而用之必有奇验，但须三月苦功耳。

二十八说：内功散门其中手法与世大相异矣。曰：同是人也，同是身，有何异乎？但周身骨节反背逆顺开合横竖微有不同，而胜负遂大相悬绝矣。

二十九说：内功散门但凡用足必将全身倒地，从不轻易立高步起足击人，是此门之异处。然取世之高步起足者，学内功者必令其提足不起，此天生之奇事，景房不解其何故。

三十说：从来学此道者，非瞋目语难骄傲懦弱即深藏吝啬誓不传人，而南溪子独持身儒雅，接人谦和，凡见有诚心领教者，无不说其原委。景房铭诸肺腑，不知海内闻予言亦服否？

第十节　南溪子战法八诀

战法八诀：备、料、诱、激、疲、惑、追、因。

备敌法

临敌第一要诀曰"备"。唯知己之有备，而后可应人之攻，唯知伺敌之无备，而后可攻人之瑕，备之义广矣哉。有备之于功夫者，进之中有退劲，备敌之牵也；退之中有进劲，备敌之撞也；竖劲中有横劲，备敌之格掠也；横劲中有竖劲，备敌之门漏也。有备之于散门者，击敌之上路必先备敌之击吾下路也；击敌之里门，必先备敌之击吾外门也。引而伸之，不敢轻进，备敌之诱吾也；不敢心急，备敌之激吾也；不敢数动，备敌之疲吾也。是备与一义不可胜言，诚为自守之要道、攻敌秘诀也欤。

料敌法

临敌第二要诀曰"料"。能料敌之浅深，自能制敌之要害。能不为敌料其浅深，方不受敌之侮弄。料之义远矣哉。料敌之远近，以为进退；料敌之虚实，以为散门；料敌之强弱，因为刚柔。多方以料之，而后与之战也。敌诱之以料其知，激之以料其度，疲之以料其力，因之以料其变。是料之一法，无不可施，遇敌之初，所必须者。

诱敌法

临敌第三要诀曰"诱"。遇敌时，强弱相当，手法无二，彼此皆知，自护其身。我不贪敌之瑕，必无瑕以予敌；敌不贪我之瑕，必不瑕以予我。是我无瑕可攻，敌无贪击之心，亦无可乘之机，以施吾攻击之术也。故真瑕不可有，假瑕不可无。若彼此无瑕，彼此无贪，安有胜负哉。法在假与敌以可击之机，彼若贪击吾时，必有不备之处，吾乃出其不意而击之。故欲击敌之里门，必先诱敌之外门；欲击之敌下路，必先诱敌之上路；欲刚先柔，欲虚先实，欲实先虚。如理之明，而易悉者，然不先练于平日，亦未必临时能用之也。

激敌法

临敌第四要诀曰"激"。非以言激之，以手激之也。盖诱者，是试之以虚也，激则动之以实矣。若用诱之之法，敌无贪击之心，岂可对待无术乎。须做作发怒之势，近身逼之，以试其勇怯，而观其动静，然后施吾攻击之术。故激其左，敌不得不向左以迎吾；激其右，敌不得不向右以迎吾，而敌之真情可得而见矣。此中奥妙，须要深体，万勿泥于世俗激将之说。盖此等手法，以得敌之意用之，则为击；以探敌之意用之，则名激。总而言之，手实而意虚也。

疲敌法

临敌第五要诀曰"疲"。疲者，劳之也，病之也，令其怠，而后攻之也。夫人一日之间，朝气锐，而暮气惰；一时之间，始气锐，而终气惰。初动之时，其气必锐，锐则力猛。动而不已，其气必惰，惰则气衰，必然之势也。如遇强敌，敌欲急攻，吾谨合周身全局以待之，敌欲退步，吾用神运全局以挠之，或实中带虚，或虚中带实，或柔内藏刚，或刚内藏柔。无非欲其不得休息，久动而怠，怠而后击之也。然用疲之时，须时时爱吾精神，惜吾气力，留之以攻敌。不然，久动之后敌固疲矣，而吾则岂能独锐乎。

惑敌法

临敌第六要诀曰"惑"。惑者，目眩也，心迷也。吾不为敌所惑，焉能为敌所胜；敌不为吾所惑，焉能为吾所愚。是惑与不惑之间，胜负所由分也。故遇强敌必多方以惑之，进而示之以无定，进而惑之也；退而示之以不测，退而惑之也。我之所短，我藏之而不用；我之所长，我用之以当先，此惑愚之法也。匿我之长，以骄其志；炫我所短，以轻其心，此惑敌智之法也。或故作无纪律之态，或故出奇异之状，欲用刚而先示之以柔，欲用柔而先尝之以刚，皆所惑之也。此术一行，敌未有不目眩心迷者，较疲之术，更深矣。盖疲之第攻其力，惑之直攻其心耳。

追敌法

临敌第七要诀曰"追"。盖敌受吾疲之术，其力必怠，受吾惑之术，其心必轻。既妄且轻，敌不欲战矣。若不因此时而服其心，更待何时哉。故又有追之术法，近而追之以散门，远而追之以神运。敌用横劲以退，吾追之以竖；敌用竖劲以退，吾追之以横劲。缓追之，以防其诈；急追之，以乘其虚。追之法不一，而俱不许敌行。其见可而追，知难而退之，智也。知此数法，可以得追敌之妙矣。然又有连追带击之法，攻敌之无备也。追而不击之法，待敌之有瑕也，不可不知。

因敌法

临敌第八要诀曰"因"。因之一求，妙不可言。因物付物，因时立功，因人施法，古天人应变无穷，无非因字之妙。易所谓变动不居，周流无虚也。散门之随敌布阵，亦不外此一字。盖以法制敌，敌无穷而法有尽，因敌立法，敌无方而法亦无方也。因之义神矣哉。敌欲攻吾上路，吾因其在上之势而攻之，如二十局第二章之法是也；敌攻吾下路，吾因其在下之势而攻之，如一局第四章之法是也；敌来势甚猛，吾因其来势甚猛立法以攻之，如五局第二章之法是也；敌跌吾于地，吾因其跌吾于地立一法以攻之，如十局第四章之法是也。总而言之，吾用功之时，有无数成法在于胸中者，以古人之法至矣，我不能出其范围，不得不借成法以规矩也。无一成法在于胸中者，因敌之劲立法，因敌之门以立法，因敌之势以立法，原不可一于法也。呜呼，知此妙义，方可许见内功散门。

第十一节　增释内功四经

山左琅琊王南溪　注解

海右珠山宗景房　参阅

鲁北宁津车润田　增释

卷一　内功经

脉络

【经文】内功要传，脉络甚真。

【注解】内功之要，第一必先知脉络，脉络不知，勉强用之，无益有损。

【增释】内功是养气健身的功法，但必须先明白周身脉络。中医书说：脉乃血脉，气血之先，血之隧道，气息应焉。气血贯通于身体百骸之中，它有固定的循行渠道。内功以气为主，所以用功不明白脉络，练习错误，则会有损于身体健康。

【经文】前任后督，行气滚滚。

【注解】任脉起于承浆，正直下行至阴前高骨。督脉起于尻尾尽处，正直上行夹脊过泥丸，下印堂至人中而止。此二脉前后行气滚滚者，久而用之气来之盛也。

【增释】承浆穴在唇沟下陷中，尻尾尽处是长强穴，任督二脉为人体之奇经，任督畅通，内气即可连绵不断地循行无端。

【经文】井池双穴，发劲循循。

【注解】井者，肩井穴也，在肩头分中；池者，曲池穴也，在肘头分中，左右各有一穴，此周身发劲之所也。用功之时，不可过于猛烈，须以从容为之，循循者，以渐而入之意也。

【增释】井池双穴是发劲的要穴，肩部发劲，才能将劲气经肘部直达于拳面或指尖。

【经文】千变万化，不离乎本；得其奥妙，方叹无垠。

【注解】本者，自然之真气也。用功之久，方悟其妙，而后叹其奥妙无穷也。

【增释】无垠，即无界限之远大。练功时要气力合一，久练功夫成就，才能达到千变万化的境界，自然悟出其中奥诣。

【经文】龟尾升气，丹田炼神。

【注解】龟尾者，尾骨尽头处也，用力向上翻起，则真气自然上升矣。丹田者，脐下一寸二分，用功时存元神于此处耳。存想真气元神藏于此处而神炼矣。此皆神化之机，可以意会想悟，不可形迹推求也。

【增释】龟尾（即尻尾）是督脉上升之处。丹田为任脉宿气之所。任督畅通则丹田充实。

【经文】气下于海，光聚天心。

【注解】小腹正中为气海，额上正中为天心，气充于内，形光于外也。言真气既下，自然威光满面。

【增释】练至内气充足,目光自然闪耀、尖锐、明亮。

规格

【经文】既明脉络,次观规格。

【注解】规格者,入门一定之规也。承上文言,既明脉络,以后必须知周身一定之格式也。格式不知,脉络之言亦空谈耳。

【增释】古云:不明规矩不成方圆。明了脉络之后,还要讲究规格,即格式。初学者必须严格遵守规定的动作姿式。

【经文】头正而起,肩平而顺。胸出而闭,背平而正。

【注解】正头起项,以壮满面之神,顺肩以活两背之势,出胸以足周身之威,此上部之格式。然正头须提项来,顺肩须四面平正,不可略有歪斜,胸虽出而有收敛之意,此式中之真窍也。

【增释】练功时精神集中,不能散乱,气形于面,动作顺遂,肩背松活,高低平衡,胸部一开一合,不要停滞。

【经文】足坚而稳,膝曲而伸;裆深而藏,肋开而张。

【注解】步虽有上下,而足即动膝用力,不可摇动;膝之为功,外曲内直,言其势虽曲而必用意伸之;前阴向后极力缩起,自然深藏也;两肋骨缝俱要极力开张,以合出肋之势。

【增释】练功时,胯催膝,膝催足,足踏实,身自稳。膝虽外曲,然内力向下。前阴回缩,提裆,两肋自然横开而发力。

【经文】气调而匀,劲松而紧。缓缓行之,久久功成。

【注解】用功之时,气如抽丝,莫令人闻,自鼻出入方不损伤脏气。劲必先松而后紧,唯其松之极,故能紧之至也。故以松用紧,非以紧使松也。

【增释】练功时，先把气息缓慢调匀，以意领气，勿发短促粗暴之气，出手要松、要快，落点发劲要紧。随松随紧，紧而速松。

【经文】先吸后呼，一入一出。先提后下，一升一伏。内有丹田，气之归宿。吸入呼出，勿使有声。

【注解】此调气之法也。提者，吸气之时，存想真气上升至顶也；下者，真气落下也；伏者，觉真气渐收渐小坠于丹田，如龙蛰虎卧潜伏也。

【增释】此段功法是练行功时，一吸之际，使真气从涌泉发出，沿两腿外侧至长强穴，循夹脊上升于百会穴，降至人中穴，舌顶上腭，接任脉降于丹田。在收功时从丹田缓缓落于涌泉。气之呼吸皆从鼻孔不能有声音。

【经文】下收谷道，上提玉楼。或立或坐，吸气于喉。以意送下，渐沉底收。

【注解】承上文言下气之法也。收者，惧气泄也；谷道者，后阴也；玉楼者，耳后高骨也；提者，自然下气无阻碍也。不拘坐立，皆自喉而入方能得气之真路以入肺、入心、入肝、入肾也。气虽入丹田，用意时必存想真气沉至底之势方妙。底者，涌泉穴也。

【增释】练功时，将肛门缩紧，下颌内收，头顶项竖，使气经喉、肺、心循环畅通无阻，收功于涌泉，坐立皆要依此规格。

【经文】升有升路，肋骨齐举。降有降所，气路俞口。

【注解】气升于两肋，骨缝极力张开，向上举之，自然得窍。降时必自背脊俞口穴而入，透前心方得气之真路。

【增释】这一功法与上项有密切联系。练功时，气向上升，从肋骨自下而上，一节一节开张。下降时，由喉纳于背后往肺腧穴（第三大椎两旁各一寸五分），复穿于前心，降于丹田。以上诸项是练功时必须严格遵守的，切勿疏忽。

劲诀

【经文】既明气窍，再详劲诀。通、透、穿、贴、松、悍、合、坚。

【增释】此八字功法是密切联系，相辅相成的，练习时须紧密配合，不能单为分开，才能达到刚柔相济、灵活敏捷的境界。

【经文】曰通，劲之顺也。曰透，骨之速也。

【注解】劲松而紧，言炼气之法也。通透，即往来无碍也，伸筋拔力和缓，柔软之意为之。

【增释】练功时，根、中、梢三节，调顺畅通，发出之劲气直达无阻。两肩松活，使劲从肩胛骨很快地送于前臂。须以柔软的意念促使筋长，出力快速。

【经文】曰穿，劲之连也。曰贴，劲之络也。

【注解】穿贴者，横竖之连络也。横络为贴，竖连为穿，属阳。伸筋拔力，以刚坚凝结之意也。

【增释】练功时，两肩胛骨极力向里裹劲、贴紧，使两臂纵横转动，连络一齐，用刚坚的意念，通过筋长力张，发出刚坚萃劲。

【经文】曰松，劲之渔也。曰悍，劲之萃也。

【注解】松渔者，柔之极也，养精蓄锐之意也。悍萃者，刚之极也，气血结聚之谓也。松如绳之系，悍如冰之结，二者有交互相济之道，盖柔能济刚，刚能济柔也。

【增释】练功时，运转身式，全身关节要极力放松，劲气内含而柔，伸缩如意。落点时气力合一，发出刚萃之劲，全无松懈之意。

【经文】曰合，劲之一也。曰坚，劲之转也。

【注解】合者，周身骨节合而为一也。坚者，横竖斜缠之谓也。此视穿贴二劲更进一层。

【增释】练功时，要全身气与力合成一体。身式转变，前后左右反侧反俯，用低矮紧凑的式子，转发横竖斜缠矫健敏捷的劲力。

【经文】按肩以练步，逼臀以坚膝。圆裆以坚胯，提胸以下腰。

【注解】此下步之真窍也。人皆练步，而不知练步之窍在于按肩也。按肩者，收肩井穴之劲沉至足底涌泉穴也。人皆知坚膝，而不知坚膝之窍在乎逼臀者，将两臀极力贴住也。人皆知坚胯，而不知坚胯之窍在乎圆裆也。圆裆者，由内向外极力挣横也。人皆知下腰矣，而不知下腰之窍在乎提胸也。前胸提起，腰自然塌下矣。

【增释】练功时，双手劳宫极力回缩，两肩极力下沉，使气力由肋达于涌泉，以筑固脚落地生根，行步敏捷。两臀向前逼突，力贯双膝，两小腿如柱之坚。两膝极力里扣，使裆圆胯坚。胸出而含，腰自然塌下，转动灵活。

【经文】提颏以正项，贴背以转斗，松肩以出劲。

【注解】颏骨向上提起，项即正也。两背骨极力贴住，即觉其劲自脐下而出，至六腑穴向外于斗骨而回。出劲之时将肩井穴之劲软意松开，自无碍矣。

【增释】练功时，下颏内收，两唇微闭，舌顶上腭。两肩骨要极力向里裹劲，则其劲自能由丹田至六腑穴直达拳掌，遂即使气缩回，仍由六腑穴沉至涌泉。将臂关节极力松开，其劲自能直达无阻。

【经文】折天柱以下气，瞻合谷以立门。

【注解】天柱者，此穴系从项后高骨（玉枕穴），上下气时，极力贴住，自得其窍；合谷者，即虎口穴也。遇敌之时，将手擎起会与耳齐，专睛视之，此玄门之法也。

【增释】练功时，气之上下循行，须从项后高骨。如遇有敌人搅我时，我则将身式缩小，以手前伸，护住自己的门户（注视虎口穴），以观敌变。拳谚云：观敌人之动向，定我式之短长，即此之谓也。

【经文】横劲竖劲，辨之分明。横以济竖，竖以横用。

【注解】以一身而言，自井顶至于足底，竖劲也；自背骨至于手，横劲也；以一背而言，自腋至于两肩云门穴，竖劲也；自六腑穴转于斗骨，横劲也；以一腿而言，自内胯至于足底，竖劲也；自膝至臀，横劲也。总而言之，横中有竖，竖中有横，遇敌之时，横以克竖，竖以克横也。

【增释】练功时，要明白横劲竖劲在身体发力的部位，才能起到各种劲气相辅相成的作用。无论哪一种劲气，出劲时总要肘向里裹。落式时，手出直前，自然达于起为横、落为顺、刚柔相济之妙旨。

气法

【经文】五气朝元，周而复始；四肢元首，收纳甚妙；炼朶炼神，返本还元。

【注解】此总言内功一贯之道也。吸天地之精气纳入丹田，升丹田之真气至背骨搏于头，复至俞口降于丹田，此一气朝元也；运丹田真气至裆内下于足底，复上升，自外胯升于丹田，左右合计二气朝元也；运丹田真气，自背骨膊里出手，复至六腑穴转于丹田，左右合计此二气朝元也，总共五气朝元也。一升一降，一下一起，一出一入，并行不悖，周流不息。久而用之，妙处甚多，此乃炼神之极则返本元之妙道也。

【增释】精、气、神为三花，人之三宝。心、肝、脾、肺、肾为五气。将精气神练成一体，为三花聚于顶（百会）。五气朝元者，即身不妄动则精固而肾水朝元，心不妄动则气固而火气朝元，真情寂则魂藏而肝木气朝元，妄情忘则魄伏而肺金气朝元，四大安和则意锁而脾土气朝元。三花、五气皆聚于顶，这即是精气神三宝合一，完成筑基练己的功夫。此一功法是练功时动作精神集中，不使内气外散，全在周身含蓄，养吾浩然之气。炁乃先天之真气，即精灵最妙的结晶，所谓元神是也。先天之炁靠后天锻炼得以培护。气聚于内，护养元气，是培基练己的大乘内功之基础。

【经文】天地交泰，水升火降。头足上下，交接如神。静生光芒，动则飞腾。

【注解】朝元功夫，久而精之，气胜形随，意动神同，神率气，气率形，形随气腾。真水自然而升，真火自然而降，上下神气炼得浑然如一，如天地交泰，有神化而测之景也。功夫在内之窍，此节言功夫形之验。真气足于内，气色于外，虽隐而不动，满面神光，精华远射，令人不能正视，此静之妙也。气腾于形，形随乎气，以意帅神，以神帅气，以气帅形，故任神气所之，而形莫能为之累，如龙之腾云，如鸟之飞空，忽然而来，倏然而去，此功之妙也。

【增释】人的精、气、神三位一体，按一定的规律运行，就是人的生命，就是艺术的精华，三者缺一不可。天地交泰，是任督循环，肾阴充足，肾水上潮的表现。静则精神充足，动则形气相随，气力合一，任意运用。

以上动诀即详，下言调气之法。

调气法

凡初入门者，每日晨起，静坐盘膝，闭目钳口，细调呼吸，一出一入，皆从鼻孔。少时气定，遂吸气一口，纳入丹田，助以津液，足三十六度，则真火自降矣。但吸气时须默想真气自涌泉发出，升于两胁，自两胁升于前胸，自前胸升于耳后，渐升于泥丸（百会穴）。降气时须默想真气由泥丸至印堂，由印堂至鼻，由鼻至喉，由喉至夹脊（肺俞穴），透于前心，由前心沉至丹田。丹田气足，自能复从尾闾升夹脊上升于泥丸。周而复始，从乎天地，循环之理也。熟练后，再用收气、留气法也。

卷二　纳卦经

☰ 乾　　☷ 坤

【经文】头项效法乎乾，取其刚健纯粹。足膝效法乎坤，取其镇静厚载。

【注解】凡一出手，先视虎口穴，前额用力，正平提起，后夹脊用力塌下，真气来时，直达提气穴，着力提住，由百会穴转过昆仑，下明堂，贯于两目，其气若欲由鼻孔泄出时，遂即吸入丹田。两耳下各三寸六分，为之项眼穴，用力向下截住，合周身全局，用功之久，自知其妙也。凡一用步，两外虎眼极力向内，两内虎眼极力向外，委中穴大筋竭力要直，两膝盖骨竭力要曲，四面相交，合周身之力，向外一扭，涌泉之气自能从中透出矣。

【增释】头为全身之统帅，调动全身之气血。足膝须沉静，不可浮躁，取象于坤。虎眼即脚颈上突出之高骨，练行功时，两脚尖极力里扣，两脚后跟极力向外扭劲。腿后委中穴大筋非常重要，要做到外曲内直，向下撑劲。

☴ 巽 ☴　　☱ 兑 ☱

【经文】肩背宜于松活，是乃巽顺之意。裆胯宜于提紧，须现兑泽之情。

【注解】塌肩井穴，须将肩顶骨正直落下，与此肩骨相合，曲池穴比肩顶骨略低半寸，手腕直与肩齐，背骨遂极力贴住，此是竖劲，不是横劲。以竖则实，以横则虚。下肩井穴，自背骶骨直至足底，故谓竖劲。右背则将左背之劲，自骨底以意透于右背，直送至二扇门穴，故谓横劲。两劲并用而不乱，元气方能升降如意，则巽顺之意得矣。裆胯要圆而紧，气正直上行，不可前出，不可后仰。涌泉来时，向上甚大，两胯极力按之，阴阳两窍用力收住，总以骨缝口相兑，外阴内阳，互于相吞并为主。

【增释】沉肩坠肘，不失松活。圆裆坚胯，精藏而稳。骶骨，在腰部下面，尾骨上面部分。外阴内阳是外柔内刚。互于相吞，并为主，是阴阳平衡，不偏不倚为主宰。肩背取象于巽，巽卦一阴伏于二阳之下，外虽强健，而内实巽顺。肩井下塌，意在沉肩坠肘，肩胛骨极力贴住，双背劲力转换，催臂肘前伸，劲力经曲池达于拳掌，久而久之，自能直中有曲，曲中有直，紧中有松，松中有紧，此内柔外刚，内巽外坚之奥理自得其妙。裆胯取象于兑，兑者内刚外柔也。裆胯要分而紧，裆劲竖，阴中阳也；胯劲横，阳中阴也。裆为胯之枢机，胯为裆之直使，故裆静而胯动，胯走而裆守，久之则骨口相吞而真气真劲通畅。

☶ 艮 ☶　　☳ 震 ☳

【经文】胸欲竦起，艮山相似。肋有呼吸，震动莫疑。

【注解】艮象曰：时行则行，时止则止。其义深哉。胸欲竦起，艮山相似；肋有呼吸，震动莫疑。肋者，协也，鱼鳃也。胸虽出而不高，肋虽闭而不束，虽张而不开，此中玄妙，唯以口授。用力须以意出，以气胜，以神足，则为合适，非出骨内劲也。用肋以一气呼吸为开闭，以手之出入为开闭，以身之纵横为开闭。高步劲在于足，中步劲在于肋，下步劲在于背，此自然之理也。

【增释】易筋经中"内壮论"说，人身之中，精神气血不能自主，悉从于意。意行则行，意止则止。时即指意也。意适时动止，即时行则行，时止则止之义也。胸宜微出而不挺，且有上提之意。肋者，协也，如鱼腮一开一合。肋宜横开，气有升降。气胜神足，劲力爆发。

☵ 坎　　☲ 离

【经文】坎离为水火之象，水济火，火济水。心肾为水火之脏，水宜升，火宜降。

【注解】坎离之卦，乃身内之义也，可以意会，难以言传。离者，火也；坎者，水也。

心肾为水火之象，水宜升，火宜降，两相即济，真气乃萃，精神渐长，聪明且开，岂但劲乎！是以善于拳者，讲劲养气，调水火，此一定不易之理也。用功时，塌肩井穴，提胸肋，反龟尾，皆欲肾气上交于心也，须以意导之。下气聚劲练步，皆欲心气下达于肾也，亦须以意导之。

【增释】练功时，要使气随意念在身内上下依次序自然循行，切勿故意鼓气或蔽气。

卷三 神运经

总诀四章

【经文】练形而能坚,练精而能实,炼气而能壮,练神而能飞。

【注解】固形气以为纵横之本,萃精神以为飞腾之基,故形气盛能纵横,精神敛能飞腾。

【增释】神运经的功法,是习者"内功经""纳卦经"功夫练至纯熟的高级水平,可使全身素质健强,精气充实,贯穿于内,即脏腑真气丰而体壮,精神萃集。运用于动作中,身轻如羽,任意变化。

【经文】右第一章,言神运之体。

【增释】体者本也。

【经文】先明进退之势,复究动静之根。

【注解】进因伏而后起,退方一合而即动。动以静为本,故身虽疾而心自暇。静以动为用,故气虽结而神自扬。既知往来闪烁之妙,当明内外呼吸之归。纵横者,劲之横竖。飞腾者,气之深微。

【增释】这一章是讲在与人较手时,明进退动静之理。进攻时须将身式伏低而后猛起,使敌猝不及防。退防时须肢体合住,有条不紊地镇静而退,遂即不失时机地向前进攻。这即是进中有退,退中有进,动中有静,静而生动,进退动静相兼,是为妙用。

【经文】右第二章,言神运之式。

【增释】式者法也。

【经文】击敌者，有用形、用气、用神之迟速；被攻者，有仆也、怯也、索也之浅深。

【注解】以形击形，身到后而乃胜；以气击气，手方动而可畏；以神击神，身未动而得入。形受形攻，形伤而仆于地；气受气攻，气伤而怯于心；神受神攻，神伤而索于胆。

【增释】用形击敌，是初步外形功法，只能将对方击倒于地。以气击气，为中步功夫，是富有弹性的冷劲，能震动其内部，而自己神气不露于外。以神击神，是练神还虚的柔化上乘功夫，比如对方击至我肢体，而我则以威而遂通，无形身内一颤之劲，而身未动将其击出，使对方内心胆寒而畏缩不前，即所谓进步不胜必生寒战之心。

【经文】右第三章，言神运之用。

【增释】用者使也。

【经文】纵横者，胁中开合之式；飞腾者，丹田呼吸之间。

【注解】进退随手之出入，往来任气之自然。气欲露而神欲敛，身宜稳而步宜坚。既不失之于轻，复不失之于重。探如鹰隼之飞腾，疾若虎豹之强悍。

【增释】此章言与敌搏斗之时，纵横往来，知老知嫩，进退自然，出入如入无人之境。翻转仰俯似虎豹之猛，出手落点要稳准狠，如鹰隼之疾。

【经文】右第四章，合言体用之意。

【增释】合言者，总结也。

【经文】山不悍则崩，木无根则倒，水无源则涸，功夫亦然也。

【注解】学者欲用神运经的功夫，必先由内功经、纳卦经、十二大劲，周身全局精习微妙，方可学此。否则不仅无益，反而有损。凡用此功，切记不可用高步，更不可用单步，须立骑马式，稳住周身全局，足底更要着意，将丹田元气沉住，一呼则纵，一吸则回。纵时两足齐起，回时两足齐落，此法永不可易。然用劲须因敌布阵，又当有高低上下，远近迟速，虚实大小，变化不一，亦不可固执。刚柔动静之间，成败得失之机，系焉可慎。故善于动作者，须动步不动心，动身不动气，然后心静而步坚，气静而身稳，由静而精，自得飞腾变化矣。盖知静之为静，静亦动也；知动之为动，动亦静也。盖以静用动，非以动用静也。是以善于神动者，神缓而眼疾，心缓而手疾，气缓而步疾。盖因外疾而内缓，外柔而内刚，知体用之妙矣。呜呼，所贵者，以柔用刚，方是真疾，以缓而用疾，方是真刚。此中玄妙，皆得之于象外，而非可以形迹求也。学者久研神运之法，自能悟其妙理也。

内功十二大力法

【原文】一曰底练，稳步如山。

【注解】底者，足也。练者，练之于地也。凡遇敌之时，百般用劲，稳然不动，皆底炼之功也。用法俱在内经，外用有二：一勾敌人之手足，须曲吾足尖向内弯起，以外劲胜之；一封敌人之足，须将裆劲全坠于地，以内劲胜之。

【增释】底者，足也。练者，练之于地也。练习武术，第一要先把下步底功练好，练习时先站桩功，次行功，两肩下沉，将气力贯于两足，注于涌泉，做到行步如风，落步如钉，步步为桩。

【原文】二曰坚膝，曲直如柱。

【注解】坚者，用内功以后自然坚也。外用有二：凡敌近身上攻，则用提膝，下攻则用跪膝。俱视其势之平侧随时变换，不可预定。

【增释】坚者，用内功以后自然坚也。练功时，胯催膝则膝坚，膝催足则小腿如柱之稳。腿后大筋撑劲，亦为重要，需细细揣摩。

【原文】三曰裆胯，内外凑集。

【注解】裆者，内裆也。胯者，外胯也。若两敌逼近，将周身大力一落，内裆外胯俱可胜人，但须凑集合式方可用之。若勉强做作，则失之远矣。其详细俱见经内。

【增释】裆者，内裆也。胯者，外胯也。练功时提裆裹胯，两膝里扣，内敛外挣，使裆圆而步稳。

【原文】四曰胸背，刚柔相济。

【注解】内功已成，前胸后背俱有大力，可以制人。无有甚巧，须封敌人之手，用后背，须让出敌人之手，防其攻吾也。

【增释】练功时，胸出而开，胸落遂含，为合。背圆而活，发力达于臂，胸背相辅相成，才能达到刚柔相济的境界。

【原文】五曰头颅，正侧撞敌。

【注解】内功已成，不但胸背可以制人，即头颅亦可取胜。其用有二：曰侧撞，曰正撞。侧撞者，敌在吾前，吾侧身撞去也；正撞者，敌在吾上，吾正撞去也。亦必防敌人之手。

【增释】练功时，头要随身转动的方向，以尖锐之目光注视敌方。与敌交手时，在得机得势之际，撞击敌人，但不可轻用，因为低头之时，恐被敌乘机击我头顶。

【原文】六曰三门，坚肩贴背。

【注解】三门者，肩也。用肩三法，须垂吾收手，贴住两股，以小身法用之。或侧用，或平用，或用之于上，或用于下，俱在合战散门内，难以尽注，大抵有内功以后方可用之。

【增释】三门即肩井穴处，练功时，肩井下沉，肩胛骨前贴，肩与背臂合成一体，向里裹劲，自能从肋中发出内在之力。

【原文】七曰二门，横竖用肘。

【注解】二门者，肘也。此力在十二大力成之最速，其用有二：曰横肘，曰竖肘。竖肘者，竖吾手头在吾面侧以肘攻人也。横肘者，横吾手头在吾怀中以肘攻人也。用法虽多，必本乎此。

【增释】二门者，肘也，即曲池穴。练功发劲时，以肘为枢纽，向里裹或外撑，内含横劲，这是起为横、落为顺，横以济竖、竖中含横之妙诀。关于肘的技击用法，另有论述，此处从略。

【原文】八曰穿骨，破彼之劲。

【注解】敌自上路来，吾将全局极力一伸向前穿之，彼之劲自破，吾自获全胜矣。但须斗骨侧起，后步即往前步以极力向前穿之，不然与通捶混矣。

【增释】练功时，将后膀之劲，由背底骨直透于前膀，由前膀催肘再催于手腕直达拳掌。在运用时，式如穿梭，沾身用力，化解对方之劲。

【原文】九曰坚骨，封彼之下。

【注解】敌自下路来，吾以一手封其一手，将全局极力猛落，自得全胜矣。但须斗骨侧起方能得法，其坚之轻重全在内功之深浅。

【增释】练功时，身体由高式逐渐练成矮小低式，与敌交手时，以自然矮小紧凑的身法，攻取敌方之下部，使其失去防御能力。

【原文】十曰内格，攻敌之里。

【注解】敌自里来，须以格劲胜之。其用有三：上格破敌人上路之劲，中格破敌人中路之劲，下格破敌人下路之劲，俱封其手以用之。

【增释】此是里横拳练至形神合一，功告大成。在运用时，如敌人向我迎面击来，我遂用里横拳将其击出。

【原文】十一曰外格，敌彼之外。

【注解】敌自外门而来，须以格劲胜之。亦有上格、中格、下格之分。但内功已成，亦不必尽拘，敌远则格敌人之手，近则格敌人之身，无不可格之处，学者神而明之可也。

【增释】此是外横拳用法。如敌人从侧面向我击来，我则用外横拳将其向外击出。

附注：笔者之先师宋虎臣先生曾说，他叔父宋世德先生所练之外横拳，有青年小伙向他扑击，他只用右臂向外一搛，此人遂即应式跌出。

【原文】十二曰撩攻，上下内外。

【注解】将手头以内功炼得坚实，如撩物之势，以攻人也。此力若成，微一着手，即可攻人于数步之外。手头不可太远，敌人仅隔寸许，然后撩之方妙。若与敌人相去甚远，须以步赶之。其用有五：曰内撩，攻敌人之在里门者；曰外撩，攻敌人之外门者；曰上撩，攻敌人之高势者；曰下撩，攻敌之低势者；曰正撩，攻敌之正逢者。其到身如何发劲，如何身法、步法，俱在经内。

【增释】此是本功法高级结晶。与敌交锋时，以紧密柔化身法，护住自己上下全身，使敌人无隙可逞，我则于乱势中，以不拘形式，施展引进落空、不丢不顶、沾身用力、随机应变的招法而取胜。

卷四　地龙经

【经文】地龙真经，利在底攻。

【注解】用腿脚撩人，布粘之技耳。

【增释】按地龙功夫，主要是两腿足下盘稳固，既能生力，又能使身体曲伏升跃，灵活敏捷，并使气血贯输布黏于周身，精微皆妙，无不到之处。一般人多上实下虚，与人相角，攻下胜于攻上。然欲行此法，必先将内功、纳卦、神运三经练至纯熟，而后可用地龙经。地龙经虽自成一局，然其中道理贯串气脉连络处，皆内功、纳卦、神运三经，互为表里，学者不可不知。

【经文】全身炼地，强固精明。

【注解】气血练成，团团随用。

【增释】内功之成就，在于全身气血融合，凝成一团，达到在运用时，随心应手，无往不利。

【经文】伸可成曲，住亦能行。

【注解】伸曲自然，行住任我，何式不可。

【增释】运用时，身体伸曲住行，随机而生，不拘于形式，变化无穷。

【经文】曲如伏虎，伸比腾龙。

【注解】缩四肢，头伏于手上，如伏虎窥敌虚实，腕挺，起立如常。腾则身势猛起，勿论反侧，皆能制敌，起立任意蜿蜒，起如腾龙状。故欲伏先腾，欲腾先伏，伏者腾之势，腾者伏之机也。一腾一伏，一伸一缩，变化见矣。

【增释】练功时，身式向下低伏，如猛虎卷卧而藏于密。伸如蛟龙飞腾，冲空而升。运用时，左右手一上一下，互相交替，如虎抱头式，伺隙进出。

【经文】行住无迹，伸曲潜踪。
【注解】上下伸缩，变化莫测。
【增释】运用时，身式在转变之际，来无影去无踪，使敌人无所辨明。

【经文】身坚似铁，法密如龙。
【注解】不坚则乱，不密则失。
【增释】气贯于周身时，则如铁之坚。拳法严密，方能护住自己的全身。坚、密二字须用心体会。

【经文】翻猛虎豹，转疾隼鹰。
【注解】腾有虎豹之猛，转有隼鹰之疾。
【增释】起为钻，落为翻，起钻落翻，发劲要迅猛、刚萃。猛、疾二字须用心体会。

【经文】倒分前后，左右分明。
【注解】闪展腾挪，使敌人四不能顾。
【增释】敌人直攻来，吾灵活运用身法，与敌周旋。如遇多数敌人交战之时，吾身体旋转，要辨明前后左右之敌，并抢占有利地势。

【经文】门有变化，法无定形。
【注解】门者，吾所自立之门户也，反侧仰伏，手足攻击妙难穷。伏可变仰，仰可变伏，侧能成反，反能成侧，此皆随时立门之规矩，不可执一而不化。至于行法更无一定，有法从门者，有门从法者，甚至于法离门、门离法，俱由平日熟读四经。其中元妙，无不洞达，临时方能应手而来。不然虽耳提口道，亦不能领略，况徒劳眼力乎。反侧伏仰是门，手足攻击是法，门近则法变，法近则门变，婉转不穷，妙法层生。

【增释】与敌交手时，身式有多种变化，但招法不能拘泥于形式，要随时机，审敌布阵。

【经文】前攻用掌，二三门同。

【注解】攻前以掌，当先迎之。

【增释】攻取敌人的正面，要肩、肘、手气力贯通，一齐进击。

【经文】后攻用足，踵膝通攻。

【注解】下步用攻，以足当先。

【增释】攻取下步，可以足膝并用，或扫或蹬，或踹或踢，或用膝顶其小腹。

【经文】远则追击，近则接迎。

【注解】凭手足迅速得法。

【增释】攻击距离较远之敌，可以采取主动，用践步进击。敌人临近我身，我则审其动机已露，遂即迎截击之，不让敌越我雷池一步，此也是后发制人的妙用。

【经文】大胯着地，侧身局成。

【注解】大胯着地者，似单胯着地，两手轻轻按地，足膝俱皆腾起，自能蜿蜒屈伸翻住行，悉于侧身局化出。

【增释】与敌搏斗时，我身式转侧仰伏，向下紧缩，大胯犹如倒地，诱使敌人前来抓我，我遂滚身而起，骤然攻之，使敌措不及防。

【经文】仰倒若坐，尻尾单凭。

【注解】夫人仰倒于地，未有不以全臀坐地者。唯以臀骨尖着地，以尻尾做轴。

【增释】与敌相较，旋转仰伏，似欲坐于地，要以尾骨做轴，腿屈伸向敌，防止敌攻，伺机翻腾而起，亦诱敌之意，败中取胜之式也。

【经文】高低任意，远近纵横。

【注解】高低任意者，人意此法只能在地盘旋，不能起而高攻，孰知遂倒遂起，任意腾伏，原是此经本原，稍有牵强不为合式。凡用起法，暗曲一足，着地即起。纵横者，任意也，一高则攻敌之上，一低则攻敌之下，总以不露形迹坚密疾猛为要。

【增释】与敌交战，要有高低远近之分，施展纵横变化之术。在步法上亦各有所别，如寸步、过步、倒插步等，随意而用，化解敌之招术。

《内功四经》注解增释毕。

车润田　时年八十二岁
一九八八年八月八日于天津新港

第十二节　内功四经简说

第一篇　内功经气法要论

《内功四经》首卷"内功经",是《内功四经》的气法论篇。"内功经"以论气法为主线,把身形、劲诀、下盘的基本要点结合起来,做了精辟论述,是习练内功的基础指导论著。

(一)内功气法的脉络之要

"内功经"开篇,直指气法的脉络。脉络是气血运行之道。"内功经"讲脉络,重点强调了四个问题。

一是炼气必须打通任督二脉。任督二脉是人体重要经络。二脉不通,气滞血固,习武则有害无益。

二是炼气以强劲力,井池二穴是发劲的要穴,周身之气均由井池二穴透出。习武者应予重视。宋门亦有一些辅助功法,用以打通此二穴。

三是炼气要培植真本,即养护元气。养本护元是炼气之宗,不可蛮莽行气。初学应有拳师指导。

四是炼气之法,气之升降。"龟尾升气"是气升之始。提龟尾上翻,气自然升起。"气下于海",则是气沉之处。"光聚天心",则是气至天心穴,威光自然会由双瞳透出。

（二）内功气法的格式之规

格式，指身形体态的规范。"内功经"指出，身形体态不合规范，炼气则无实效。"内功经"把人体分为上、中、下三个部分，提出了基本的格式。

上体的格式：头正而起，肩平而顺。头正方可面貌出神，以势出威。肩平则可顺肩活背，运式自如。

中体的格式：胸出而闭，肋开而张。出胸不可身过于足，以竖示强。肋开才能气顺行畅，开肋出势。

下体的格式：足坚而稳，膝曲而伸。足坚以稳周身不虚，以坚出固。双膝虽曲，用意为伸，外曲内直。

（三）内功气法的要领之则

"内功经"对炼气的方法提出了三条要则。

首先，炼气要做到气息均匀。一入一出，先入后出；一升一降，先提后下；呼出吸入，皆无声息；吸之松起，呼之紧降。这是气运呼吸之规。

初习拳术者，不可过于着意呼吸，自然呼吸即可，气息匀、长，切勿短促，避免憋气、努气的现象。

第二，炼气要做到气运到位。提气意想真气上升于顶，降气如潜龙于丹田。这是气运上下之位。

第三，炼气要上体配合得当。提气时玉楼起气，两肋升张，向上而举。降气时，下肩为顺，气自背脊俞口而入，透心而下。这是气运升降之道。

（四）内功气法的劲力之诀

内功炼气，以调动和强化内劲为目的。气的运行与发劲紧密相关。"内功经"提出"气运八字诀"。

一为"通""透"。即气力要通顺无逆，往行无碍。这就要求练功时，人的根、中、梢三节要相顺而通，发劲直达无阻。

二为"穿""贴"。即气力要升降无断，气行络畅。这就要求练功时，两肩胛里裹，双臂纵横转动，伸筋拔力，发出刚劲。

三为"松""悍"。即气力要柔刚相济，松柔如绳，悍刚健极。这就要求练功时，关节开合自如，转运身形要骨节放松，内气涵穿。落点收式时，要气力合一，刚劲萃发。

四为"合""坚"。即气力要相合而一，横竖要紧密斜缠。这就要求练功时，周身气与力合而一体，身形转式、前后反侧要用低式，发出敏疾劲力。

（五）内功气法的固盘之术

固盘即坚下，人体下盘稳固。"内功经"对坚下固盘的气法提出四种方法。

一是按肩法。即按肩练步。将肩井下按，气沉于涌泉，力极贯双膝，双足落地生根。

二是逼胯法。即两胯前逼。将双臀极力紧贴，气随力下，双膝坚实，腿如柱坚。

三是圆裆法。即裆以圆紧。将两裆极力向外横挣，双胯稳坚，两膝见实，双足生根。

四是下腰法。即腰以下沉。下腰之窍在于提胸。气提胸起，腰下气沉，底盘稳坚。

以上分而述之为四法，运用中则环环相扣，实为一体，方可气力合一，身形坚稳。

（六）内功气法的朝元之理

内功炼气，要做到五气朝元。五气朝元是炼气归元之功。五气朝元即人体的金、木、水、火、土五气皆达于顶。做到五气朝元，一为炼神，二为炼气，神气相通。

炼神：心态的自我调整。身不妄动而精固，肾水气朝元。心不躁动而气固，心火气朝元。真情伏寂而魂固，肝木气朝元。妄情息灭而魄固，肺金气朝元。四大安和而意固，脾土气朝元。

练功前，先将人体散乱之神气慢慢收回；练功时，神意专注，不可东张西望；拳毕，要三体式收式，而后归气法收功，将外驰之神收回，气沉丹田，意达涌泉。

炼气：气血的自我调和。练功时，吸纳天地精气于丹田，运丹田之气自两腋升气于顶，升气时意有气降于丹田；运丹田之气自裆内下至足底，下气时意有气起于足心，由外裆升于丹田；复运丹田之气自背透六腑下于丹田左右相合。一升一降，一下一起，一出一入，升与降、下与起，并行不悖。如此周而复始升降疏达五气，如天地交泰神虚之妙。久而习之，可成神功之极。

第二篇　纳卦经内意浅说

《内功四经》卷二篇"纳卦经"，是《内功四经》的身形论篇。身形功法在武术搏击中占有重要地位。深刻认识"纳卦经"的内在含义，对于习练内功至关重要，是搏击取胜的重要基础。

（一）

"纳卦经"通篇仅有八句经文。准确地理解其要，首先应对"八卦"有基本的了解。"八卦"由"河图""洛书"而出。据传，远古圣人伏羲，观天象、察地貌、看兽皮，终绘出"河图"、创出"八卦"。大禹时，记录了龟背裂纹，记出"洛书"，衍出六十四卦。周文王狱中将古人占卜之辞加以整理，并加上自己的领悟，编成册，便是《周易》。卦者，即指《周易》"八卦"。

《周易》八卦是从自然天地万物的形态变化中，抽象出来的自然规律。古代习武之人，从"八卦"中得到启示，创立了武术身形要则的基础理论。

"纳卦"，就是在武术的习练中，以"八卦"之象的要点，调整身体主要部位的体态，以最大的极限发挥出人体内在的潜能。

习武之人学习"纳卦"，必须了解各卦之象的基本内容，对它要有深刻的领悟，通过日常的习练，培养正确的身形体态。

（二）

"纳卦经"将人的头顶与"乾卦"对应，足膝与"坤卦"对应，肩背与"巽卦"对应，裆胯与"兑卦"对应，前胸与"艮卦"对应，肋部与"震卦"对应，心脏与"离卦"对应，肾脏与"坎卦"对应。这种对应，把人体视作一个小的宇宙。以大自然天、地、山、风、雷、水、火、泽的特性，形象地指明了武术中身体重要部位应具备的形态。其具体的含义是：

头顶为天，是全身动与静、气与血的统领者。头顶为阳刚，为元。

足膝为地，是全身力与劲、量与重的归宿处。足膝为阴柔，为厚。

肩背为风，是手臂上与下、左与右的运导机。肩背外阳内阴，为顺。

裆胯为泽，是腿足前与后、里与外的支持互济。裆胯内刚外柔，为悦。

前胸为山，是上通头顶、下达足膝的通连之体。前胸外阳内阴，为谦。

肋部为雷，是全身之气上行下达的升降之关。肋部外阴内阳，为动。

心脏为火，是火之象，易升难降，宜降不宜升。心脏外阳内阴，为丽。

肾脏为水，是水之象，易降难升，宜升不宜降。肾脏外阴内阳，为险。

（三）

"八卦"各自的特性，决定了人体在武搏中应有的正确体态，而正确的体态要与内气的运行相贯通。结合"八卦"的"卦辞"，搏击中身形体态的要则如下：

头顶，宜正高得位。正而不斜，竖而不缩，不反不侧，勿俯勿仰。凡一出手，额正平而起，后夹脊下塌，力达于掌指。用气，则由耳后高骨提气，左右并用，气贯于顶，下至印堂，充贯双目，泄入丹田。头宜虚灵上顶，全身之统帅。

足膝，当沉稳为要。勿浮勿躁，不颠不蹶，阴气凝练，下盘坚固。凡一动步，双足载地，指踵向内，膝不过直。用气，则两足外眼向内，内眼向外，委中大筋力直，气由涌泉而上。足膝内扣，外曲内直，脚掌发力。

肩背，以下塌为佳。两肩内贴，两背通出，紧中有松，松里见紧。凡一出手，竖劲由背骨而出；尖骨相合，腕与眉齐，力竖通足。横劲，动右背，劲由左背透于右背，动左背，劲由右背透于左背。用气，则须不急不滞，起升落降，呼吸自如。肩背松活，沉肩坠肘，贴背转斗。

裆胯，宜裆藏胯稳。竖中有活，静中欲动，不固不滞，精稳相融。凡一动步，前胯向前，后胯向下，裆以圆紧。大步胯主劲力，小步裆劲为主。裆静而胯动，胯动而裆藏。用气，由涌泉上气，双膝紧按，勿使来气由足泄出。裆胯开，宜撑圆，缩阴提肛。

前胸，以出起为要。出而不高，闭而不束，张而不开，开合以镇。凡一动拳，臂不压胸，贴肋而出，胸臂相随。用气，胸气上通于头顶，下通于足膝，意行气动，意止气收。胸出不高，且有上提之意，亦有开合。

肋部，以呼吸为用。一呼一吸，一升一降，一开一合，一出一入。凡一动身，肋以意出，以气为胜，以神为率。用气，肋之开合，气之呼吸，不可逆转。肋合，气下丹田，由两裆下于涌泉。肋开，气自涌泉由足大筋上翻，经委中上尾闾，入夹脊，交于肋，竖上升于顶，横达于掌。肋主呼吸，宜横开。

心脏，心火宜降，心动则火升。肾脏，肾水宜升，情动则水降。

心与肾虽不属肢体，但在武搏中，心肾的情态对搏击会产生重大影响。凡一动身，塌肩井、行胸肋、反龟尾，肾水可上交于心。而固足张膝则心火可下交于肾。交手中，心态镇静，神志集中，不急不躁，不惊不恐，才能应对自如，发挥自身动力的特长。心火与肾水应以相交，水火才能既济。劲力以气而养成，养气须调剂于水火。

（四）

"纳卦经"所讲身形体态、用气要则，是统一的整体。搏击中行大步之力在于足膝，运中步之劲在于胸肋，而小步之功在于肩背。全身的协调相合，皆由头顶为帅，裆胯相佐。而运行中的气息，则以自然呼吸为佳。气路运行的脉络，须在日常的练功中自然形成。

第三篇　神运经实用四诀

《内功四经》卷三"神运经"，是《内功四经》的交手论篇，讲述搏击技艺的基本要诀。其文字虽然简练，但含义极为深刻，实用性很强。

（一）关于"神运之体"

"神运经"第一章"神运之体"，讲交手时的体势问题。经文讲："先明进退之势，复究动静之根。"这一章主要强调在与人交手时要把握好体势。进攻时体势要低，而后猛起，使对手提防不及，此即为动。退防时肢体要合，镇静而退，择机进攻，此即为静。正所谓动中有静，静而生动，动静相兼。因此，体势是交手中动静转化之根。

（二）关于"神运之式"

"神运经"第二章"神运之式"，讲交手中的劲法问题。经文讲："击敌者，有用形、用气、用神之迟速；被攻者，有仆也、怯也、索也之深浅。"这一章重点指明以形击形、以气击气、以神击神的三部功夫。以形击形，出手能击倒对方。以气击气，是以具有弹性之力，使对方体内受到震撼。以神击神，身手未动，即可使对方寒缩不前。形攻即刚劲攻击，气攻是柔劲攻击，神攻则是化劲攻击。形攻是初步的功法，气攻是中步功法，而神攻是炼神还虚的上乘功力。搏击中应感而遂通，刚柔而变化，无形而内动。因此，劲法是交手中刚柔转化之本。

（三）关于"神运之用"

"神运经"第三章"神运之用"，讲交手中的身法问题。经文讲："纵横者，胁中开合之式；飞腾者，丹田呼吸之间。"这一章主要讲进身与退防的身法要点。交手进身时，身体要随手而入，体步坚稳，拳之起落，如虎之猛。退防时，体轻如燕，似鹰之疾。无论攻与防、进与退，均要呼吸自如，气顺流畅。因此，身法是交手中攻防转化之要。

（四）关于"合言体用"

"神运经"第四章"合言体用"，是对交手论的总结。这一章主要从三个方面讲了要注意的问题。

一是在修炼方面，经文讲"山不悍则崩"，其意是指成就神运之法，要有扎实的基本功。必须先由内功、纳卦、十二大力，至周身全局，精微皆妙。气法、功法、劲法要整体性地进行修炼，三法不可偏隔。气法要与功法一起修炼，劲法得自功法的修炼。

二是在实战方面，经文讲"木无根则倒"，其意是说实战中要坚稳全身。交手时，切不可施用高足，不可使用单步，应以马步足底着力。其要诀是内气一呼即纵，一吸则回，气纵足起，气回足落。即形意拳腿足高练低用之法。

三是在劲法方面，经文讲"水无源则涸"，其意是讲变化是劲法之源。要明确交手中攻与防、疾与缓都是在变化和转化的。实战中，攻时可转为防，防时可转为攻。无论攻与防都要做到心缓而手疾，身缓而眼疾，气缓而步疾，外疾而内缓，外柔而内刚。以柔而用刚方为真刚，以缓而用疾方是真疾。

"神运经"在讲述交手之诀的同时，举出习练功力的十二大力法。即底练、坚膝、裆胯、胸背、头颅、三门、二门、穿骨、坚骨、内格、外格、撩攻。

底练，即坚足之功。底练稳步如山。站桩功法可作为主练之法。用足，足起可封上，足横可破下，落步如钉，步步为桩。

坚膝，即强膝之功。坚膝曲直如柱。行桩功法可作为主练之法。用膝，攻上须提膝，下攻则屈膝。进退落足膝盖微曲，腿内裹斜直，似曲非曲，似直非直。

裆胯，即裆胯之功。裆胯里外凑集。以提裆裹胯、提谷扣膝为主练之法。用裆胯，可转换身式，由防转攻，由攻转防。

胸背，即中体之功。胸背刚柔相济。以调气作为主练之法。用胸背，出式提胸塌腰，落点含胸裹背，力发于臂。

头颅，即撞头之功。头颅正侧撞敌。以身法作为主练之法。用头，头随式转，正面撞胸，后面撞背，谨防敌手。

三门，即用肩之功。三门坚肩贴背。可以钻拳作为主练之法。用肩，双肩里裹，肩背内旋，身式转活。或侧或平，或上或下，小身法用之。

二门，即用肘之功。二门横竖用肘。可以劈拳作为主练之法。用肘，肘为枢纽，小臂内裹，内含横劲，落点竖出。

穿骨，即透力之功。穿骨破彼之上。可以崩拳作为主练之法。用穿，膀催肩，肩催肘，力达于拳，筋骨相配，垫步前穿。

坚骨，即封破之功。坚骨封彼之下。以身法作为主练之法。用坚，身式要紧缩，转动要敏捷，上下左右要发出横竖斜缠之劲。一手封一手，一式破一式。

内格，即掠劲之功。内掠攻敌之里。可以里横拳为主练之法。用掠，手上掠破敌上路之劲，中掠破中路之劲，下掠可破敌下路之劲。

外格，即破侧之功。外格破彼之外。可以外横拳为主练之法。用格，手上格破敌侧攻的上劲，中格破中劲，下格破敌侧攻的下劲。敌远可破敌手，敌近可破其身。

撩攻，即柔化之功。撩攻上下内外。此为内气功夫的上乘之果。用撩，以虚灵的身法，内封之里门，外破之外门，上撩攻之高势，下撩破敌低势。引进落空，方圆兼备。

神运之功是内调气息与拳式身形相结合的习练过程，不可贪急、贪过，日积月累，功力自然成就。

第四篇　地龙经要意简述

《内功四经》卷四篇"地龙经"，是《内功四经》的底攻论篇，"底攻"即下盘之功。

人的身体，上部一般多实，下盘则多虚。武术散打，一般人交手多败于下盘功力不足，"底攻"策法不精。因此，下盘功夫是取胜之本。"地龙经"经文仅十多句，文字极为精练。"地龙经"大体上讲述了四个方面的问题。

（一）"底攻"之下盘功夫的习练方法

"地龙经"虽自成一卷，且属《内功四经》的收功之卷，但与前三卷内功、纳卦、神运三经是一个整体，互为表里。成就"底攻"之术，坚实下盘是关键。所谓坚实下盘，可以从双足落地生根，上体稳而不滞来体悟其意。

经文中强调"全身炼地，强固精明"，即坚实下盘，需要从调气入门。要在炼气中调血，在调血中强筋，在强筋中炼神。这是因为气充则血畅，血畅则筋强，筋强则神明。如此才能练就周身大力，成就"底攻"精技。

宋氏形意拳先师宋世荣大师，根据《内功四经》的精要，创编"纳卦（盘根）"之术。将纳卦与坚下巧妙结合起来，成为习练"底攻"的行桩之法。对形意拳产生了深刻的影响。

（二）"底攻"之身法运用的基本原则

"底攻"制敌，其身法的运用很重要。"地龙经"中对此讲了四个原则。

一是进攻时，屈身如伏虎，跃起似腾龙，行步无定路。此乃可屈、可伸、可行。

二是防守时，缩蔽于手足，蜿蜒于体身，任意于反侧。此乃可缩、可蔽、可活。

三是攻防转换时，立身攻其上，低身击其下，身或纵以横。此乃可高、可低、可纵。

四是无论攻防，欲伏则先腾，欲腾须先伏，伏以存腾势。此乃可腾、可伏、可变。

这四条原则，集中到一点，即身形灵活，不拘不散，手足相助，形步相合，纵横相交，变化无端。

（三）"底攻"之足法变化的主要之术

足法的变化是"底攻"技艺的精华。"地龙经"结合攻防转变讲述了"底攻"足法之术的三个要点。

一是在进攻时，反侧伏仰，即为翻术。翻时略曲一足，手以相助，便于施展竖劲，遂倒遂起。

二是在防守时，左右轮转，即为转术。转时两足为直，便于使用横劲，击制于敌。

三是进攻与防守均在变化之中，足法的转变要疾要猛。两足变化如意不乱，横竖之劲方可分明。双足的变化与搏击的发力紧密相关。

形意拳中有"足打"一说，所谓"足打"，一则用腿足直接攻击对方，二则用足法的变化快速转换身法，击敌以制胜。

（四）"底攻"之战术运用的重点之技

"地龙经"讲到"底攻"的战术，重点有五个方面。

一是敌正面而来，可侧身于敌后，也可外于敌侧，或左或右，避其凶锋，择机施法。此为避法。

二是与敌交手，技法要多变，不拘形式，伏仰变化，反侧相交，应手而来，并无定式。此为灵法。

三是正面迎敌，无论击右袭左，皆宜用掌，肩、肋、手气力贯通。一手封其足，外力折其膝。在敌身后，无论于左于右，皆宜足攻下体。一足缠其一足，两足相继封其足踵，力折其膝。此为攻法。

四是敌退可乘势追击，屈身扑出，践步追之。敌若转身而来，不待敌稳，可顺势而接，疾速上迎。此为歼法。

五是与敌搏击之中，可依势侧身倒下，双手按地，足膝要暗藏进攻之势，诱敌伏身，随势腾起，侧身化出。也可转身仰伏，似坐非用臀，臀骨尖着地，惑敌倾身，随即腾身而起，狠技制之。此为诱法。

由此可见，形意拳在站立技击的同时，也有相关的地面搏击技术。

"地龙经"是"底攻"技艺的专篇之卷。古今先贤研究"地龙经"时都强调，习练和运用"底攻"之技，不是单纯的技艺问题。

成就"底攻"之术，要明炼气之理、通身形之要、达神运之精、成虚神之妙。故而要充分认识《内功四经》的一体性。

第十三节　内功散门简说

《内功合战八门》《散门总局》《散门正局》《散门变局》《内功散门杂评》，王南溪著、宗景房参阅增补，其内容为交手论篇及散打的套路格式及攻防手法，平日练至纯熟，交手时才能灵活运用，实为御敌之良策。传世版本均系手抄，年代久远且抄本众多，不实之处，还望指正。另因车润田先生生前未能完成对合战八门及散门各局的增释，故此处仅做收录，未做详解。

"合战八门"是神运经在"十二大力"基础上，侧重于内功劲法在交手时的应用。

"散门正局"是基本打法，"散门变局"是打法的应变之道，"散门总局"是化转的对策之招。

散门各局的打法，其上下左右的格式，里外反正的规矩，均是王南溪师古法而定，并将《内功四经》之理融入其中。

宗景房对"散门正局""散门变局""散门总局"做过杂说，总计三十条，着重解说如何学习内功散门，其重点有四：

一是内功散门中有功局，功局即为功法。学习内功散门若得其中神妙，须研读《内功四经》。不得内功很难学到其中的神功绝技。此为功法之要。

二是内功散门中也有巧局，巧局即为技法。若得其中巧妙，须懂得周身骨节反背、顺逆的道理，明白骨节开合、横竖的关系。此为技法之要。

三是内功散门中还有劲局，劲局即为手法。若得其中劲妙，须发挥肩背、胸肋的作用。无论出拳出掌，肩背要有贴劲，胸肋要有悍劲。贴劲由沉肩坠肘而出，悍劲由含胸塌背而发。此为手法之要。

四是内功散门中还有异局，异局即为特法。若得其中异妙，须知内功散门从不轻易立高步起足击人。但凡用足时，先佯装倒地，伏身合住，双手按地，以足底之劲破其胫处。这便是地龙功夫。此为特法之要。

合战八门及散门各局中所讲的招式法技，不可能一读即懂，一见即悟。真正掌握其精其妙，需多试手、勤练习、下苦功，方可练就内功散门绝技。

第十四节　南溪子战法八诀简述

原作为文言，现以白话简述，粗略地说明大意，仅供参考。

战法八诀：备、料、诱、激、疲、惑、追、因。

备敌法

临战的第一要诀是"备"。备即以知己知彼而应之。对于自己的强弱之处，要心中有数。思想上要有所准备，才能与人交手应战。看准对手没有做好准备，便可攻击对方的漏洞。"备"的含义很广。有经验的人在进攻当中有防守的准备，可以避免对手的牵制；退守时有进攻准备，可伺机打击对手；实战中发出竖劲要竖中有横，可防备对方的格掠，发横劲要横中有竖，能防备对方攻击自己的漏洞。防备的要点是，在攻击对方的上路时，必先防备对方攻击自己的下路；攻击对方的里侧时，必先防备对方攻击自己的外侧。由此而引伸，不要草率地攻击对方，以防备对方的诱惑之计；不要急于速战取胜，以防备对手的相激之策；不要连续不断进攻对手，以防备对方的疲劳战术。"备"的内涵很深，不可能一一讲到，武者要细细体悟。

料敌法

临战的第二要诀是"料"。料即以试探之法而判之。如果能判断出对方功夫的深浅，便可在交手实战中有效攻击对方的要害。不让对方看出自己功力的强弱，就不会受到对方的压制。"料"的含义也很广。准确判断对方位置的利弊，以确定进攻或防守；正确判断对手的虚实，以确定进攻的方法；准确判断出对手的强弱，以确定发劲的刚柔。多方面进行判断，才能实施有效地攻击和防守。用诱惑的方法来试探对方的反应能力，用急攻的方法来判断对手的应对能力，以疲劳战术来掌握对手的体能劲力。由此可以判断出对手将要采取的攻防之术。"料"这个战法，适用很广，交手开始的时候必须进行有效的判断。

诱敌法

临战的第三要诀是"诱"。诱即以引诱之术而乱之。实战中，双方强弱相当，手法相似，彼此都会心知肚明。这时，要自护其身。只要不过分贪恋对方的弱点，自己就不会暴露出漏洞。对手不追图我的弱点，也不会给我现出破绽。把自己的弱点掩饰起来，对方若无贪攻之心，自己也没有施展攻术的时机。因此，交手中不可真实暴露自己的弱处，但故意现出破绽诱敌却是必要的。若双方都未出现破绽，彼此都不会轻易攻击对方，这就不会有胜负之分了。高明的战术是故意露出破绽，使对方贪图进攻，其思想上必然放松戒备，我可出其不意攻击对方。如若攻击对方的里侧，可先佯攻对手的外侧；若想攻击对方的下路，可先佯攻对手的上路。欲刚则可先柔，欲虚则可先实，欲实则可先虚。这个道理易明易了。但平时如果不能很好地练习掌握，交手实战中便不会运用自如。

激敌法

临战的第四要诀是"激"。激即以手动相激而探之。"激法"不是用言语刺激，而是以手动相激。施用"诱法"一般是以虚法试探对方，而使用"激法"则是以实法来探虚实。对方若无贪攻之心，"诱法"不会有效。做出发怒的样子手动激之，近身逼迫对方，可以试探对方勇与怯的心态，观察对方的表现，然后施展自己的攻法。若手激对方的左侧，对方必然向左防备；手激对方的右侧，其必然向右防守。这样可明显看出对手的真实水平。这其中的奥妙需细细体悟，千万不要拘泥于"激法"的一般理解。在明察对手的实际水准的情况下，使用"激法"即为"攻"，以试探对方虚实时使用"激法"便为"激"。总之，要手实而意虚。

疲敌法

临战的第五要诀是"疲"。疲即以劳敌之计而疲之。施展疲劳战术，待对手衰怠后再向其发起攻击。通常，人在一天之中，上午气锐而下午气惰；一时之中，时初气锐而时终气惰。交手初时，对手处在气锐之时，气锐则猛，久动则气惰，气惰则力衰。遇到强手的激烈攻击，应周和全身，审时度势，以应对手。对方若退防，可以自己擅长的打法，扰疲对手。或实中带虚，或虚中带实；或柔内藏刚，或刚内藏柔，使对手得不到喘息，待久动而怠，然后攻之。但是，运用"疲术"之时，必须保存自己的精力，以待攻击时有劲有效。否则，对手因久动而疲，自己也失去了有效的进攻之力。

惑敌法

临战的第六要诀是"惑"。惑即以迷惑之法而眩之。使对手目眩后产生心疑。自己不被对手所迷惑就不会被对方所战胜；对手不为所惑，也不会产生纰漏。惑与不惑是胜负的分水岭。所以遇到强手时，便可多施以惑。进攻时施惑，可使对手心神不定；防守时施惑，能使对方出现误判。"惑法"可以隐蔽自己的短处，发挥自己的长处，使对方放松戒备，这是惑敌致愚之术；故意露出自己的破绽，使对手掉以轻心，陷于被动，这是破敌取智之法。故意做出打法无章无律的乱象姿态，或表现出奇怪的状况，或欲用刚而先表现出轻柔，欲用柔而先显露出刚强，都是迷惑对方的手法。施用"惑术"时，对方若不为所惑，可加施"疲术"。"疲术"可劳其力，"惑术"则衰其心志。

追敌法

临战的第七要诀是"追"。追即以紧攻之术而逼之。对手受到"疲术"而消耗体力，受到"惑术"则产生轻敌思想。当对手处于体力不支而又心乱之时，必然无心再战，此时可用"追术"频繁攻击。距离对手较近时，可用多种打法；距对手较远时，可以身法逼近。若对方用横劲退防，可使竖劲冲击对方；对手若以竖劲退守，可用横劲步步逼之。防备对手的欺诈，可施缓追之法；乘虚而入时，可用急追之术。"追"的手法不一，目的是使对手无法逃脱。战时，能追则追，难追则停，这是"追术"的智慧。明白了"追术"的灵活性，便掌握了"追术"的精与妙。"追术"中还有连追带击的战法，使对手没有还手之机。只追无击的"追术"是不全面的。

因敌法

临战的第八要诀是"因"。因即以多变之法而胜之。"因术"妙不可言，因人施法。天人的应变能力无穷，均以"因"字得妙。变化不定，周流无虚。交手中的打法不是固定不变的。对手不同，打法也不同，均因人而异。对手若攻击我的上路，我可根据对手的在上之势攻击对方；对手攻击我的下路，我可针对对手的在下之势，进行反攻。若对手来势凶猛，我可依据对手的凶猛之势实施阻击；若对手跌倒在地，我可针对对手的跌态之势进行攻击。

总之，临战中的打法、劲法要心中有数，头脑清醒。以上八诀都是古人之技之法，是借古人之术所立的临战规法。实战中要根据对手的劲法选择适当的打法，针对对手的打法确定自己的战法，依照对手的战法，施展自己的劲法。

附录一 师承名录

宋氏形意拳　天津塘沽　车润田支系　师承名录谱

	姓　名	师　承
宋氏形意拳宗师	宋世荣、宋世德	李能然（形意拳祖师）
宋氏第一代传人	宋虎臣、宋铁麟（形意拳　华字辈）	宋世荣
宋氏第二代传人	车润田（形意拳　邦字辈）	宋虎臣
宋氏第三代传人	（形意拳　维字辈） 周金柱、周金堂、李燕福、虞燕华 吴克峰、王东升、杨其轩、杨其发 庞振洪、田守礼、陈宝宪、李　义 王占军、吴清江、马凤云（女） 冯玉茹、张巨贵、王洪喜 张志强（已故）、张书坤（已故）、田永生（已故）	车润田
宋氏第四代传人	（形意拳　武字辈） 刘宝杰、贾虹祥、孙世东、李　彬、李　洋 王　旭、曹海鹏、胡有斌、高长根、魏永岩 宫　媛（女）、张世东（回族）、梁兴悦 沈　博、于亿春、詹维亮、李叔佑、李述乾 孙治国、焦世海、张国利、颜爱斌、张佑平 王国英（女）、车　强、陈　强、 朱建华（已故）	周金柱
	（形意拳　武字辈） 刘中刚、赵元凯、盛延鑫、张　跃、任　军 吕长峥、李　岩、王树岭、刘　恩、朴民权 孙成库、高　松、李　伟（女）、郑雪峰 龚文静、王庆祥、王贤阁、黄春艳（女） 金永必、陆庆波、吴金鹏、程占军、游　强	杨其发
	（形意拳　武字辈） 焦章兵、樊再忠、蔡秀峰 吴继东、田　国、王旭辉	张巨贵
宋氏第五代传人	（形意拳　尚字辈） 秦大衡、张剑、王晨、王璐（女）	车　强
	（形意拳　尚字辈） 张轩祺	于亿春
	（形意拳　尚字辈） 黄新宇、陈煜生、李晓伟、李晓诗 黄钦柱、朱彦彬（女）	李叔佑

注：此师承名录截止于 2020 年 5 月

附录二 纪念先贤

怀念先师宋虎臣

宋虎臣老师逝世已经36年了。今忆先师，36年前与师朝夕相处，食则同桌、寝则同室的师徒深情幕幕再现，他那超绝的技艺和诲人不倦的精神，深深地感动着我。

先师宋国英，字虎臣，别号小侠，北京市人。生于1880年，卒于1947年，享年67岁。先师虎臣是著名形意拳大师宋世荣的长子，自幼聪慧过人，酷爱学习。除攻读之外，并从父教，勤练武术，以形意拳为主旨，融会太极、八卦、长拳之精粹及各种长短器械。由于他心智敏捷，领悟性强，又苦心钻研，所以很快地继承传授家传的超绝技艺。在数十年的实践中，他创编了徒手对练拳十面埋伏、战斗枪（大枪）和战斗剑等，不搞花架，都以实战应用为旨。他所习之各种拳术套路及器械，虽然种类繁多，但博而精、纯而妙，别具一格。特别是他所练之大枪，在上、中、下三部各招各式及身法中的劈、扎、崩、剁、磕、锁、拿、挑、搓、拨等动作中，都能体现出灵活敏捷，长枪而能短用，得手应心，所向无敌。他曾在晋军王嗣昌部任执法督战总队长兼武术教练。

1930年，先师至榆次北关树林街开设修理钟表铺为业，并继父志广为收徒，传授武术。当时以晋护路军从者为夥，其中功夫深厚者计有刘瑶琨、潘振英、陈光斗、崔继先、席子勤、张效先为最。太原一带有董秀升、吕佩双，太谷有石瑞亭、魏小鑫、邢子成。以上诸门徒相继去世，现据所知者有张剑青（子良），在西安市寄居，亦继续传授后一代。

宋老师教授门徒，一招一式，严格要求，一丝不苟。他强调训嘱：吾形意拳属于短拳之类，然练时必须打出长劲。并非长拳之功，而是在沉肩、坠肘、松肩、活腰、蹬足之规格下，全身合一，发出之劲，使两臂自然长出数寸。宋老师为习拳术，终身坚持不娶妻室，是一位不图名利、逍遥自在、文武兼全的清高人士，且以慷慨助人为乐得名。凡亲友求助，他总是有求必应，并不计较其人有无偿还能力。

我于1928年至太谷与他相识为契友。数年后经友人介绍，宋老师慨然应允，收为门徒，成为先友后师。我得业于宋师门下，实感兴豪。宋老师得病卧床后，虽经我多方延医治疗，昼夜护理，终未脱险，不幸逝世。虽然他离开了我，但他赐给我的艺业和他慈祥的容颜，却永远活在我的心中，使我终生难忘。我是宋老师的一个门徒，虽然老师谆谆教导，但我性情愚钝，未能很好地继承下来，实觉愧对。为缅怀和纪念这位杰出的师尊，我对形意拳深刻地钻研和探索，在有生之年，把前辈师尊传授于我的技艺加以整理，传授给青年一代，为振兴我中华武术，尽我薄微之功。

车润田　1983年于天津

深切缅怀恩师车润田先生

吾周金柱，字博然，号乐天，天津塘沽人。予自幼酷爱武术，曾学过摔跤和拳击。1974年有幸拜宋氏形意拳第二代传人车润田先生为师，学习宋氏形意拳术。自始跟随恩师二十余载，苦心学习形意拳的基本功法，现已练功三十余年。回想与恩师相处的日子，恩师对我的教诲将永世难忘。

恩师教我学做人的道理。

车润田先生收徒传艺，首先教施以德。恩师经常教诲后学弟子，武者以德为先。学武先学做人，做人要做好人，要做善人，做有益于社会之人。练功不单为健体，更要修身养性，施人于义，这是习武的根基所在。恩师的纯朴教诲，使我受益匪浅。

恩师教我形意拳的真谛。

车润田先生教徒习武，非常重视基本功的练习。恩师常说，宋氏形意拳的基本功是内功，习练内功的核心是炼气。恩师说，形意拳套路易学但内功难成。恩师总结了多年习练内功的心得，对古传《内功四经》做了增释。他以《内功四经》为根基教我，一招一式地传授宋氏内功的要领，使我逐步体会到宋氏形意拳气不离形、形不离气、形动气随、气为形用、形气和一的内功真谛，体会到宋氏形意拳松而不懈、紧而不僵、讲求明刚之劲、暗柔之劲和化虚之劲的风格意趣。

恩师教我苦练功的方法。

车润田先生教徒练功，强调持之以恒。习武不下辛苦，难以成就真功。恩师常讲，苦练功就是要在掌握基本套路的基础上，抓住炼气这个核心，苦练中和之气，使身心和顺，体用和顺，内外和顺。顺则气通，通则和顺，从而达到人与自然的和顺，即天、地、人三才和顺。练拳不炼气，拳只是徒形而已。

吾自跟随恩师学艺以来，谨遵师教，苦练功法，细研拳理，终有所绩。1995年吾被中国民间武术家名典收编，同年被山东省形意拳心意拳协会聘为名誉理事。

在恩师车润田先生百寿诞辰之际，吾缅怀恩师，永记师教恩德，为传承宋氏形意拳、弘扬中华武学之精神做出更大努力。

弟子周金柱敬缅

时于丙戌（2006年）初秋

忆津门宋氏形意拳之传播者车润田先生

车润田先生是山西宋氏形意拳名家宋虎臣大师的亲传弟子。蒙宋虎臣大师授以家传内功，经潜心研究，深得宋氏形意拳要旨。1947年，宋虎臣大师逝世后，先生又得宋铁麟大师钟爱并授以技艺，经多年苦练，终成宋氏形意拳出类拔萃的第二代传人。

车润田先生心智聪慧且又勤奋好学，深得宋氏形意拳内功心法之妙，其内功修为甚深，武艺精湛。其演练五行拳与十二形拳无不各尽其妙，达到形神兼备、形意合一的境界。他的崩拳动作迅猛，发劲刚萃，抖爆势不可挡；猴形动作迅急、灵光四射、意手眼相随、灵活多变。在技击上，则精于先顾后打、打顾并用，十四处打法兼施一身，达到一触即发、挡者披靡的高深境界。

1974年，车润田先生来塘沽后，收徒传艺，他以宋氏形意拳要法为宗旨，以《内功四经》为总纲，融会形意、太极、八卦以及六合长拳之精粹，讲究养气与炼气并重、养生与技击并重、直劲与横劲并重、攻击与防御并重、缠斜滚斗松悍合坚，对传统的形意拳做了一些必要的补充和完善。因而，他所练的宋氏形意拳动作朴实无华，沉着中透着轻灵。其劲抖爆，每招每式动静分明，刚柔相济，感而遂通，其拳法在宋氏形意拳中独具特色。

车润田先生非常重视宋氏形意拳的使用价值。先生认为"武术就是要体现出它的技击实战特性"。因而他经常向弟子们讲解技击用法并亲身示范，直到弟子们心领神会为止。他一生所练拳械套路繁多，既博又精，尤为精于宋氏大枪抖绝之功。他在演练大枪三盘（上、中、下）劈、扎、崩、磕、锁、拿、挑、搓、拨等动作之身法，都能体现灵活多变、敏捷迅猛的特点，长枪而能短用，无不得心应手。每当先生与其弟子实战演练时，但见他枪不离腰胯，挑上滑下，步法神速，身法灵活，劲大力猛，如入无人之境，瞬间对方便受制其枪下。

车润田先生文化素养甚高，待人接物尽显儒者风范，在养生方面也尤得《内功四经》之精微，对于武林同道也无不肝胆相照，因而武友甚多。他经常教诲弟子，习武者必先讲武德，与人相处要诚恳友善，较技时要本着虚心学习的态度，且不可重手伤人。他以身示教做出表率，其高超的拳艺和点到即止的武德，深得界内人士称赞。

车润田先生教徒极为严格，要求门徒循规蹈矩，循序渐进，更因材施教，言传身教，不厌其烦，是一位既重实践又重理论的明师。他常喻弟子们说："宋氏形意拳以《内功四经》为指导，先从知经脉懂规矩入手，又以纳卦活身，再练内功十二大力法，次为神运，最后以地龙收其全功。此法之妙用是能在技击中骤然爆发出鼓荡惊颤的弹性炸力，周身激荡回旋、震荡不已。"在车润田先生的精心培育下，其高足周金柱在天津塘沽与某武警部队散打高手切磋技艺时，轻易取胜并点到即止，充分印证了"名师出高徒"这一俗语。1995年，周金柱被山东省形意拳心意拳协会聘为名誉理事，经常赴山西太谷与宋氏形意拳前辈宋光华、孙业民及同辈师兄弟田进忠、王儒贵、赵传辉、杜洲、侯天星、范天宝、李云等情深义重。

为弘扬中华武术文化遗产，车润田先生晚年致力于整理宋虎臣、宋铁麟二位大师所授宋氏形意拳法，并且向细微处不断探索钻研。先生著有《增释内功经》《战斗剑》《十六把对练套路》《四把捶》等宋氏形意拳拳法理论，其中一部分已发表于《武林》《武魂》等武术杂志。1988年，车润田先生完成了《宋氏形意拳》一书的全部文稿。老人家在他离开我们前的最后一段日子里，还苦心呕血，耗尽最后的精力为该书做了二次修订，给后人留下了一笔宝贵的武术遗产。

书界好友赠送给车润田先生的书法作品

车润田先生收徒授艺，成就武林人才甚多，其中佼佼者有周金柱、周金堂、虞燕华、田永生、杨其发、杨其轩、田守礼等。

车润田先生于1993年10月谢世，先生的崇高武德、精湛技艺、正直豁达的胸襟永远是一方蓝天，永远是那样浩瀚无际；先生的武学和孜孜不倦的诲人精神，永远是一片沃土，永远是我们植根之所在。

愿宋氏形意拳之树常青，愿中华武术之林常绿。

车润田先生津沽众弟子敬缅
2007年10月

车润田先生百诞际赞

承形意宋门绝技,贯太极八卦秘宗;
舞六十春秋寒暑,成内功名家大雄;
传弟子为人武德,授宋氏特色精功;
著拳艺习练要法,扬中华功夫文明;
缅大师松梅品性,赞一代宗师英名。

丁亥端午　车铭君

尊父百寿诞辰

继高艺垂

车铭君敬书
于丁亥

满江红·宋门形意大师车润田百诞颂

孤寂西行，奇相遇、雨亭豪杰。

民国忆、得师恩泽，铸人铁骨。

坎坷晋中风雨路，绵缠东侠西行月。

行仗义、翁德润苍生，犹峰屹。

怀百诞，徒众茁。

歌一曲，松梅雪。

把樽遥玉阙，碧空朝谒。

滚滚黄河东逝水，笑然蓬阁飘仙筏。

尊师诲、英气绕津门，从头越。

奔马　填词

附录三 《内功四经》手抄本

本书据初得者言，清初总宪王公得之于水底石画中，上卷名内功，下卷名剑丹，百年之后南溪子悟透方知是宝书，传于知己，宗景房等者，如用此，必须由内功起手，纳卦次之，神运又次之，地龙收功久而久之无敌于天下矣。

此书贮藏于沈阳工部库中，燕都刘晓堂先生得之，传于宋约斋老先生。

内功经卷终

鲁北宁津 车润田校阅抄于晋中太谷

（而无可解缺）

一九七四年十一月

經 大胯着地

解 側身局成。

經 側倒在地、用手輕拨诱动。

解 仰倒若坐 尻尾單憑。

經 以尻骨作持軸、

解 高低任意 遠近縱橫

經 瞎屈一足、着地即地。

經 門有變化 法無定形

解 攻側仰伏、手足攻擊、妙難窮躬、

經 前攻用手 二三門同

解 攻前以掌、當先迎之、二三門、即肩井曲池、即手腕一直買勁

經 后攻用足 踵膝通攻。

解 攻下步用少足當先、

經 遠則追擊 近則接迎

解 憑乎足要迅速得法、

經 行住無蹤
解 上下伸縮、變化莫測、
經 身堅似鐵 法密如龍
解 不堅則亂,不密則失、
經 翻猛虎豹 精疾隼鷹
解 虎必須猛,如鷹之精疾、
經 倒分前後 左右多明。
解 肉藉騰挪使敵人回顧不能、

經 地龍真經 利在底功
解 用腿腳撩人佈粘之技耳。
經 全身煉地 強固精明
解 氣血煉成圓圓隨用、
經 伸可成曲 住亦能行
解 伸曲自然行住任我何式不可、
經 曲如伏虎 伸比騰龍
解 縮四支頭伏手上腕腔起立如常。

内功十二大力法。

(一) 底煉穩步如山 (二) 堅膝曲直仙柱 (三) 膛膀內外湊集

(四) 胸背剛柔相濟 (五) 頭顱正側撞敵 (六) 三門堅肩貼背

(七) 二門橫豎用肘 (八) 穿骨破彼之勁 (九) 堅骨封彼之下

(十) 內掠敵彼之裡 (十一) 外格敵彼之外 (十二) 撩攻上下內外也

地龍經

卷四

山左瑯琊 王南溪註解
海右珠山 宗景房恭閱

高低上下，远近迟速，虚实大小变化不一，刚柔动静之间成败得失之机，俱可慎。故善于动作者欲动步不动心，动身不动气，然后心静而步坚，气静而身稳，由静而精自得飞腾变化矣。盖知静之为静，静亦动也，知动之为动，动亦静也。是以善于神运者，神缓而眼疾，心缓而手疾，气缓而步疾，盖固外疾而内缓，外柔而内刚，知体用之妙也，柔而用刚方是真刚，此中之妙皆得之于象外，而非可以形迹求也。

学者久研神运之法，自能悟其妙理也。

探如鹰隼(松肩领)之飞腾，疾若虎豹之强悍。

右兼四章 合言体用之意 合言者总结也

山不汗则崩，木无根则倒，水无源则涸，功夫亦然学者欲用神运经的工夫必须先由内功、纳卦、十二大劲，过身全局，才可学此。否则不惟无益而却有损。

凡用此功必须骑马式稳住，通身全局足底更要着意，将丹田元气沉住，一呼则继，一吸则回继则两足齐起回时两足齐落此是永不可易然用劲又须回敌布阵当有

解 以形擊形、身到後而邁勝、以氣擊氣、手方動而不畏、以神擊神、身未動而得入形受形攻、形傷而仆於地、氣受氣攻、氣傷而怯於心神受神攻、神傷而索於膽、

經 第三章 言神運之用 用者使也

解 縱橫者、脅中開合之式、飛騰者、丹田呼吸之間、進退隨手之出入、未去任氣之自然、氣欲漏而神欲歛、身宜穩而步宜堅、既不失之於輕、復不失之於重、

經

右第一章言神運之体　体者本也

解

先明進退之勢，復究動靜之根，
進因伏而後起，退方合而即動，以靜為本以動
為用，故身雖疾而心自暇，動靜之妙，當明內外
呼吸之間，縱橫者勁之橫豎，飛騰者氣之深微，

右第二章言神運之式　式者法也

經

擊敵者，有用形用氣用神之遲速，被攻者，
有仆也，怯也，索也，之深淺。

神運經

卷三　　岱左瑯琊　王南溪註解
　　　　海右珠山　宗景房恭閱

總訣四章

經　煉形而能堅，煉精而能實，煉氣而能壯，
煉神而能飛。

解　固形氣以為縱橫之本，萃精神以為飛騰之基，
故形氣勝能縱橫，精神斂能飛騰。

解

心肾为水火之象,水宜升火宜降,两相既济,水火相交真气乃萃,精神渐长,聪明切开,岂但劲勇是以善於拳者,讲劲养气调息一定不易之理也,用功时塌肩井,提胸胁,反龟尾,皆欲肾气上交於心也,须以意导之,下气炼步,炼步聚劲,皆欲心气下达於肾也,亦须以意导之。

张而不开、此中玄妙、难以口授用胁须以意出以气胜、以神足则为合式非出骨内劲也用胁以气之呼吸为开闭以手之出入为开闭、以身之纵横为开闭、高步劲在于足中步劲在于胁、下步劲在于背以自然之理也、

经

坎二㜽二　　离三㾗三

传

坎离之卦、乃身内之义也、可以意会、不可以言。

經

騰膀要圓而緊、氣正直上行、不可前出、不可後掀、兩膀分前后、前膀用力向前、後膀用力向下、湧泉來時、向上甚大、兩膀極力按之（怠以骨縫口相對外陰內陽、忽忽相吞並為主。陰陽兩敦用力坡柱）

艮三三、　震三三、

解

艮象曰、時行則行、時止則止、其義深哉、胸欲竦起、艮山相似、脇有呼吸、震動莫疑、

脇者、協也、魚腮也、胸雖出而不高、脇雖閉而不束雖

解

须玩兑泽之情

塌肩井穴、须将肩顶骨正直落下、与此肩骨相合、曲池穴比肩顶骨略底半寸、手腕直与肩齐、背骨遂极力贴住、此是竖劲不是横劲、以竖则实、以横则虚、下肩井穴自背膊骨直至足底、故谓竖劲、右背则将左背之劲目骨底（在胯下尾骨处）以意透于右背、直送至二扇门穴（两胯）、故谓横劲、两劲并用而不乱元气、方能井降如意、则巽顺之意得矣、

經

吸入丹田，兩耳下各三寸六分，謂之象眼穴，用力向下截住，合週身全局用功之久，自知其妙也。凡一用步，兩外虎眼極力向內，兩內虎眼極力向外，委中大筋竭力要直，兩蓋骨復竭力要曲，回面相交，合過身之力，向外一扭，湧泉之氣自能從中透出矣。

巽☴ 兌☱

肩背宜於鬆活，其乃巽順之意。胸膛要宜靠緊，

納卦經

山左瑯琊 王南溪 註解
海右珠山 宗景房 參訂

經

乾三三　坤三三

頭項效法乎乾、取其剛健純粹、足膝效法乎坤、取其鎮靜厚載、

解

凡一出手先視虎口穴前顱用力正平提起後脊用力塌下（真氣來時直達提氣穴）著眉力提住由百會穴折過崑崙下明堂貫兩目其氣若欲（迴）鼻孔洩時即更

發出、升於两胁、運两胁、升於前胸、自前胸升於耳后、遂升於泥丸、降氣時、須默想真氣由泥丸至印堂由印堂至鼻、由鼻至喉由喉至夾脊、透於前心、由前心沉至丹田、丹田氣足、自胯從尾閭升夾脊、上泥丸、週而復始、後平天地循还之理也、

经　炼神焱返本还原、(音炁 真炁即先天之气 即精灵最妙的结晶、所谓之神也、)天地交泰、水升火降、头足上下、交接如神、静生光芒、动则飞腾。

解　气胜形、形随意、意劲神全帅气、气帅形、形随气腾、(此即炼师诗下云调气之法)调气法。

凡初入门者、每日清晨静坐盘膝闭目钳口细调呼吸一出一入皆从鼻孔、少时气定遂吸气一口、纳入丹田、助以津液送下三十六度则真火自降。※但吸气时须默想真气自涌泉穴

解　豎者肩至足底也，橫者兩背手也，以身說。豎者自肶至二肩穴也，橫者自六腑穴背也，轉於斗骨也，自胎至足底。自膝至于臀，以腿而言之。

經　五氣朝元，週而復始，四支元首（即手足）收納甚妙。

解　吸氣納於丹田，升真炁至背骨，搏於頸，復至腦，下於足底，復上升自外膝升於丹田一運。真炁至腦，下於足底，復上升自外膝升於丹田二運。真炁身背骨膊裏出手，復至六腑穴，搏於丹田三運，一升一降一下起一出一入，並行不悖，週流不息，久久用之，妙處甚多。

經　提勁以正項、貼背以轉斗、鬆肩以出勁、

解　頷骨向上提起，項即正也，兩背骨用力貼住，即覺
經　其勁自臍下而出，自六腑向外轉出至斗骨而回，
　　出勁之時將肩井穴之勁軃意鬆開自無碍矣、

經　折天柱以下氣、膽合骨以立門、

解　天柱者，此穴係項後高骨，上下氣時極力貼住，合
經　骨穴者，即虎口穴也，遇敵時擎捲以目視之。觀敵人之動向
　　　　　　　　　　　　　　　　　　　　　定相武主頏長

經　橫勁竪勁、辨之分明、橫以濟竪、竪以橫用、

經　鬆漁者柔之極也、養精蓄銳之意也、悍萃者剛之極也、氣血結聚之謂也、鬆如繩之繫、悍如冰之清、

解　曰合、勁之一也、曰堅、勁之聚也、

經　合者合週身之一也、堅者橫豎斜纏之謂也、

解　揉肩以煉步、逼臀以堅膝、圓膊以堅膝、提胸以下腰、

揉肩者將肩井穴之勁沉至湧泉也、逼臀者兩臀急力貼住也、圓膊者內外極力撐橫也、提胸者提前胸凹、腰即自然塌下也。

解　氣由脊後兩脇骨縫極力張開、向上舉之、自然得竅降時必須自喻口以透入前心方得真路、通透穿貼、鬆悍合堅、

訣肋　(即肺經)

既明氣竅再詳肋訣、

經曰通、肋之順也、

解通透往來無礙也、伸肋撥力以和緩柔軟之意也、

經曰透、骨之速也、

解曰穿、肋之絡也、

經曰貼、勁之絡也、

解貼橫堅之連絡也伸肋撥力以剛堅凝結之意也、

經曰鬆、勁之漢也、曰悍、勁之萃也、

经　上升至顶也、下者、真气落下也、伏者、觉真气渐小坠於丹田龙蛰虎卧潜伏也。

解　下收谷道、上提玉楼、或立或坐、吸气於喉、以意送下、渐至足底。

收者、惧气泄也、提玉楼者耳后高骨也、使气往来无阻碍也、不拘坐立自喉以至肺心也气随降至丹田存想沉至底为妙

经　升有升路、胁骨齐举降有降所、喻口气路、

經　微有收斂、以式中之真竅也。

解　足堅而穩、膝曲而伸、胯深而藏、脅開而长、

經　是既动膝用力、前陰縮、兩脅開以式中之真訣也、

解　氣調而勻、胸鬆而緊。

經　出氣莫令人耳聞、勋心先鬆而後緊、緩緩行之。

解　先吸後呼、一出一入、先提後下、一升一伏、內有丹田、氣之歸縮。

解　吸入呼出、勿使有声、提者吸氣之時、存想真氣、

經　氣下於海、光聚天心、

解　小腹正中為氣海、額上正中為天心、氣充於內、形光於外也、臍下一寸二分為丹田穴、也用功時存元神於此處耳。

規格

規格者、既明脈絡、次觀規格、八門一定之規也、不明此規格、即脈絡亦空談耳、

經　頭正而起、肩平而順、胸出而閉。

解　正頭起項、壯面神順、肩須沼背式平正、胸出身

經解　經解　經解

井沈雙穴、發勁循循、

井者肩井穴也、即肩頭分中、池者即肘頭分中〈曲池穴也〉、

此係週身發勁之所也、得其奧妙方嘆無垠〈即無限之意〉

千變萬化不離乎本〈脊銀即〉

本者自己之真氣也用功久之、方悟其妙、

龜尾升氣〈督脉〉丹田煉神〈任脉〉

龜尾者、骨尾尽處也、用力時向上翻起真氣自

然上升矣、〈忠漾氣自大腿外側以尻尾至脊背至玉枕兩耳至齒中搭任脉下降納入丹田〉

内功經

卷一

山左琅琊 王南溪註解
海右珠山 宗景房參閱

脈絡

經

内功要傳、脈絡甚真、不知脈絡、勉強用之、不但無益、而切有損、

解

前任後督、氣行滾滾、
任脈起於承漿直下至陰前高骨、督脈起於尻尾由夾尖骨直上、過泥丸印堂至人中而止。

内功四经